KİTABIN ORİJİNAL ADI	ARDA TURAN EL GENIO DE BAYRAMPASA
YAYIN HAKLARI	© 2013 JUAN E. RODRÍGUEZ GARRIDO AL POSTE AKCALI TELİF HAKLARI AJANSI ALTIN KİTAPLAR YAYINEVİ VE TİCARET AŞ
KAPAK TASARIMI	GÜLHAN TAŞLI
FOTOĞRAFLAR	CORDON PRESS Y AGENCIAS
BASKI	1. BASIM / HAZİRAN 2014 / İSTANBUL ALTIN KİTAPLAR YAYINEVİ VE TİCARET AŞ Göztepe Mah. Kazım Karabekir Cad. No: 32 Mahmutbey - Bağcılar / İstanbul Matbaa Sertifika No: 10766

BU KİTABIN HER TÜRLÜ YAYIN HAKLARI
FİKİR VE SANAT ESERLERİ YASASI GEREĞİNCE
ALTIN KİTAPLAR YAYINEVİ VE TİCARET AŞ'YE AİTTİR.

ISBN 978 - 975 - 21 - 1853 - 9

ALTIN KİTAPLAR YAYINEVİ
Göztepe Mah. Kazım Karabekir Cad.
No: 32 Mahmutbey - Bağcılar / İstanbul
Yayınevi Sertifika No: 10766

Tel.: 0.212.446 38 88 pbx
Faks: 0.212.446 38 90

http://www.altinkitaplar.com.tr
info@altinkitaplar.com.tr

JUAN E. RODRÍGUEZ GARRIDO

ARDA TURAN
BAYRAMPAŞA'NIN DÂHİSİ

TÜRKÇESİ
M. ÖZGÜR SANCAR

İÇİNDEKİLER

Önsöz: Biyografiyi hak eden bir kişi Iñako Díaz-Guerra 7
Giriş 10
Bayrampaşa'nın çocuğu 12
Gerçeğe dönüşen rüya: Galatasaray'da oynamak 16
2006 Avrupa 19 Yaş Altı Futbol Şampiyonası 22
Galatasaray'a dönüş 25
Süper Lig: Zafer kazandıran Arda 33
Bayrampaşa'dan 2008 Avusturya-İsviçre
    Avrupa Futbol Şampiyonası'na 39
Bükreş'te darbe 50
Küçük bir korku 52
Sıcak bir derbi 54
2009-2010: Frank Rijkaard geliyor 57
Ardaturanizmo 63
Galatasaray'a veda 82
Sağ kolu konuşuyor 85
Atlético'ya geliyor 94
Manzano'nun düşüncesi 103
İlk maçlar 108
Kötü zamanlar 112
İlk derbisi 116
İlk goller ve Manzano'nun gönderilişi 120
Hızır gibi bir adam: Diego Pablo Simeone 124
Frente Kebap 128
Avrupa rüyası 132
Chelsea karşısındaki gösteri 146
Büyük, mutlu finale kadar zaferden zafere 150
Yeniden meydan okuyor 161
Gurur, Mutluluk ve Kendini Özel Hissetmek 170
Top Kristal Bir Küre Olsaydı,
    Arda Onu Kırmadan Oynardı 174
El País: Bizi Arda Turan'a Hayran Eden Bir Avuç Neden 178
Son Söz: Gözünü Budaktan Sakınmayan Spartalı Savaşçı
    M. Özgür Sancar 182
Teşekkürler 199
Yazar Hakkında 200

Hayatın biricik gerçeği aileme...

Zevk için atılan çalımların ne anlamı var ki?
İşe yaramayan bir güzellikten başka nedir ki onlar?

ÖNSÖZ

Biyografiyi hak eden bir kişi

IÑAKO DÍAZ-GUERRA

Şimdilerde oldukça moda olan bir şey futbol hayatı devam eden oyuncuların biyografilerinin yazılması. Ben bundan hoşlanmıyorum. Aslında hiç ilgimi de çekmiyor. Hangi zaman aralığında, gerçek anlamda yetenekli olan bir Atlético'lunun hikâyesini yazmamız gerektiğine karar verdik bilmiyorum fakat artık bunu oluşturacak tohumlar çoktan serpilmişti. Elbette ki kitabı yazılmayı hak eden futbolcular ve yazılmayı hak eden kitaplar vardır. Bu bir durumdur. Ancak kaç oyuncu bir inanışın/felsefenin yeryüzündeki yansıması olabilir ki?

"Ardaturanizmo" sürpriz bir biçimde Manzanares'ten[1] yayılmaya başladı. Türk futbolcunun Atlético'ya transferi taraftarlar arasında büyük bir heyecan uyandırmamıştı. Hiç kuşku yok ki üst düzey yeteneğe sahip, esaslı bir gençti ama bu ancak sürekli olmayan ortalama bir iletişimi sağlamaya yetebilirdi. İspanyolca anlamak, sorunsuz konuşmak güzeldi elbet fakat bu her şeyi çözmüyor. Ve sonuç. O, futboluyla konuşuyor. Sadece ezbere şiir okumak gibi.

Bu güzel adam gelişti, ancak onun adına tarihi değiştiren dönüm noktası, yeni bir tarz için değişmeye karar vermesiydi. Sakal, gür saçlar futbolunu daha da parlatan briyantin gibiy-

---

(1) Bugünkü adı Vicente Calderón olan, Atlético Madrid'in maçlarını oynadığı stadyumun eski adı. Ayrıca Manzanares, Madrid kentini ikiye ayıran nehrin ve Atlético taraftarlarının yoğun olarak yaşadığı semtin adıdır. Nehir, Vicente Calderón'un hemen yanından geçmektedir.

di; bir de ince favoriler; karakterin bir imzası gibi. Onun sözü Bernabéu'daki kupa finalinde tüm dünyaya yayıldı. O gün çok etik, estetik bir gösteri ortaya koydu; sonunda kupa geldi. Kutsal görevini tamamlamıştı, şimdi söz verdiği gibi saçlarını kazıtmaya sıra gelmişti. Eğer onun niyeti ikinci planda kalmaktıysa, artık bunun için çok geçti. O zaten doğru olan bir inancın öncüsü oluvermişti.

Ve böylece o günden bu yana insanların gözünde, popüler olan ama bu popülaritenin artması için özel çaba sarf etmeyen bir futbolcu oluverdi. Bu özelliktir ki, bu kitabı herhangi biri için, hiç düşünmeden, okunur bir kitap haline dönüştürür; bu nedenle herhangi bir kişiyi Ardaturanist yapar. O gizemli bir Türk. Bazı zamanlarda kimi futbolcular, klasik Hollywood aktörleriyle eşdeğer olan bir noktaya evrilirler. Bu bir mucizedir. Piqué'nin bir oğlu var ve onu sosyal medyada tanımayan yok. Cristiano saçlarını kestiriyor ve tüm programlar bu yeni tarzı analiz etmeye başlıyor. Benzema kendini sokakta araba yarışına veriyor, biz foto galerilerinde tüm bu kuyrukluyıldızları görmek için kendimizi paralıyoruz... ve böylece sonsuza kadar gidebiliriz. Fakat bu kitap ortaya çıkana kadar biz Arda'yla ilgili olarak ne biliyorduk? Az, çok az şey...

Tembel bir insan olarak ben, hayatımı kafamdan geçen projeleri üstlenebilecek insanları beklemekle geçirdim; bu miskinlikten bir türlü kurtulamıyordum. Arda hakkında araştırma yapmak, Play Station'dan kurtulmanın yollarından bir tanesiydi sadece; bu durum, kafamdaki projeyi hakkıyla yerine getirmemi engelleyecek bir marazdı elbette.

Çok güzel bir günde Juan benimle iletişime geçti. Onun hakkında hiçbir şey bilmiyordum. Bana üniversitede öğretim görevlisi olduğunu söyledi. Arda hakkında bir kitap yazıyordu; çünkü o tam bir Atlético Madrid delisiydi. "Tam bir deli!" diye düşündüm. Onunla bir şeyler içerken, yanında olan çılgın arkadaşlarının Ardaturanizmo'yla ilgili anlattıkları ve rakipleri hakkındaki şeytani planları dikkatimi çekmişti. Benden bile şüpheleniyorlardı sanki; deli oluyordum. Yine de son derece hazırdım bu biyografiyi yazmaya.

Çok prestijli yazarlar gördüm, alışveriş listesi oluşturur gibi kitaplar çıkartan. Wikipedia'ya bakmak, Google'da araştırma yapmak, buralardan iki ya da üçten fazla bilgi kopyalamak, iki üç haftayı bu işe ayırmak, tanıtım gününde gülümsemek, biraz övünmek ve kendine pay çıkarmak... Juan'la konuyu konuşmaya başladığımızda böyle olmayacağını anlamam bir dakika sürmüştü.

Ben kahvaltı ederken –sabahın ilk saatleriydi– düşünceler zihnime hücum etmeye başladı. Ankaragücü'ne karşı yapılan bir hazırlık maçında, altyapı antrenörlerinden birinin hikâyesiyle: *"Arda ekmek almaya gitti."* Bunu gördüğümde tam bir sürprizle karşılaşmıştım. Bu bana hikâye için gerekli dokümanı elde ettiğimi söylüyordu. Yalan değildi ve bundan sonra arama, sorma, araştırma aksiyonumuz durmadı. "Çalışmak." Artık bu kavram çok işlevsiz kalmıştı.

Ortaya konacak emek buna değecekti: *Arda Turan. Bayrampaşa'nın Dâhisi.* Bu bize çok özellikli bir kişiliği anlatıyordu. Mahallenin delikanlısı Türkiye'nin en ünlü simalarından biri olma yolunda ilerliyordu. Ama şöhret onun için varoluşunun birincil önceliği olmamıştı. Milyonlar, Robin Hood olmayı sevimli Disney karakteri Varyemez Amca olmaya tercih eder. Bir adam eğer bir şeylere sahipse bunları anlatabilir.

Olağanüstü bir futbolcu. Ülkesi ve taraftarı için bir sembol.

Juan adeta bir Ardaturanizmo hatibi oldu bu çalışmayı yaparken. Bu kitabı okumalısınız; üzerinde düşünmeli ve mesajlarını yaymalısınız; bu sakallı öncüyü takip edenler ve kırmızı beyaz formayı gerçekten bilenler için: Zarafet en iyi olmak değildir; olabildiğince abartısız olmaktır.

Ve orada rekabet yoktur.

Giriş

Uygun zamanlar ve uygun yerlerde kullanılmak için bir köşede sakladığımız çok değerli kelimeler, cümleler, jestler vardır; bir diplomatik pasaport gibi işlev görürler. Kapıları açarlar, güven aşılarlar, sempati kazandırırlar. Üyesi olduğunuz gizli bir toplulukta kimliğinizi gösteren, kolunuzdaki bir dövme gibidir bunlar. Bu duygu, binlerce kilometre ötedeki başka bir topluluğun insanlarıyla sizi; sıcak, yakın, oldukça samimi duygularla bir araya getirir.

İstanbul, Temmuz 2012. Komik bir İspanyolca yayılıp gidiyordu bir dükkândan ötekine Kapalıçarşı'nın ihtiyaçtan daha fazla para harcamaya çağıran sesleri içerisinde. Baştan çıkarıcı ürünler, sizi onları satın almaya çağıran satış profesyonelleri, hediyelik eşyalar, farklı yerlerden gelen kebap kokuları, sizi dolu cüzdanınızı boşaltmaya ikna etmeye çalışan daha yüzlerce şey... Elbette sizi mecbur etmiyorlar, ama kartlar onların elinde; istedikleri şey sizi kendi koşullarında pazarlık yapabilecekleri yere götürmek. Maddi açıdan tehlikeli bir yer. Şaşkın bir turist, sürekli olarak "çok dil bilenler" tarafından değişik dillerde sorgulanıyor; eğer onların dikkatini çeken bir ipucu verirse ona kendi dilinde hitap edecekler. Birden onlardan biri İspanyolca konuşmaya başlıyor ve kahramanımız kendi dilinde pazarlık yapabileceğini düşünerek, hoşnut biçimde dönüyor; kendi sahanda oynamak gibi bir şey.

Satıcının ağzından bir tane bile Castellano[1] kelime çıkmıyor; fakat müşteri ona, Madrid'den geldiğini anlaması için zaman verecektir: Atlético'nun şehri... ve o anda iletişim başlayacaktır.

---

(1) Madrid ve Aragon bölgesinde konuşulan İspanyolca.

Parlayan iki göz, karşılıklı oluşan sempati uzlaşmaya götürüyor her ikisini de. Satıcı ve alıcı kafa karıştıran kelimeleri yarıştırırken sadece bir isim var ortada: Arda Turan. O andan itibaren fiyat değişiyor, satıcı arzu ettiği fiyattan çeyrek peseta feragat ederken bununla birlikte alıcı da bir anda güvensizliğe neden olan duvarları yıkarak rahatça gülümsemeye başlıyor.

İki kelime, bu geçişi sağlayan bir pasaport niteliğindeydi: Arda Turan. Ve oldukça rahat bir atmosfer oluşmuştu. Artık alışveriş ikinci plandaydı; bu iyi bir indirimi yanında getirecekti. Ardaturanistler arasında her şey daha kolay gerçekleşir.

Bu hikâye tamamıyla gerçektir. Ben bunu, bahsettiğim tarihte, aynen yaşadım. Ben de beğendiğim bir tişörte, bir önceki müşterinin ödemek zorunda olduğu ya da bir sonrakinin ödeyeceği fiyatın yarısına sahip oldum.

Kolumdaki dövmeyi gösterdim, bu benim gizli işaretimdi. *Arda Turan*. Sadece bu.

Bayrampaşa'nın çocuğu

1987 özel önemi olan bir yıldı Atlético Madrid tarihinde. Çeşitli olaylar kulübü sarsıyordu: Takvimler 24 Mart'ı gösterdiğinde efsane başkan başkan Vicente Calderón hayatını kaybetmişti. 26 Haziran'da başkanlık seçimi yapıldı ve sonuçta kulüp tarihinin en ilginç kişiliklerinden ve en uzun ömürlü (tüm göstergeler kötü ya da çok daha kötü bir duruma işaret ediyordu)[1] başkanı olan Jesús Gil seçildi.

Gil, hâlâ sohbetlerimizin tadı, taraftarın idolü, Avrupa'nın en önemli futbolcularından biri olan Portekizli Paulo Futre'yle birlikte geliyordu. Devam eden günlerde bu futbolcu kırmızı beyazlı kulübün başarılı tarihinde önemli bir yer alacaktı.

27 Haziran 1987'de Atlético Madrid tarihi bir maça çıktı San Mamés'te. Kral Kupası finalinde karşılarında Real Sociedad vardı. Madridliler normal süresi 2-2 biten maçı penaltı atışları sonrasında kaybetti.

Gördüğünüz gibi, 1987'de pek çok şey oldu Atlético Madrid'de, ancak hâlâ bir şeyler olacaktı ve biz bundan sonrasını bilemiyorduk. Binlerce kilometre öteye dünyamıza gelmekte olan bir çocuk vardı, kırmızı beyazlıların tarihini yeniden yazmak için yazgılanmış bir çocuk.

30 Ocak 1987'de İstanbul'un son derece mütevazı semti Bayrampaşa'da dünyaya geldi Arda Turan. Evet, kesinlikle 1987 önemli bir tarih Atlético için.

Adnan ve Yüksel Turan çifti, şehrin Avrupa yakasında (Anadolu yakasına göre trafiğin daha yoğun yaşandığı bir bölge. Arda

---
[1] Jesús Gil dönemi, Atlético'da çalkantıların, skandal iddialarının ayyuka çıktığı bir dönemdir.

bu tespiti, kendisiyle yapılan bir röportajda dile getiriyordu.) yer alan ve genelde işçilerin oturduğu bu mahallede, küçük bir evde yaşıyorlardı.

Burası mübadele yıllarında bölgeye yerleştirilen muhacirlerin çoğunlukla sağmal büyükbaş hayvan yetiştirmesi nedeniyle Sağmalcılar adıyla bilinirdi. Ancak 1960'lı yıllardaki bir kolera salgınından sonra semtin ismi hep bu büyük felaketi (bu salgında 100'den fazla insan hayatını kaybetmişti) çağrıştırdığı için semtin ismi Bayrampaşa olarak değiştirildi. Arda doğduğunda semtin ismi Bayrampaşa'ydı.

Bayrampaşa duygudaşlığın güçlü olduğu semtlerden bir tanesidir. Bayrampaşalılık bir gururlanma vesilesidir. Türkler için bir Vallecas ya da bir Carabanchel'dir.[1]

Bayrampaşa'nın sokakları dar ve küçük atölyelerle sarmalanmıştır. Bu iki özellik, küçük Arda'nın çocukluğunda belirleyici olmuştur.

Bir atölyenin mavi kapısı Ardacığın ilk golleriyle gururlanmasına aracılık etmiştir. Bunu küçük kardeş Okan (Şu kesin ki, Okan adını Arda'nın ısrarıyla, Galatasaray'ın o dönemki idollerinden Okan Buruk'tan aldı. Okan Buruk, Galatasaray'dan sonra Inter'de oynamıştı.) ATM Insider'a verdiği bir röportajda anlatıyordu ve küçük Arda her şeyden önce, mavi boyalı kapıya gol atmaları için arkadaşlarına pas vermeye odaklamıştı kendini. (Arda yıllar sonra bir röportajında bunu şu sözlerle açıkladı: "Ben gol atmaktan çok gol pası vermeyi seviyorum. Bu benim karakterime daha uygun.")

Bu şu demek, sevinçle havaya zıpladığı her an, başkasının attığı o golün sağlayıcısı olduğunu bilmekten hoşlanıyor. Kendini müziğin ritmine bırakıyor.

Futbol oynadığı caddenin darlığı hakkında da konuştuk. Belirli küçük alanlarda oynama zorunluluğu Arda'nın henüz çocukluğunda, dar alanlardan çıkma konusunda olağanüstü bir meziyet kazanmasını sağlamıştı. Neredeyse her oyunda rakip-

---

(1) Vallecas ve Carabanchel, Manzanares semtiyle birlikte ezici bir çoğunluğu Atlético taraftarı olan işçi ve muhaliflerin yaşadığı semtlerdir.

lerinin etrafında dönüyordu; duvarlar, park etmiş araçlar, hepsi birer problemdi. Fakat Arda, bu sayede çözüm yollarını öğrendi. Topa basmayı, vücuduyla topu korumayı, dönmeyi, çıkmayı; sonuç olarak oynamayı...

"Oldukça dar bir sokakta futbol oynuyordum ve topla çok hızlı ilerlemek zorunluluğu vardı, diğerlerini ekarte etmek için. Ben futbolu orada öğrendim. Bu nedenle benim futbolum dar sokaklarda, iki taştan yapılmış kaleyle oynanan futbol gibidir. Sokak futboludur," diyordu Arda, kısa bir süre önce *Líbero* dergisinde yayımlanan röportajında.

Bayrampaşa sokaklarının fiziki özellikleri, onun sahalarda gördüğümüz olağanüstü manevralarının temelini oluşturmaktadır. Arda maçlarda, bulunduğu kanadı kendisine çok yakın oynayan iki ya da üç rakibine rağmen ele geçiren, onlara rağmen çözüm üretmeyi başaran çocuktur.

Onun mahallesine, Bayrampaşa'ya dönmesi çocukluğunu yeniden yaşamak anlamına gelir. Bu onun için büyük bir sevinç kaynağıdır.

Küçük Ardacık sorumluluk sahibi bir çocuktu; fakat futbol onun için bir obsesyon haline gelmişti: "Futbol oynamaktan kendimi alıkoyamıyordum. Belki çok fazla ders çalışmıyordum ama buna rağmen iyi bir öğrenciydim." Bu düşüncelerini aynı röportaj içerisinde dile getiriyordu. Bu durumu annesi de doğruluyordu bir röportajında: "Arda küçükken bütün gün değişik yerlerde futbol oynuyordu. Fakat o iyi bir öğrenciydi."

Bu şunu gösteriyordu: Çalım atma şansı elde etmek için ders çalışıyor, notlarına özen gösteriyordu, tıpkı gol pasları öncesi attığı adımlar gibi... Fakat 10 numaralı formalar, onu akademik puanlamalardan çok daha fazla heyecanlandırıyordu. Bu hepimize olan bir şeydi.

Arda, Boğaz'ın son ışıkları sönene kadar sokakta futbol oynuyordu. (Okan, "Ağabeyim sabahın erken saatlerinden gece bastırana kadar futbol oynuyordu," diyerek bu durumu özetliyordu.) Aynı zamanda arkadaşlarıyla gazozuna iddiaya giriyordu; kaybeden kazanana almak zorundaydı.

Doğal olarak semtinin takımı Bayrampaşa Altıntepsi Spor Kulübü tarafından keşfedildi. Altıntepsi zaten Arda'nın babası ve amcalarının da futbol oynadığı, Turan ailesinin yıllara dayanan bağlarının olduğu bir kulüptü.

Semtin insanları bu kulübü uzun yıllar önce kurmuşlardı. "Benim babam ve amcalarım burada oynadı," diyordu Okan.

Kulüpteki ilk yıllarında Arda, Beşiktaş ve Fenerbahçe'yle birlikte Türkiye'nin en büyük kulüplerinden bir tanesi olan Galatasaray'ın dikkatini çekmişti. Özellikle de Rumenlerin gelmiş geçmiş en büyük oyuncusu ve hatta Türk Ligi'ne gelen en iyi yabancı futbolcu olduğu düşünülen, orta saha oyuncusu George Hagi'nin... (Görünen o ki Daniel Güiza son dakikada bu yarışmadan elendi. Tercihlere dayanan bir değerlendirme olduğu zaten biliniyor.)

Böylece, Hagi'nin golleri, Ali Sami Yen'in yankıları arasında (Galatasaray'ın eski stadı, metaforik anlamda cehennemin çığlıklarının geldiği yer olarak tarif ediliyordu) kulüp, Arda'nın kalbinde yer edinmişti. İdolü olan futbolcuyla aynı formayı giyme arzusu, Bayrampaşa Altıntepsi'nin mütevazı sahasında attığı çalımlar, verdiği paslar sırasında onu bütün bütüne sarmıştı.

Orada zemini suni çim olan bir saha var, ismi: "Arda Turan." Bugün üzerinde futbol oynayan onlarca çocuğun ilham kaynağı bu isim. "Hepimizin ortak bir arzusu var, buradan kısa sürede başka Arda'ların da çıkması," şeklinde sesleniyor Adnan Turan, Arda'nın babası. Hâlâ Bayrampaşa'da yaşıyor ve semtin sorunlarıyla yakından ilgileniyor.

Arda, doğduğu yerde bir idol. "Toprağının çocuğu Arda Turan," derken takım arkadaşı Juanfran, Arda'nın semtine/şehrine bağlılığını kastediyor.

O, oradan hiç ayrılmamıştı, fiziksel olarak Madrid'de olmasına karşın. Arda her zaman Bayrampaşa'nın bir parçası olacak. Onun toprağıyla olan bu çok yoğun sevgi ilişkisi, Bayram ve Paşa (Arda'nın çok sevdiği iki köpeği var. Birinin ismi Bayram, diğerininki Paşa.) şeklinde adlandırılan iki sadık dosta sahip olmak gibidir. Onun özünü koruyan bir sevgi sembolüdür.

Gerçeğe dönüşen rüya: Galatasaray'da oynamak

Heybetine, nüfus yoğunluğu ve iki kıtaya birden yayılmış olmasına rağmen, aslında İstanbul hakkında her şey biliniyor. Gizemlerle, daracık sokaklarla, dolambaçlı yollarla ve rivayetlerle dolu bir şehir.

"Sokaktaki insanlar konuşur, çokça konuşur, saatler geçer dükkânlarının kapı önünde; zorluklar eğlenceli hale gelir kurulan sohbetlerde," diyor oyuncumuz kendisiyle *Líbero* dergisinde yapılan bir söyleşide. Çocukluk yıllarında o sokaklardaki atmosferi hatırlıyor: "Kapıları açık evlerde yaşardım. Kimse korkmazdı. Belki de kimsenin tek kuruşu yoktu bir şeyler almak için. Ancak mutluydular ve kocaman bir kalbe sahiptiler."

Arda 11 yaşındaydı; pasları, çalımları hakkındaki yorumlar eski Konstantinopolis halkı arasında kulaktan kulağa yayılıyordu. Boyu pek de uzun olmayan koca kafalı bir çocuk. (Galatasaray genç takımının eski antrenörü Suat Kaya anlatıyor: "Bir gün takımdaki çocuklar kimin kafasının büyük olduğunu bulmak için ölçüm yaptılar; Arda'nınki en büyük olanıydı. Kısa bir süre sonra oyuncumuz arkadaşları tarafından Koca Kafa diye çağrılmaya başlanmıştı.") Bayrampaşa'dan "kopuş" süreci ve Galatasaray serüveninin başlayışı işte o zamanlara denk geliyordu, kulaktan kulağa yayılan bir efsaneyle birlikte. Bakalım buna değecek miydi?

"Topu sürme tekniğine hayran kalmıştık. Parıldayan bir mücevher gibiydi. Hiç şüphe yoktu. Onu Galatasaray'a götürmeliydik," sözleriyle anlatıyordu Galatasaray genç takım antrenörü

Fatih İbradı, Arda'yla ilgili düşüncelerini. Arda Turan'la ilgili ilk izlenimler, onları çok etkilemişti. O dakikadan itibaren Galatasaray antrenörleri çok büyük bir oyuncuya sahip olacaklarını biliyorlardı. Aslında bu bile yeterli değildi. Onlar Türkiye'nin gelecekteki en iyi futbolcusuna sahip olmuş olmalarına rağmen rağmen, henüz bunu bilmiyorlardı.

Sadece bunu hayal edemiyor olmalarından değil, bazı zamanlarda, şüphe içerisinde de kalmışlardı.

Suat Kaya bunu şu şekilde itiraf etti: "Dürüst olmak gerekirse o zaman sırada olan, hatırı sayılır pek çok yetenek vardı. Arda, patlama yapmasını beklediğimiz en son oyunculardan bir tanesiydi. Ama görüldüğü gibi, yanlış tespit yapmıştık."

Hiç kuşku yok ki hata yapmışlardı. Daha fazlası, Suat Kaya'nın bu itirafı, Arda'nın zaman içerisinde, kulüp tarihinin en genç dördüncü kaptanı olmasıyla anlam kazanıyordu: "Bunu ona içten gülümsemesi ve sınırsız paylaşımcılığı kazandırmıştı. A takımda da aynı arzuyla oynuyordu."

Bu yolla Adnan ve Yüksel Turan çiftinin oğlu, 12 yaşında, Türkiye'nin en eski kulübüne girmeyi başarıyordu. (Beşiktaş 1903 yılında kurulmuş olsa da futbol branşında ancak 1911 yılında faaliyete geçti.)

Galatasaray 1905 yılında Ali Sami Yen ve Galatasaray Lisesi'ndeki (son derece prestijli ve enstitü niteliğinde, 1481 yılından bu yana İstanbul'un aristokrat ailelerinin çocuklarının eğitim gördüğü bir kurum) okul arkadaşları tarafından kuruldu. Lise bu nedenle Galatasaray Spor Kulübü tarafından kutsal bir kurum olarak kabul edilmiştir.

Galatasaray milyonlarca taraftara sahip, uluslararası arenada ülkenin en başarılı takımıdır (UEFA Kupası ve Avrupa Süper Kupası; her ikisi de 2000 yılında kazanılmıştır).

Milyonlarca Türk çocuğu vişneçürüğü kırmızısı ve turuncuya çalan sarısıyla, parçalı, efsane formayı giymek için Ankara, Adapazarı, Antakya, İzmit ve İstanbul sokaklarında koşuyor.

Arda Turan bu şansı 12 yaşında elde etti ve A takıma yükselene dek hiç durmadan çalım atmaya devam etti.

"Arda ilk kez genç takımda oynarken dikkatimi çekti," diyordu bir röportajında Fatih Terim. "Pek çok maçta onu analiz ettim ve A takımla çalışmalara başladı. Arda, Türkiye'nin en iyi oyuncularından bir tanesidir. Çok genç; fakat çok önemli bir tecrübeye sahip, Türk futbolunun en önemli oyuncusu olmaya doğru evriliyor," ifadeleriyle Arda'nın başlangıcıyla ilgili o dönem kulübeden edindiği izlenimlerini aktarıyordu bir teknik direktör olarak Fatih Terim.

Fatih Terim onun gelişimini A takımın teknik direktörlüğü koltuğundan takip ederken, Arda Turan, arkadaşlarıyla Ali Sami Yen'deki maçlarda gönüllü olarak top toplayıcılık yapıyordu. Oyun dimağını genişletiyordu idolü olan Hagi'nin akıp giden ateş tiyatrosunu izlerken. Elbette diğer efsaneleri seyrediyor olmak da çok önemliydi. O dönemin yıldızları kaleci Cláudio Taffarel, diğer Rumen oyuncu George Popescu, Türk oyuncular Ümit Davala, Arif Erdem ve özellikle o yıllarda takımın en golcü oyuncusu olan Hakan Şükür...

Bu oyuncu grubu, takımın maçlarında top toplayıcılık yapan Arda'yı kendine âşık etmişti.

Bu grup, 17 Mayıs 2000'de Arsenal'e karşı kazandıkları UEFA Kupası finalinin ardından, Türk futbol tarihinin en büyük uluslararası kupasını kaldırmayı başarmıştı.

O takım Arda'nın rüyalarında gördüğü bir başarı kazanmıştı ve bu onu biraz daha kamçılıyordu: "Hagi, Galatasaray'da oynadığı dönemde bana çok yardımcı oldu. Ben top toplayıcıydım; ondan sonra o benim antrenörüm oldu. Sahadaki estetik anlayışım Hagi'den geliyor. Onun sayesinde topu korumayı, kolay kolay kaybetmemeyi öğrendim. Maçların 90 dakika olduğunu, sürekli olarak topun peşinde koşmanız ve topa iki kere temas etmeniz gerektiğini öğrendim. Bu nedenle topa sahip olduğunuzda onu korumalı, onu taşımalısınız."

Süper Lig'de sahne alacağı maçı beklerken, genç milli takımların değişik kategorilerinden yıldırım gibi geçiyordu. 16 yaş altı milli takımda 16 Temmuz 2002'de 15 yaşındayken ilk maçına çıktı; 10 maç oynadı ve 2 gol attı. 7 Ocak 2003'te henüz 16 yaşını doldurmadan, 17 yaş altı milli takımda ilk maçına çıktı; 30 maç oynadı, 3 gol kaydetti. O aylarda 18 yaş altı takımına çağrıldı. İki hafta sonra bu takımla ilk maçını oynadığında, 21 Ocak 2003'te, 16 yaşını doldurmasına bile hâlâ bir gün vardı. O yaşının üzerinde olan iki klasmanda birden oynuyordu.

Bu klasmanda ayrıca 11 maç oynadı, 2 tane gol atmayı başardı. Aylar sonra, 31 Ağustos 2004'te, 19 yaş altı milli takımda sahne aldı. 17 maç oynadı ve 6 gol kaydetti.

Sonunda, 2004-2005 sezonunda Galatasaray A Takımı'nda ilk maçına çıkma zamanı gelmişti. Bundan önce Galatasaray genç takımıyla Gençlerbirliği'ne karşı oynadı ve bununla birlikte 55 maçlık seriye bir tane daha ekleyerek toplamda sezon içerisinde 56 maç oynamış oldu; bu maçlarda 17 gol attı.

22 Ocak 2005 sabahı İstanbul semalarında yükselmeye başlayan kış güneşi belki sıcak değildi ama ışıl ışıldı; sanki zamanın değiştiği müjdesini veriyordu bu kadim şehrin insanlarına. İlkbahar yakındı. Kupada bir maç, Galatasaray 1-0 mağlup oynuyor Bursaspor'a karşı; dakikalar 60'ı gösterdiğinde Ayhan Akman'ın yerine Arda Turan oyuna giriyordu. Onun çocukluk idolü olan teknik direktör George Hagi, ona bu şansı veriyordu, bir sonrası olmayabilirdi. Virtüözün stajı başlıyordu.

İşte futbol böylesine önemli anlara ya da daha başkalarına sahip olduğu için biz ona âşık olmuştuk. Kesinlikle Arda da buna âşıktı: "Ben futbola bayılıyorum. O sadece benim işim değil. O benim hayatımın temel parçası. Yapacak çok önemli bir şeyim olmadığında ve Barselona oynuyorsa, televizyonda bu maçı izliyorum," yorumunu yapıyordu *Líbero* dergisindeki arkadaşlarımıza.

İlk maçından günler sonra Arda 18 yaşını doldurdu. Onun yetenekleri/yapabildikleri yaşının çok ilerisindeydi. Fakat ona olan güven henüz tam değildi. Buna rağmen Galatasaray o kupayı kazandı.

Küçük Arda sadece biraz daha fazla şans bulmuştu ilerleyen aylarda. Bu etkenlerden dolayı şansını küçük bir ekipte denemeye karar verdi; orada daha çok şans bulabileceği düşünülüyordu.

MANİSA'DA BİR DÂHİ

Türkiye'nin batısında, Ege topraklarında yer alır Manisa şehri. Sipil Dağı'yla tanınan ve Osmanlı İmparatorluğu döneminde padişah çocuklarının taht için deneyim kazandıkları bir merkezdir. Türkiye'nin en verimli şehirlerindendir ama futbol geleneği pek fazla olmayan bir yerdir. Şehrin birinci takımı Manisaspor hiçbir zaman çok başarılı bir kulüp olmadı. 1965 yılında kuruldu fakat palmiyelerle bezeli bir şampiyonluğa sahip değil. Avrupa kupalarına katılamadı ve Süper Lig'de yer aldığı sezon sayısı da sınırlı.

Son derece mütevazı bir sahneye çıktı Arda, tarih Ocak 2006'yı gösterdiğinde. Galatasaray'dan buraya kiralık olarak gelmişti daha fazla süre almak adına.

2005 yılının aralık ayının son günlerinde, Manisaspor, ligdeki konumunu korumak için, telaşla Galatasaray'la anlaşmaya vardı ve İstanbul takımından, yaklaşık yarım milyon avroyu bulan bir değer karşılığında, daha fazla oynamaya ihtiyacı olan iki genç orta saha oyuncusunu kiraladı.

Bunlardan biri Zafer Şakar, diğeri ise bizim Ardacığımızdı.

Manisaspor'un o dönemki teknik direktörü Ersun Yanal'ın (eski Türk Milli Takımı teknik direktörü) en önemli kozu, Arda'yı oyun planının merkezine koymaktı.

Yanal, kahramanımızın sınırsız bir kapasiteye sahip olduğunu biliyordu ve onu getirip oynatabilmek için büyük bir baskı yaptı.

Bu aylar Arda için temel bir önem teşkil etti. Önünde yarım sezon vardı, onun takıma kazandırılması adına savaş veren bir antrenörün yüzünü kara çıkarmamak ve güvenini kazanmak için.

Arda bu zamanı boşa harcamadı. 15 maç, 2 gol ve yarattığı onlarca tehlikeli atak sonrasında, genç Arda artık, Galatasaraylı yöneticiler için çok daha ikna edici bir futbolcuydu.

Manisa'da, bir dâhi olma konusunda iddiasını ortaya koymuştu, alışık olmadığı bir mevkide oynuyor olmasına karşın. Sağ kanada endeksli biçimde yaşadı, 3-5-2 sistemi içerisinde sürekli ileri ve geri giderek... O günleri şöyle anlatıyordu: "Temelde hâlâ genç takımların bir oyuncusu olduğum dönemde Manisaspor'a kiralık olarak gittim. Teknik direktör, şu anda Fenerbahçe'nin çalıştırıcısı olan Ersun Yanal'dı. Bana çok şey öğretti. 3-5-2 sisteminde oynuyorduk ve beni 5'linin sağ tarafına koydu. Maç boyunca kanadın ilerisinde ve gerisindeydim."

Kesin olan şu ki, şu anda Arda gibi özgür bir ruhu Türkiye'nin herhangi bir stadında sağ kanada hapsolmuş, büyük serbestlikten mahrum, ileri ve geri gitmekle görevlendirilmiş biçimde hayal etmek zor. Fakat bunun bize gösterdiği şey; dâhilerin bile yeteneklerine karşıt görevleri yerine getirmek zorunda kalıyor olmalarıydı. (Bir keresinde Pep Guardiola'nın 90 dakika boyunca bir oyuncuyu, Diego Latorre'yi marke etmek zorunda kaldığını anlatmışlardı. Bunlar oluyor...) İşte tam olarak onları büyük yapan şey budur.

2006 Avrupa 19 Yaş Altı Futbol Şampiyonası

Manisaspor'da adını duyurmaya başlayan Arda, 2006 yazında son derece hoş bir meydan okuma şansıyla karşılaştı: Avrupa 19 Yaş Altı Futbol Şampiyonası. Arda buraya yeni ve heyecanlı Türk futbolcu jenerasyonunun lideri olarak geliyordu.

Onunla birlikte ilginç oyuncular vardı, golcü İlhan Parlak, Fransız doğumlu Türk futbolcu Mevlüt Erdinç, gelecek vaat eden yeteneklerden Serdar Özkan bunlardan bazılarıydı.

Arda liderliğindeki bu ekip, en azından, bir sonraki yaz oynanacak 20 Yaş Altı Dünya Kupası'na katılmak için gerekli dereceyi elde etme gayesini taşıyordu. Bunun için Arda ve arkadaşlarının, takımın dörtlü iki grup içinden bir tanesinde ilk üçe girmesini sağlamaları gerekiyordu.

Türkler, İspanya'yla birlikte B Grubu'na düşmüştü. Mata, Piqué, Mario Suárez, Granero ve Alberto Bueno'dan kurulu İspanyol takımı, hiç kuşku yok ki, grup birinciliği için en büyük favoriydi.

Türkiye daha direkt olarak, Bruno Gama, Paulo Ferreira, Hélder Barbosa ya da Bruno Pereirinha ve Escocia ile Steven Fletcher gibi önemli kozlara sahip olan Portekiz'le mücadele edecekti.

Kesin olan şu ki, bazı Türk oyuncular bireysel anlamda kendilerini kurtarmalarına karşın, ki bunların arasında Arda (futbolun iyi olan anlarını biçimlendirdi) ve İlhan Parlak (5 gol atmayı başararak şampiyonanın en golcü futbolcusu oldu) da vardı ama takımın performansı hayal kırıklığı yarattı.

Defansif kırılganlığın yoğun olarak yaşandığı Türkiye goller de atıyordu (3 maçta 9 gol); ancak bundan daha fazlasını kalesinde görüyordu (bu sayı 12'ye kadar çıktı, maç başına 4 gol ortalaması ediyordu) ve bu onları eritiyordu. Bu kadar gol yiyerek başarılı olan bir ekip yoktur; Arda'ya sahip olsa bile.

Arda Turan ve arkadaşlarının bu turnuvadaki yürüyüşü İspanya karşısındaki 5-3'lük mağlubiyetle başladı. Türkiye, Bueno'nun başlangıç golüne, Arda Turan'ın sıra dışı pasına hareketlenen İlhan Parlak'la yanıt vermiş, beraberliği bularak, adeta ayağa kalkmıştı. Fakat Mata'dan arka arkaya gelen iki gol ve Toni'nin golü skoru 4-1 İspanya lehine çevirmişti. Buna rağmen İlhan'ın ikinci golü, ardından da Mevlüt Erdinç'in golü Türk takımının yeniden dirilmesini, umutlanmasını sağlamıştı.

Mata'nın üçüncü, İspanya'nın beşinci golü maçın sonunu ilan ederken, Türkiye'nin şampiyonadaki ilk mağlubiyetiyle yüzleşmesine neden oluyordu.

Arda Turan, sırtındaki 6 numaralı formayla 90 dakika oynadı.

İkinci maç Türkiye için temel bir önem taşıyordu. Fakat genellikle son derece hassas bir çağı içeren o yaş grubu için baskı ne kadar büyükse, işlerin beklenildiği gibi gitmeme olasılığı da o kadar artıyordu.

Grubu doğrudan şekillendirecek asıl rakip muhtemelen Portekiz olacaktı. Bu maç çok önemliydi. Her iki takım da puanlara ihtiyaç duyuyordu; böylesine maçlar o çağdaki oyuncuları karşı karşıya getiren, gençlik heyecanının zirve yaptığı, yoğunluğu fazla olan karşılaşmalar olarak dikkat çeker: goller ve duygular.

O maç Türkiye'yi Arda'nın yönettiği bir amiral gemisi yaptı. Neredeyse bir kahramanlık öyküsü oldu. Her an golle burun buruna kalınan bir maç oldu. Henüz 7. dakikada Hélder Barbosa takımını 1-0 öne geçiren golü kaydetti; dakikalar 31'i gösterdiğinde Diogo Tavares ikinci golü yazdırdı Portekiz hanesine, ancak iki dakika sonra büyük golcü İlhan Parlak farkı bire indiriyordu. Buna rağmen, ikinci yarıda Portekiz bulduğu üçüncü golle maçın yazgısını belirleyecek taraf olarak gözüküyordu. Diogo Tavares bir gol daha atmış ve farkı yeniden ikiye çıkarmıştı. Bu sonuç Türkiye'nin şampiyonaya veda edeceği anlamına geliyordu; fakat

İlhan Parlak, ikinci maçında dördüncü golünü atmayı başarıyor ve Mevlüt Erdinç'inki takımı bir mucizeye ulaştırıyor; 3-3 beraberliğe getiriyordu.

Ardacık ise yönetiyor, organize ediyor, topu taşıyor ve topa öldürücü bölgelerde sahip oluyordu. Turan'ın futbol kişiliği çocukluğundan bu yana hep bir gelişim gösteriyordu.

Bütün bunlara rağmen beraberlik her iki takımı da tatmin eden bir sonuç olmayacaktı. İki ekip de dördüncü golü arıyordu. Bu golü bulan, Bruno Gama'nın kazanılan penaltıyı filelerle buluşturması sonrası Portekiz olmuştu. Yeniden küreklere asılma sırası gelmişti. Aksi halde sonuç yeni bir mağlubiyet ve Türkiye'nin elimine olmasıydı. Ancak hâla atılacak bir kurşun daha vardı. İlhan Parlak'ın bir golü daha, hayata tutunulan son bir soluktu Türkiye için. 90+5'te gelen bu beraberlik golü, takımın hayat ipliğini korumasını sağlıyordu.

Şampiyonadaki son seçenek İskoçya'yı geçmekti. Ancak bir terslik daha! İlk yarının son anlarında İlhan Parlak'ın kendi kalesine attığı gol avantajı İskoçlara verdi, oradan itibaren Türk takımı bozuldu. Devre arasının ardından gelen iki gol ise artık iyimser olabilmeyi imkânsız hale getirmişti. O Avrupa Şampiyonası Türkiye'nin değildi; Arda melekler gibi oynasa bile. Cafercan'ın iki golü Türkiye'nin son dakikalar için umutlarını besledi. Fakat bu, bir milli takımın, bir şampiyonada son çırpınışı olmaktan öte bir şey değildi (özellikle Arda'nın rolü). Ana hedef konusunda başarısız olunmuştu.

Bu, Arda Turan'ın kariyerindeki ilk büyük aksilik oldu.

Galatasaray'a dönüş

Orhan Pamuk, en meşhur romanı İstanbul: *Hatıralar ve Şehir*'de, doğup büyüdüğü kentle ilgili duygusal ve yaşamsal bağlarını şöyle ifade ediyordu: "İstanbul'a olan bu bağlılık şehrin yazgısının benimkiyle aynı olmasından ileri geliyordu; çünkü o benim karakterimi şekillendirendi."

Böylesi bir aktarım, son derece Türk; tam bir İstanbullu... Galatasaray'la ilgili olarak Arda'ya uyarlayabileceğimiz türden. İkisi arasında var olan bağ, Galatasaray'ın bir Arda karakteri yaratmasıdır, bir çocukken girdi, kırmızı-altın rengi formayı sırtına geçirdi, çalımları peş peşe atarak büyük bir adam haline geldi.

Galatasaray'ın yazgısı, Arda'nın da yazgısıydı. Ayrılacaktı, evet, başka bir formayı giyecekti bundan sonra. Fakat ne var ki, bu daha ileri bir atılım içindi; yaldızlı yıldızlar toplamak, omzuna apoletler koymak ve bir general gibi, Galatasaray'a dönmek içindi.

Manisa'da alnının akıyla elde ettiği zenginleştirici deneyim, ardından Avrupa 19 Yaş Altı Futbol Şampiyonası'nda hayal kırıklığı sonrası Galatasaray'da 2006-2007 sezonuna başlıyordu.

Takımın kaderi Arda'nın, Arda'nınki takımın... Bu denklemde işbaşı yapıyordu yeni sezonda.

Takım liderlerinin gözü önünde yer alıyordu; burada arka arkaya ikinci sezonunu yaşayan Belçikalı antrenör Eric Gerets'in nezaretinde. Bir önceki yıl olduğu gibi çok fazla şans bulamıyordu, bu nedenle Manisaspor'da olduğu gibi takıma katkı sunamamıştı. O yaz, Arda'yla aynı pozisyonda oynayan Arjantinli Marcelo Carrusca transfer edilmişti. Arda'nın durağan biçimde tamamlayacağı dönemlerinden bir tanesi olduğu düşünülebilirdi.

Kesin olan şey şuydu ki, Arda henüz bir büyük Türk futbolcu figürü değildi. 2006 yılındaki Galatasaray'da general yıldızını taşıyan başka oyuncular vardı. Kaleci Faryd Mondragón, 35 yaşında bir Kolombiyalı; birçok savaşı omuzlamıştı. (Onlardan bazıları Zaragoza'da oynadığı dönemlerdeydi.)

Onunla birlikte Galatasaray kalesini savunan, Kamerunlu defans oyuncusu Rigobert Song, o zamana kadar üç Dünya Kupası'nda Kamerun'u sırtlayan oyuncu olmuştu. (Sonra bir dördüncüsünü oynayacaktı.) Takımın temel parçalarından bir tanesi de Hasan Şaş'tı. 30 yaşındaydı, 8 sezondur Galatasaray'da oynuyordu. (O dönemden sonra 2 sezon daha oynayıp, futbolu bırakacaktı.) 2000 yılındaki büyük Galatasaray ve 2002'de dünya üçüncüsü olan Türk Milli Takımı'nın önemli oyuncularından bir tanesiydi. Her şeyin ve herkesin ötesinde, 9 numara Hakan Şükür, takımın ve Türkiye'nin golcüsü, Boğaz'ın boğası... 35 yaşındaydı. Tarihin en hızlı golüne imza atmıştı. 2002 Dünya Kupası'nda, üçüncülük maçında, Güney Kore filelerini henüz 11. saniyede sarsmayı başarıyordu. Kariyerinin 20. yılında (hâlâ 2 sezon daha futbol oynayacaktı) üç kez Türk Ligi'nin en golcü oyuncusu olmayı başarmış, milli takımla tam 109 maça çıkmıştı. Sonunda tarihi bir figür, sembol ve kulübün büyük bir yıldızı olmuştu.

Bu sezon her şeye rağmen, kişisel anlamda kahramanımız için pozitifti, takım olarak Galatasaray için hayal kırıklığına neden olsa da...

Sezon öncesi çalışmalarda bazı şeylerin kolay olmayacağı görülüyordu. Gerets bir oyun sistemi oluşturamıyordu. Beş hazırlık maçında sadece bir galibiyet alabilmişlerdi; o da çok zayıf bir ekibe karşıydı: FC Brüksel.

Bu zayıflık, sezonun ilk resmi maçı olan Süper Kupa karşılaşmasında kendini göstermişti. Arda'nın oynamadığı maçta Galatasaray, Fransız teknik adam Jean Tigana tarafından yönetilen, geçen sezonun Türkiye Kupası galibi Beşiktaş'a 1-0 yeniliyordu.

Arda, acı veren bu yenilginin yaşandığı karşılaşmada yer almamasının üzerinde yarattığı hayal kırıklığını kafasında sürekli kuruyordu. Öyle ki Galatasaray'ın onsuz oldukça kötü bir başlangıç yapmış olması, Arda'nın takıma girme şansını artırıyordu. O dönemden bazı iyi şeyler çıkartmak gerekiyordu.

Arda takıma girmişti ve bu Beşiktaş'a karşı oynamaktan daha önemli bir şeydi. 4 Ağustos'ta sezonun ilk lig maçını oynadı. Ankaraspor'a karşı oynanan maçta ikinci yarıda Hasan Şaş'ın yerine oyuna girdi.

Ligin ilk haftasıydı ve işler Galatasaray için iyi gitmemişti. Devre arasında soyunma odasına 1-0'lık skor dezavantajıyla gitmişlerdi. Arda'nın oyuna dahil olması, Galatasaray'a ayrı bir hava vermişti. Takım beraberliği sağlıyor ve Ankara'dan, kötünün iyisi diyebileceğimiz, 1 puanla ayrılıyordu.

ŞAMPİYONLAR LİGİ'NDE İLK MAÇ

O dönem, bir sonraki maç, pek çok nedenden ötürü, Arda Turan'ın kariyeri açısından özellikle çok önemliydi. İlk olarak Şampiyonlar Ligi'nde ilk kez yer alacaktı. Taraftarların yaz tatili rüyasını da kursaklarında bırakan bu iki önemli maç bir yandan da derin bir geçiş dönemini içeriyordu.

Bu maçlar, Çek Cumhuriyeti'nde Bohemya bölgesinin takımı olan Mladá Boleslav'a karşıydı. Bu çok fazla tanınmayan ekip, bir onur mücadelesi vermek için oradaydı... ve belki de bundan daha önemlisi, o akşam atılacak bir ilk Arda Turan golünü kabul etmek için gelmişlerdi.

Ilić, henüz altıncı dakikada kazanılan penaltıyı gole çevirerek takımı Galatasaray'ı 1-0 öne geçiriyordu. O andan itibaren Galatasaray, kendine göre çok zayıf olan Çek takımına karşı oyun kontrolünü eline almıştı. Fakat buna rağmen maçı kopartacak ikinci golü bulamıyordu. Dakikalar 43'ü gösterdiğinde kayıp bir top Çeklerin yarı alanına doğru süzülen bir orta alan oyuncusunun ayaklarıyla kaleci arasında kalıyordu. Kararsızlık... her ikisi de bakakalmıştı. İşte o anda Arda Turan'ın kramponları belirdi, başkalarının kararsızlıklarını değerlendirmeye her zaman hazır, hızlı... Topu taşıdı, fakat merkez savunma oyuncunun kademeye girmesi, onlara zaman kazandırmıştı, o anda savunmacının dev gövdesi Arda'yla kale arasındaydı. Ardacık ani bir fren yaparak, topu saklamayı başarmıştı, usulca, tam dozunda, Çek oyuncunun belini tıpkı bir Bohemya kristalinin parçalanması gibi kırarak.

Arda biçimlendiriyor, tehlike yaratabileceği pozisyonu kendine merkez alıyor ve engelleri bertaraf ederek Şampiyonlar Ligi'ndeki ilk golüne imza atıyordu. Böylece devlerin ve en iyilerin yarıştığı mecrada sahne alıyor ve ilk golünü kaydediyordu. Daha fazlası istenemezdi.

Ancak o maçta Arda adına hâlâ söylenecek bir şeyler vardı. İkinci numara 59. dakikada gelecekti. Hakan Şükür'ün attığı golden önceki oyunu o Galatasaray'ın asla başarısız olamayacağının göstergesi gibiydi. Bu nedenle 3-0'lık skor düğümü çözmüştü çözmesine ne var ki bu koşullar içerisinde bile bir Türk peşi sıra ataklar yapıyordu.

Arda, orta alanda topu kontrol etti. Önünde sadece bir stoper ve kaleci vardı. Bir dâhi için pek az şey... Bel hareketleriyle başlayan gösteri, geri çekilmekte olan savunma oyuncusuna atılan tehditkâr bir feykle aksiyonu oluşturur ve kaleci gördükleri karşısında korkusunu gizleyemez.

Sağdan mı soldan mı? Bütün Ali Sami Yen bir çalım beklerken Arda bir açık, bir boşluk görür stoperin sağ tarafında, ayağının içiyle yaptığı küçük ve düzgün dokunuş Çeklerin kale direğiyle buluşur önce ve sonra narince direği yalayarak, yavaş gösterimde içeri girer; sanki Çek kaleciye kusura bakma dercesine... Bu, gecenin dördüncü, Arda'nın Şampiyonlar Ligi'ndeki ikinci golüdür. Dâhilerin prömiyeri böyle olur işte. Arda o topu sanki çocuk sahibi olmuş gibi sarıp sarmalamıştı o gece ve o unutulmaz yazın, son derece dokunaklı bir Avrupa gecesini geride bırakmıştı.

Galatasaray, Çek Cumhuriyeti'ndeki rövanş maçında 1-1 berabere kalarak turu geçmeyi başardı. Ön elemedeki bu rövanş maçı Arda ve arkadaşları için can sıkıcı bir durum teşkil etmemişti, fakat o Şampiyon Kulüpler Kupası'ndaki (Bazen içimde, bunun gibi, hep klasik olanları kullanma/yazma isteği duyuyorum, bundan dolayı affınızı rica ediyorum.) serüven ne çok uzun süreli ne de tatmin edici olacaktı.

Liverpool, PSV Eindhoven ve Bordeaux, İstanbul takımının Avrupa'da olma mücadelesinde rekabet edeceği ekiplerdi. Ancak şimdiki yarışma grubunda bunlar hiç de iyi yol arkadaşı değillerdi. Onlar peşini kovalamazsanız, verdiğiniz borç parayı geri alamayacağınız türden yarışmacılardılar.

Zordu, ilk maçtan sonrası çok kolay gitmeyecekti. Arda'nın 11'de başladığı ilk maçta Fransızlara karşı Ali Sami Yen'in skor tabelası, 90 dakika sonunda 0-0'ı gösteriyordu. Kahramanımız maç boyunca sahada kalmıştı. Bu düzeydeki mücadeleler, Arda'nın etkisinin, her seferinde, nasıl büyüyerek arttığını görmemizi sağlamıştı. Carrusca'yla ilgili haberler çok küçüktü. Küçücük puntolar şeklinde; evde ortaya konulan bu ürün yeterince iyi değildi. Üstelik teorik olarak bakıldığında grubun puan alınması fazlasıyla mümkün olan takımına karşı...

İkinci hafta maçında, büyük sözler vardı. "Seni düşünmekten başka bir şey yapmıyorum!" ya da *"You'll never walk alone."* Kırmızılar'ın ünlü sloganı "Asla yalnız yürümeyeceksin!" Bu karşılaşma Avrupa'da, Anfield gibi bir yerde oynamanın yolunu açıyordu. "Seni düşünmekten başka bir şey yapmıyorum!" Adnan, Arda'nın babası ezelden beri Liverpool'a kesin bir hayranlık beslemiştir. İşte bu hayranlık duygusu, bu maçı daha özel hale getirdi.

Tarih, 27 Eylül 2006, Arda, Anfield yolunda. Çantasını hazırladı, 66 numaralı Galatasaray forması, diğer araç gereçleri, kışlık pijama (Liverpool'da eylül ayının sonu serin olur), dolu dolu çalımlar ve ürkütücü meziyetlerini koydu içine; ve çokça arzuyu... Onları bir dünya futbol mabedinde sergileyecekti.

Ne var ki, Anfield'da Liverpool bu düellonun favori tarafıydı. Liverpool çok daha fazlaydı. Kırmızılar maçı 3-2 kazandı. Arda, Avrupa'nın büyük futbol mabedinde 85 dakika sahnede kaldı.

Bu, birkaç hafta öncesine kadar teorik olarak Marcelo Adrián Carrusca'nın yedeği olan bir oyuncu için çok kötü sayılmamalıydı. Bitime 5 dakika kala oyundan çıkmıştı.

Her şartta, bu maçla ilgili olarak hatırlanacak olan şey, Peter Crouch'un attığı inanılmaz goldü, sağ taraftan gelen ortada akıllara durgunluk veren bir röveşata golü yapmıştı.

Arda, orada, bunun Şampiyonlar Ligi olduğunu öğrendi.

Anfield'da gollerin ötesinde, azizlerin mitsel ilahileri vardı. Kesin olan ise Anfield'da yenilginin sıra dışı bir karmaşıklığı ortaya koymasıydı.

İki maçta bir beraberlik tur atlamayı düşündürecek kadar yeterli gözükmüyordu. PSV Eindhoven maçında bu işe el koymak gerekiyordu ve bir sonraki Şampiyonlar Ligi haftasında İstanbul'a ziyaret edenler Hollandalılardı. Tam zamanıydı.

Takvimler 13 Ekim 2006'yı gösterirken, Arda, 11'deki yerini alıyordu, hayati önemdeki bir maç için. O seviyede kazanmak ya da kazanmak gerekiyordu, sahadaki 66 numaraya her zaman çok yakın olan bir hedefti.

Maç kötü başlamadı, Sırp futbolcu Ilić 19. dakikada attığı golle takımını 1-0 öne geçirmişti. Bizimkiler (ben her zaman Arda'nın olduğu taraftan konuşuyorum) devreyi de 1-0 üstün kapadılar. Bu, Galatasaray'ın özgüvenini artırıyordu. Ancak ikinci yarıda Hollandalılar tempoyu yükseltmişlerdi. Bunun semeresini 59. dakikada sağ bek Jan Krompkamp'ın (bu futbolcuyu bir süre sonra Villarreal formasıyla El Madrigal'de izleyeceğiz) attığı golle aldılar. Şimdi durum 1-1'di. Fakat, her şey çok daha kötüye gidiyordu, Arouna Koné'nin attığı ikinci golle birlikte, dakikalar ilerledikçe Galatasaray'ın elenme olasılığı daha da varsayılır hale geliyordu. Zaten içeride oynanan maçlardan alınabilecek 9 olası puandan sadece birinin alınmış olması yeteri kadar ümit kırıcıydı.

2006-2007 sezonu Şampiyonlar Ligi'nde devam etmek için zor, hem de çok zor bir yoldu Arda'nın üzerinde koştuğu.

İki hafta sonra, Eindhoven'da Galatasaray'ın Şampiyonlar Ligi'ne vedası kesinleşiyordu. Afellay (olağanüstü bir oyuncu, halen Barselona'da oynuyor) ve Arouna Koné (yolu Sevilla'yla kesişmiş; ardında önemli hatıralar bırakmamıştı) karşılaşmanın en iyisi olmuşlardı.

Simmon'un imzasını taşıyan gollerin sonuncusu Arda'yı ilk kez tecrübe ettiği Şampiyonlar Ligi'nin dışına itiyordu.

Bu düş kırıklığı önemliydi. Kötüydü onun için. Ama onun yokluğu daha kötüydü Şampiyonlar Ligi için.

Hayatın içerisinde her zaman devam etmek, ileri bakmak adına bir neden bulmak gerekir, arzumuzu sürdürebilmek için. Bir motivasyon unsuruydu, kalan iki maçta savaşıp, üçüncü olarak, Avrupa Ligi sertifikası almak. Şubattan itibaren yola Avrupa Ligi'nde devam edilebilirdi.

Bazı şeyleri kavramak gerekiyordu. Çıkılması gereken iki maç, 180 dakika, kaybedilmişliği imleyen bakışlar altında ve başı önde oynanamayacak bir 180 dakika vardı. Galatasaray taraftarının bağlılığı dişlerin kenetlenmesini, sahada her şeyi verme arzusunu hak ediyordu.

Kenetlenmiş dişler Arda ve arkadaşlarının Stade Chaban-Delmas de FC Bordeaux'da üçüncülük için Jirondenler'e karşı vereceği mücadeleyi temsil ediyordu. Ya bu karşılaşmayı kazanmak ya da her şeyi noktalamak gerekiyordu.

O, Galatasaray'ın Avrupa'daki yılı değildi. Yeni bir mağlubiyet yaşanmıştı. Galatasaray 3-1 kaybetmişti, Inamoto'nun sonradan attığı gol, skora biraz makyaj yapmaktı, sonucu değiştirmiyordu.

Arda Turan, kara bir geceyle buluşmuştu; bir Fransız oyuncuya kafa attığı için 59. dakikada direkt kırmızı kartla oyun dışında kalınca. Futbolun perileri o gece sanatçıyı terk etmişti. Oldukça zamansız biçimde ona umutsuzluğun bir biçimini göstermişti. Son nokta, Galatasaray, Avrupa'nın dışında kalmıştı.

Şaşırtıcı biçimde, Arda'sız Galatasaray (kırmızı kart cezası nedeniyle oynamamıştı) o sene Şampiyonlar Ligi'ndeki tek galibiyetine de ulaşmıştı. Büyük bir maçta Liverpool'a karşı. En azından bir onur mücadelesiydi Türkler için. Son maçta da olsa "prömiyer" yaparak, Liverpool'u 3-2'lik skorla cezalandırıyor, hanesine ilk kez bir zafer sonucu yazdırıyordu.

Her durumda Arda ve takım arkadaşları ilk engelde elendiler. Bayrampaşa'nın dâhisi çalımlarına ve paslarına Avrupa'da devam edemeyecekti. O Şampiyonlar Ligi çok şey kazandırmıştı: Harika bir başlangıç, sıra dışı goller, hayal kırıklıkları, 11'de sürekli olmak, bir de kafa attığı anın acı hatırası, tüm bunlar, dünyaya bir dâhinin özel karakterini sergiliyordu; o sezon, 2006-2007 bu özel futbolcuyu Avrupa'ya tanıtıyordu.

O sezon Galatasaray adına çok iyi haberler bırakmamıştı ardında. Ligi, Fenerbahçe ve Beşiktaş'ın ardından üçüncü sırada bitirdiler. Türkiye Kupası'nda Kayseri Erciyesspor'a çeyrek finalde yenik düştüler. Ancak Arda, performansını artırıyor, kabiliyetlerini pekiştiriyordu.

Şampiyonlar Ligi'ne adım atmış ve bu ona aradığı yarışmacı kimliği kazandırmıştı.

Zaten Arda oradaydı ve uzun zaman devam edecekti.

Süper Lig: Zafer kazandıran Arda

Galatasaray taraftarının kafasına ve içine işleyen bir başlangıcı olmuştu 2007-2008 sezonunun.

Çoğu zaman nefret duygularıyla tarif edilen bir rekabetin yaşandığı Fenerbahçe, bir önceki sezon ligde zafer kazanmıştı. Onlar bu zaferle şampiyonluk sayısındaki eşitliği bozmuşlardı. İstanbul'un Asya yakasındakilerin 17, Avrupa'dakilerin 16 şampiyonluğu bulunuyordu. Bu şekilde *kebaplar* eşit porsiyon olamıyordu. Bir çare üretmek gerekiyordu.

Bu bahsi geçen rekabetin dünyada en yoğun yaşanan rekabet türlerinden bir tanesi olduğu anlatılır. Bundan daha fazlası maçlar ülkenin en ateşli ortamlarına sahne olur, Beşiktaş'la yapılan maçların çok ötesindedir bunlar.

Bu bilgileri aktaranlar bu tarihi rekabetin iki kulübün temelinden kaynaklandığını söylerler.

"Fener" ve "bahçe" birleşiminden (İspanyolcada karşılıkları *faro* ve *jardín*) oluşan kulübün (aslında Fenerbahçesi) doğuşundan bu yana yaygın olarak kullanılan ismini modern Türkiye'nin kurucusu Mustafa Kemal Atatürk bizzat kulüp taraftarlarına deklare etmiştir: Fenerbahçe. Oysa Galatasaray, daha önce ifade ettiğimiz gibi güçlü ailelerin çocuklarının öğrenim gördüğü, son derece prestijli bir eğitim kurumu olan Galatasaray Lisesi'yle bağlantılıdır. Bu nedenden ötürü, birincil sosyal uyumsuzluk, bol acılı-biberli bir konuyu içeriyor. Fakat konunun üstatları her şeyin çok daha karmaşık olduğunu söylerler. 23 Şubat 1934'te bu iki takım arasındaki bir maç (teorik olarak bir dostluk maçıydı) yüksek tansiyonda oynandı, taraftarlar arasındaki büyük bir kavgayla sonuçlandı. Elimizdeki tüm bileşenler bunlar, bu ilişkinin bağlamını zaten biliyoruz. Böylesine patlayıcı bir kokteyl karşısında ne yapılabilir? O halde bu rekabetin tadını çıkarmak, maçları ele almak gerekir.

Biz Arda'yla birlikteyiz. Dolayısıyla bu konuda fazlaca bir eksiğimiz olamaz. Bunun dışında, ne kadar hoş bir tarihsel süreç, değil mi? Bu rekabetin nasıl doğduğunu, nasıl evrildiğini, bu karşılıklı olarak içselleştirilmiş antipati duygularının nasıl yorumlandığını bilmek, sonuç itibariyle her zaman harikadır.

Ve orada futbol aracılığıyla pek çok şeyin nasıl açıklandığı görülebilir.

Böylelikle bizim Bayrampaşa çocuğu üç temel kriter üzerinden sezon içerisinde değerlendirmeye tabi tutulur: Öncelikle bir önceki sezon gösterdiği performansın üstüne çıkmak, daha güçlü olmaya gayret etmek, takımın *crack*'larından[1] bir tanesi olmak, Galatasaray'la lig şampiyonu olmak. Hiç olmazsa Fenerbahçe'nin önünde ligi bitirmek, Türkiye'yle Avrupa ya da Dünya Kupası maçlarında (eleme maçları) oynamak ve iyi bir rol üstlenmek. Bu üçünü yapmaya mecburdu. Böyle gerçekleşiyordu başarı.

Kulüpte önemli değişiklikler olmuştu. Yeni patron Alman Karl-Heinz Feldkamp'tı, Eric Gerets'in yerine gelmişti. Feldkamp zaten Galatasaray'ı 1992-93 sezonunda çalıştırmış, sert Alman disipliniyle ün salmıştı.

Feldkamp'la birlikte üç önemli transfer daha yapılmıştı: Lincoln, Linderoth ve Nonda. Brezilyalı orta saha oyuncusu, ikincisi defansif orta saha ve üçüncüsü hızlı ve golcü bir forvetti.

Arda ile Lincoln'ün yetenek ve kapasitelerini takım bütünlüğü içerisinde armonize ederek, hatta devam etmekte olan Hasan Şaş, Hakan Şükür ya da Ümit Karan'la da birlikte yaratıcı bir ekibin ortaya çıkacağı bekleniyordu: Bunlar yerleşik isimlerdi, en seçkin takım arkadaşlarıydı Ardacığın o yıl.

---

[1] Crack: İspanya'da gündelik konuşma dilinde çok başarılı ve parlak bir kariyere sahip olan futbolcu ya da insanları nitelendiren bir deyim.

Ligde ilk hafta maçıyla (içeride Rizespor 4-0), son maç, Gençlerbirliği Oftaşspor'a karşı (yine bir galibiyet 2-0) 34 hafta geçti. Arda özellikle ikinci yarıyı çok iyi değerlendirdi. Biraz iki kutuplu bir Ardaturanistlik vardı o sezon içerisinde.

İlk 17 haftada çok iyi maçlar çıkardığını söyleyemiyoruz. Örneğin ligin ilk maçında 4 golün ikisinin pasını verdi. Çalımlar, gol pasları bir İsviçreli dakikliğinde birbirini kovalıyordu. Yani görünmez olduğunu söyleyemeyiz; ama şurası kesindir ki onun ikinci yarıdaki aksiyonları, ilk yarıdakinden uzak ara öndedir. Oyununu çok fazla geliştirdi, görece daha kolay goller atmaya başladı. (Bunların arasında, sondan bir önceki hafta Sivasspor'a karşı yaptığı *hat-trick* var) ve sezonu bir fişek gibi bitirmişti.

Fiziksel değerleri, formu Avrupa Şampiyonası'nda da kendini gösterecekti.

Bir Avrupa kupası, mutlak biçimde kutsal bir erek.

Fakat biz adım adım gideceğiz, bir çalımı bile atlamayacağız. Arda'ya bunu yapamayız.

5 galibiyet ve 1 beraberlik ligin ilk 6 haftasında. Onun adına sezonun ilk golü, Avrupa Ligi grup aşaması, ikinci haftasında Sion'a karşı yapılan maçta geliyordu. Çok değerli bir gol, fazlasıyla Arda özellikli: Sol kanatta atağa kalkarken topla buluşuyor, içeriye doğru diyagonal biçimde topu sürüyor, orada memnuniyetsiz bir halde, skor arayışını bırakarak duruyor, değerli ayak bileklerinin marifetiyle, yılana benzer, kıvrak zikzak hareketleriyle çalımını atıyor; profili çoktan çizmiş ve topu İsviçrelilerin sağdaki uzak kale direğine gönderiyor. Skor 4-0 oluyor ve Arda'nın o sezon attığı ilk gol oluyor bu. Bravo bu parlak başlangıç için.

Her halükârda biz zaten Arda'nın, sezonun ikinci yarısında attığı gollere, gerçekten sevindiğini söylemiştik. Ligi koparmak adına zorlukları göğüslemek gerektiğinde, ortaya iyi bir resim çıkıyor, orada da Bayrampaşalı beliriyor.

12 Ocak 2008'de ligdeki ilk golünü kaydetti, Rizespor'a karşı (2-5). 18. hafta maçıydı ve Galatasaray sadece 1 maç kaybetmişti. (Ne var ki bu, aman Tanrım, Fenerbahçe'ye karşı kaybedilmişti!

Ezeli rakibine karşı kaybedilen bir maç ve Sivasspor'a kaptırılan liderlik.) Arda öfke patlaması yaşıyordu, parlak olmayan bir maçtan sonra; üstelik uyarılmış ve yedek kalmıştı.

Buna rağmen, Sivasspor, Arda ve takım arkadaşları karşısında boyun eğmek zorunda kalıyor ve takım bir sonraki hafta liderliği geri alıyordu, tam olarak bir haftalığına verdiği ödünç birincilik basamağını tekrar kazanıyordu.

İki hafta sonra kahramanımız dediğimiz gibi ligdeki ilk golüne Rizespor karşısında kavuştu. Oradan final haftasına kadar Ardacık gol ağacını salladı ve sepetine pek çok meyve düştü. Özellikle Sivasspor'a karşı alınan şanlı sonuçta, 4 Mayıs 2008, sondan bir önceki hafta.

O gün Galatasaray 3-5'lik skorla oradan ligin olası şampiyonu olarak ayrıldı. O akşam Arda bütün esansların kapaklarını patlattı, hepsini kırdı. Maçı düşündükçe Arjantinli grup Bersuit Vergarabat ve onun mitsel eserini hatırlamaktan kendimi alamıyorum. "Ağların derinliğinde." Maradona için yazılmıştı bu şarkı, ama Arda kusursuz biçimde bu sözlerin içini dolduruyor. Sivassporlular o akşam bunu kabul edebilirlerdi.

> Orta sahada dolaşmaktır yöntemi,
> Göğsüyle hükmeder, ışığa kadar uçurur,
> Bir dahakine hangi ayağıyla gidecek, kim bilir,
> Işık hızıyla giden bir ok ya da bir duvar örer gibi,
> Durdurmaktır yöntemi, yeri sıkarcasına,
> Başı dik, çabucak kazanılmış düello,
> Hangi ayağıyla bir daha çağlayacak, bilinmez,
> Onu kim durduracak, ihtimal verilmez...

Biz Bersuit, Diego ve Arda'cıyız. Eğer futbolu seviyorsanız, Arda'yı da çok sevmelisiniz; başka türlüsü olamaz. Akşamlar vardır, bu farkı yaratan, mahalledeki diğer takım oyuncularının Arda olmalarına kadar giden yolda. Neden onlar böyle olamayacaklar?

Futbolcular, futbolcu olmayı başardılar; çünkü çocukluklarında bu oyunu çokça oynadılar, oy-na-dı-lar, bu heceleme futbol topunu sevdikleri anlamına geliyordu. Mükemmelliği keşfetmeyi biliyorlardı. Algıladılar ağır sancılarını, birileri oynamaya devam ederken. Kolay bir duygu değildi bu, profesyonel futbol dünyasında. Milyonlar, yüksek gerilimler... Fakat, Arda bu atmosferi yadırgamadı ve oynadı. Arda topu istedi, onu Bayrampaşa'nın sokaklarına götürdü.

Arda kanatlara pas verecek gibi yapıp topu içeri sürer, gülümseyişe ortak eder bizi, zaferin derinliğinin sarhoşluğuyla öldürür gibi. Bu aldanmalara bayılıyoruz. Öngörülebilirlik son derece sıkıcı olurdu, ancak Arda'nın ne yapacağını önceden asla bilemezsiniz. Frene basar, jet hızıyla döner, bir adımda, ezici bir bilek hareketiyle. Ya da keyif veren bir topuk temasıyla döner.

Arda saçlarını uzattı, sakalını kesti veya sakalını uzattı, saçlarını kesti. Bir gün kıvırcık, kabarık bir perukla belirdi ve yüzüne epilasyon yaptırdı, biz yine de onu tanırız.

Başka ne söylenebilir? Bizi neşelendirir, çünkü size neşe verir. Bizim için sürprizdir, çünkü kendisi bir sürprizdir. Bir gün sonsuz bir çalımı olacak ve sonrasında heyecan dinmeyecek.

Dönüyoruz, sondan bir önceki lig haftasına, Sivasspor-Galatasaray maçındayız, Arda'nın etkisinin iyice hissedildiği maça. Galatasaray Lisesi'nin çocukları yeni bir kupa kaldırdılar. Üç gol, üç... Arda yazdırmıştı takımının hanesine o akşam. Profesyonel kariyerinde ilk *hat-trick* akşamıydı. Üç gol, üç, soldan gelen... biri kafayla. Üç gol, üç, takımın şaryosu[1] tarafından şampiyonluk düğümünü çözecek, kilit niteliğindeki maçın en zor anlarında atılan. Üç gol, üç, onun sezon içerisindeki beşinci, altıncı, yedinci golünü muştulayan goller, hepsi de sezonun ikinci yarısında gelmişti.

---

(1) Şaryo: Yarımay şeklinde bir ray üzerinde ilerleyen, sinema, film çekimleri ya da canlı yayınlarda kameranın çok daha geniş bir manevra alanına sahip olması için kullanılan tekerlekli kutu.

O seviyede artık Arda, Ali Sami Yen kalabalığının tartışmasız kahramanı ve Türkiye'nin en büyük umutlarından bir tanesiydi Avusturya ve İsviçre'deki Avrupa Şampiyonası için.

Avrupa futbolu zaten İstanbul'da bir hareket olduğunu biliyordu. Bir küçük topçu, Bayrampaşalı, sırtındaki 66 numaralı formasıyla gelecek yılların büyük yıldızlarından bir tanesi olmaya yazgılıydı.

Bir hafta sonra, Galatasaray, Gençlerbirliği Oftaşspor'u 2-0 yenerek şampiyonluğunu ilan ediyordu. Arda'nın profesyonel kariyerindeki ilk şampiyonluğuydu ve 17 kez şampiyon olan Fenerbahçe'yle sayıların eşitlenmesi anlamına geliyordu. Bütün bütüne bir mutluluk vesilesi oldu.

Arda, ligin en iyi oyuncusu olarak belirlendi. Tam olarak ona ithaf edilmişti o lig. Başta bahsettiğimiz ilk iki hedef elde edildi. Şimdi üçüncüye sıra geldi. Şimdi Avrupa Şampiyonası zamanıydı.

Bayrampaşa'dan
2008 Avusturya-İsviçre
Avrupa Futbol Şampiyonası'na

"Gol atmak zorundasınız; çünkü bunu yapıyorsanız yeterince iyisinizdir."Bu cümlelerle Fatih Terim, 2008 Avrupa Futbol Şampiyonası'nda Türk Milli Takımı teknik direktörü, her antrenmanda Arda'nın iradesini çelikleştiriyordu. Türkiye, bu şampiyonada patlama yapmaya ve Arda'ya ihtiyaç duyacaktı, her zaman iyi bir öğrenci olduğunu annesi zaten söylemişti.

Ayrıca Arda bununla ilgili, her zaman Terim'in takdirini hissetmişti.

Bu ifadeler Arda'nın Terim'e olan yüksek saygısını açıklar: "Benim için bir baba gibidir. Nerde olursa olsun her zaman öyle kalacak. Bazen hayat bizi birleştirdi, bazen ayırdı. Bana her zaman doğru yolu gösteriyordu. Bana, 'Sen sadece kanatta topu taşıyan bir oyuncu değilsin, bununla birlikte sahanın tamamında var olması gereken bir oyuncusun,' diyordu. Önceden çizgiye yapışık oynuyordum; ancak Terim beni değiştirdi. Bana, orta alanın dışında defansa da yardım için gidebilecek güce ve kaliteye sahip olduğumu söyledi. Şu anda onun biçimlendirdiği şekilde oynuyorum."

Fatih Terim onun için tam olarak bir referans kaynağıydı.

Türkiye'nin tuhaf bir yanı var. 2002 Dünya Kupası'nda üçüncü olduktan sonra, 2004 Avrupa Futbol Şampiyonası ve 2006 Dünya Kupası'nın dışında kaldı. Bu fazlasıyla Türklere özgü bir istikrarsızlıktı. Tamamı, çok az bir zaman aralığında oluyordu. Ve 2008'deki yarışmanın içerisinde yürüyorduk.

Türkiye neyle karşılaşacaktı? Ne bekliyor olabilirdi 2002'deki büyük şampiyonadan sonra?

Terim orta sahadan arkaya doğru tecrübesi sağlam olanlardan tasarladığı kesin listesini belirliyordu. Oradan ileri uca doğru (Arda'nın bölgesi), kendine güveni tam, yenilenmiş genç bir grup vardı. Bu grubun genç liderlerinden biri ülkenin en iyi oyuncusu Arda'ydı.

Kadroya çağırılanlar: Rüştü Reçber, Tolga Zengin, Volkan Demirel (kaleciler); Hakan Balta, Servet Çetin, Gökhan Zan, Emre Âşık, Sabri Sarıoğlu, Emre Güngör ve Uğur Boral (defans); Mehmet Topal, Emre Belözoğlu, Hamit Altıntop, Arda Turan, Mehmet Aurelio (Brezilya asıllı, Türk pasaportlu futbolcu); Kâzım Kâzım, Ayhan Akman, Gökdeniz Karadeniz ve Tümer Metin (orta saha); Semih Şentürk, Nihat Kahveci, Tuncay Şanlı ve Mevlüt Erdinç (forvet).

Bizim kahramanımız beklentilerin en yüksek olduğu oyuncuydu, Nihat (San Sebastián ve Villarreal'in idolü) ve Emre Belözoğlu da kendisine eşlik eden diğer iki üst düzey oyuncuydu.

Arda, A Milli Takım düzeyinde tam olarak 16 Ağustos 2006'daki bir dostluk maçında ilk kez sahne almıştı. Türkiye, bu maçta Lüksemburg'u 1-0 yenmişti.

Avrupa Şampiyonası'na gelene kadar Arda'nın milli takımda attığı tek gol, 25 Mayıs'ta Uruguay'la yapılan hazırlık maçındaydı.

Türkiye'nin 12 maç oynayarak geldiği bir şampiyonaydı ve Arda bu maçların 9'unda yer almıştı. Kabaca ele alacak olursak, Arda'nın 2008 Avrupa Futbol Şampiyonası başlangıcına kadar verileri bu şekildeydi.

14 numaralı formasıyla (devlerin numarası, Cruyff bu numarayı taşımış, mitsel başarılar kazanmış, kupalar kaldırmıştı) Arda o şampiyonada boy gösteriyordu.

14 numara, ne kadar da güzel durur kromların[1] içerisinde. Bu önemsiz bir detay değildir. Bazen bu krom çerçeveler bize

---

(1) Küçük kartlar üzerine destelenmiş futbol albümleri. Cepte taşınabilecek büyüklüktekileri daha yaygındır.

geçmiş yıllarda bir futbolcunun, bir şampiyonada ortaya koyduğu devasa bir işin gerçek ölçülerini verir.

Geçmiş yıllarda krom bir kültür objesine dönüştü, böyle ele alındı. Koleksiyoner, bunu doğrudan çok büyük bir sportif başarıyla ilişkilendirdi. Hangi futbol taraftarı İspanya 82'de Sócrates'in kromlarına minnet duymuyordu? Ya da 1990 İtalya'daki Gascoigne ve Roger Milla'nınkine? Ve ne söylemek gerekir Romario'nun ABD 94'teki şirin kromu için?

Biz bunları seviyoruz; çünkü onların performanslarını hatırlıyoruz; çünkü elimizde çok önemli doneler olarak duruyorlar arkadaşlarımızla bu tarihselliği yorumlayabilmek için.

Ve iyi bir zaman geçiriyoruz yaşama dair konuşarak. Siz zaten biliyorsunuz, futbolu konuşurken, yaptığımız şeyin yaşamı konuşmak olduğunu.

Ben Arda'nın 2008 Avrupa Futbol Şampiyonası'nda krom çerçevesi olduğu fikrinin savunucusuyum. Bu, üzerinde 14 yazan Türkiye'nin değerli, kırmızı forması zaman içerisinde, geçen yıllarla birlikte bir koleksiyonerin küçük mücevheri olacak.

Bunu bulacağız, ellerimize alacağız, gururla göstereceğiz ve o Türk Milli Takımı'ndan bahsedeceğiz; nasıl da duygulandırdı bizi Arda, İsviçre'ye attığı gollerle, Çek Cumhuriyeti'ne attığıyla...

Konuşacağız 2008'in o yaz tatili hakkında, sonra sahip olduğumuz sevgiliyle ilgili...

Futbola ait pek çok şeyi hatırlayacağız; kişileri de... Nasıl geçiyor güzel kromlar; nasıl olacak Arda'yla 2008 Avusturya-İsviçre Avrupa Futbol Şampiyonası? Sırtında 14 numaralı formasıyla.

Fakat baştan başlayıp, sırasıyla gideceğiz. Türkiye A Grubu'na düştü; burada ev sahibi takımlardan bir tanesi olan İsviçre, grubun favorisi olarak gösterilen Portekiz ve yapabilecekleri çok fazla öngörülemeyen; ama tehlikeli bir ekip olan Çek Cumhuriyeti'yle eşleşti.

Hiç şüphe yok ki, büyük düşman, Cristiano Ronaldo'nun var olduğu, Porto'da en iyi dönemini yaşayan Deco'lu ve Moutinho'lu Portekiz'di. Sözün özü, büyük takım.

Çekler, en iyi jenerasyonlarıyla gelmişlerdi. Kumandanlar Nedved ve Poborsky, ön plana çıkanlar Cech, Baroš ve Köhler.

İsviçre cephesine baktığımızda, ev sahibi olma sorumluluğundan ileri geliyor olsa gerek, iyi bir turnuva çıkarmak zorunda oldukları hissi vardı. Onlar adına öne çıkan oyuncular Hakan Yakın, Behrami, Barnetta ve hepsinden önemlisi, büyük yıldızları, forvet Alexander Frei.

Bunlar Türkiye'nin alt etmek zorunda olduğu rakipleriydi.

Yürüyüş, Portekiz maçıyla başlamıştı. İlk sınav ve herkes için ilk tatsızlık. Arda, 11'in dışında kaldı. Neden? Kimse bunu anlamadı. Arda'nın dışarıda kalmasıyla da ilintili, Türkiye zaaflar gösteriyordu, görünen oydu ki, Portekiz'in üstün olduğu düşüncesi hâkimdi.

Takım maç boyunca bazı şeyler gösterdi. İlk bölümde defansif işler iyi yapıldı. Ancak Cristiano Ronaldo atakları yönetmeye başlamıştı. Los lusos[1] ataklarını ikinci yarıda her seferinde daha da sıklaştırıyordu.

Arda, kulübeden bakıyordu, adeta iblisler beynine üşüşmüştü. Dışarıda kalmıştı, Türkiye 2-0 kaybetti.

Fatih Terim, defterini eline alıp, *"Arda yoksa zafer de yok!"* notunu düşmeye hazırdı. Bu yanlışlığın içerisine tekrar düşmedi.

Sıradaki maç bıçak sırtıydı. Eğer Türkiye kaybederse şampiyona dışında kalacaktı; İsviçre kaybederse onlar dışarıda kalıyorlardı. Gerçek olan şu ki asla hoşnut kalabileceğiniz bir durum değildir, büyük bir şampiyonada ev sahibi takıma karşı eleme maçı oynamak. Yıldız forvetleri Alexander Frei sakat olsa bile, tehlikeli bir rakipti.

Yeterince tehlikeli, en iyi oyuncunuzu yeniden dışarıda bırakamayacağınız kadar tehlikeli. Terim hatayı anlıyordu, Portekiz maçına Arda'yla başlamamanın hata olduğunu görmüştü ve her büyük teknik adamın yaptığı gibi bunu düzeltmesini biliyordu.

---

(1) Lusos: Portekizliler için kullanılan bir isim. Roma İmparatorluğu'nun bugün Portekiz'in bulunduğu İberya Yarımadası'nda kurduğu devlet olan Lucita'dan geliyor. İspanyol medyasında bazen Türkler için de "Osmanlılar" ifadesi kullanılır.

Arda 14 numaralı formasını giydi; sağanak yağmur altında sahaya çıktı, öyle bir sağanaktı ki sadece topun kendi doğal akışı içerisinde gitmesine izin veriyordu. Fakat oynanabiliyordu, devam edilmesine karar verildi. Büyük turnuvalar asla durdurulamazdı, bu iyi bir karar olmazdı.

İyi bir başlangıç olmadı. İsviçre pres yapıyordu ve Barnetta'nın serbest vuruştan attığı bir şut neredeyse filelerle buluşuyordu, kaleci Volkan'ın mucizevi kurtarışı olmasaydı. 32. dakikaya gelindiğinde Basel'in büyük umutlar beslediği genç forveti Eren Derdiyok, harika biçimde kendini boşa çıkardı, ardından Volkan Demirel'e çalım attı ve o anda, yağmur altında Hakan Yakın, Young Boys'un orta saha oyuncusu, farklı bir hüviyete bürünmüştü. Daha kötü olan Türk kökenli oyuncunun, bir diğer Türk kökenli Derdiyok'un müzik eşliğinde verilen, bir hediye tadında sunduğu pasta topu, umarsızca, altın sol ayağını kullanıp boş kaleye yuvarlamasıydı. Dakika 32 olduğunda durum İsviçre lehine 1-0'dı ve o anlar Türkiye'nin turnuva dışında kalabileceği anlamına geliyordu.

Devre arasında Fatih Terim riskleri göze aldı; çok daha cesur olma kararı verdi, Mehmet Topal'ı çıkardı, bir diğer forvet Semih Şentürk'ü oyuna aldı.

Sonuç almaya yönelik cesurca bir karardı bu ve dakikalar 57'yi gösterdiğinde semeresini vermişti; Arda'nın soldan kıvrılarak taşıdığı top orta alanda Nihat'la buluştu, tecrübeli oyuncunun soldan yaptığı harika ortada, Semih Şentürk kafayla topu filelere gönderdi, takımı adına beraberliği getirdi. Türkiye, sallanmakta olan evden eşyaları kurtarmayı başarıyordu. Arda, Nihat, Semih... futbol iyi futbolcularla daha kolay oynanıyordu.

O andan itibaren, Türkiye canlanmıştı; Nihat, sağdan Tuncay'ın gönderdiği pası tamamlayamamış, golü santimetrelerle kaçırmıştı. İsviçre de, sayısız kontrataklarında sonuca gidemiyordu.

Bunlardan bir tanesi Hakan Yakın'ın girdiği pozisyondu, Volkan Demirel, çim hizasında sağ eliyle gösterişli ve belirleyici bir müdahalede bulunuyor ve skorun 2-1 olmasını engelliyordu.

Gördüğümüz her iki ekibin de mağlup olmaktan korkmasıydı, ama galibiyete ihtiyaç vardı, risk almadan girilebilecek bir iddia gibi.

Karşılaşma bitiyordu, o da bitiriyordu; top orta alanın ilerisinde, solda geniş bir ölçekte Arda'yla buluştuğunda. Arda önüne baktı ve topu sürmeye başladı. Zarafetiyle, hızıyla ve yıkıcı niyetleriyle... Arda ceza sahasının yakınına kadar ilerledi, iki İsviçreli savunma oyuncusundan sıyrıldı, kimseyi umursamadan. Bacağının en diri kaslarından aldığı kuvvetle topu kaleye gönderdi, sihirbazların oluşturduğu helezonlar gibi havada kıvrılarak gidiyordu top, gövdesini Türk halkına yaslamıştı o meşin varlık ve küt!

Kontrolsüzce kenara doğru koşuyordu Arda, birilerine hatırlatıyordu, işaret ediyordu, birilerine ulaşmak istiyordu "Ben size dedim!" demek için. Ulaşamadı, takım arkadaşları üzerine atladı.

Tüm Türkiye, Arda'ya dokunmak istiyordu, mucizenin yazarına. 90+2'de yaptığı bu numarayla Türkiye turu geçme ihtimalini yeniden kazandı. Yüksel Hanım'ın oğlu, o an Türkiye'nin kahramanıydı.

Viyana caddeleri Türk bayraklarıyla doluydu. 14 numaralı formalar ve insanlar Arda'nın golünü sembolize ediyordu. Fatih Terim artık kimin zamanı olduğunu biliyordu.

Henüz hiçbir şey kazanılmamıştı. Her şey radikal bir biçimde Çek Cumhuriyeti maçında tekrar yaşanacaktı. Tam olarak aynısının Çekler için de geçerli olduğu söylenebilirdi. Onlar için her şey bu maça bağlıydı. Yani, kim kazanırsa turu o geçecekti. Maçın uzatmaya gitmesi gibi bir gelişme olabilirdi, penaltılara gitme olasılığıyla birlikte.

15 Haziran 2008, Cenevre... Volkan Demirel, Servet Çetin, Hakan Balta, Emre Güngör, Mehmet Aurelio, Hamit Altıntop, Mehmet Topal, Tuncay Şanlı, Arda Turan, Nihat Kahveci ve Semih Şentürk bir araya geldiler bir kısa futbol turu için; bu hakka sahip olduğumu düşündüğüm için yeniden kurguluyorum, Çeklerin 11'i Cech, Jankulovski, Ujfaluši, Rozehnal, Grygera, Galasek, Sionko, Plasil, Polak, Matejovsky ve korkunç, devasa golcü Jan

Köller şeklinde biçimlendirilmişti. Bunlar, grup aşamasında 11'de yer alan isimlerdi.

Kolay elde edilen galibiyet bazen sıkıcı olur. Rahatlığın sizi çabucak öne geçirmesi ve farklı bir skorun kazanılması maçlardaki heyecanı ortadan kaldıran, adrenalin seviyesini düşüren bir etkendir.

Biz dizginlerinden boşanmış bir tutkuyu seviyoruz, bir son dakika golünden sonra, kabına sığmayan duygulardan haz alıyoruz, kötü giden bir maçı lehimize çevirdiğimizde. Ortaya orta, kornere korner iddianın doruklarına çıkıyoruz.

Türkiye her zaman temel bir ülke oldu, yolu dünya tarihiyle çakıştı, Asya'nın Avrupa'daki güzel kapısı...

Sofistike Avrupa'nın Asya'ya hep cepheden baktığı Türkiye, tutkuluydu ama asla kolaycı olmadı; şüphesiz ki bizi büyüleyen şeylere sahipti.

Kolaylıkla elde edebilecek bir galibiyet olmayabilirdi. Daha önce yapıldığı gibi yapılmalıydı, tutkuya sarılmak, Arda'nın ayaklarındaki maharete sıkı sıkıya tutunmak.

İki gol geriye düştüler; bir tanesi Köller'in muhteşem kafa vuruşuyla geldi. (O, fırsatı gerçek bir usta olarak değerlendirdi.) Diğeri Jaroslav Plasil'in çok sert vurduğu yarım voleydi. (Bu futbolcuyu bir süre sonra Pamplona'da izleyecektik.) Filelerle buluşan bu gol Arda ve arkadaşları için neredeyse karşılaşmayı geri çevrilemez hale getiriyordu. Türkiye turnuva dışına doğru gidiyordu ve sadece bir mucizeyle kurtulabilirdi.

Dakikalar 75'i gösterdiğinde, Hamit Altıntop, sağ kanattan son derece tehlikeli bir atak geliştirdi, ceza sahasına doğru girdi, arkaya doğru gönderdi, top ilerliyordu, Prag'dan geçti, Plzeň'den geçti, varması gerektiği gibi uzak direğe gitti, tabii ki meşin yuvarlak Arda'yla olmak istiyordu. Arda onu sağ ayağının içiyle düzeltti, kurnazca biçim verdi, gürültü çıkarmadan filelerde uyuttu topu. Yumuşak yumuşak, skoru 2-1'e taşıdı. Bir gol daha; uzatmaya gitme şansı zorlanabilirdi. Mucize yakındı, ancak biz bunun her zaman olmadığını biliyorduk.

Volkan Demirel yumruklarını sıkıyor ve inanıyordu. Cenevre Stadyumu'nun tribünlerinde oturan Türkler de inanıyordu; ne var ki dakikalar geçip gidiyor ve ikinci gol gelmiyordu. Ondan sonra, 87. dakikada sağ kulvardan içeriye girmeye başladı; bombeli ve yumuşak bir orta yaptı, ne falsolu ne de tehlikeliydi; oyunun öngördüğü bir gerekliliğin yerine getirilmesiydi, herhangi bir girişimin tamamlanması için...

Petr Cech, Çek futbol tarihinin en iyi kalecisi ve dünyanın en iyilerinden bir tanesi, sakin biçimde çıktı, yükseldi ve top avuçlarının arasından kaymaya başladı. Fakat o anda birileri vudu büyüsü yapmış olmalıydı, iğne onu simgeleyen yapma bebek üzerinde buruluyor ve son derece rahat biçimde bloke edebileceği topu elinden kaçırıyordu. Nihat, küçük sincap, oradan geçiyordu, bir hediyeyle karşılaştı, ayağını koydu golü attı, son derece akıldışı bir yolla Türkiye 2-2'lik beraberliği bulmuştu.

Türkiye yeniden inanmaya başlamıştı, mucize hiç olmadığı kadar ciddi bir seçenekti. Fakat biz, mucizelerin (neredeyse) var olmadığını biliyorduk.

Dakika 89, Petr Cech hâlâ bu oyuna küfrediyordu, Volkan Demirel uzun bir top attı, Tuncay kafayla uzattı, Çek oyuncu topu uzaklaştıramadı, top bir kez daha Hamit'le buluştu, demarke pozisyonda, sırtı Çek kalesine dönük biçimde Nihat gözüküyordu, top süzülerek gitti, Nihat kontrol etti; biraz ilerledi ve büyük bir ustalıkla, meşin yuvarlağı Cech'in üzerinden kaleye gönderdi. Türkiye 3-2'yi bulmuş, maçı çevirmişti. Bu tam bir çılgınlıktı, bir üst tura geçmişlerdi. Kim demişti mucizeler yok diye?

Oyundan daha çok, çılgınlık, tutku ve kahramanlık üzerinden Arda ve arkadaşları çeyrek finale yükselen takım olmuşlardı.

Orada, kulübede Slaven Biliç, saha içerisinde Luka Modric tarafından yönetilen Hırvatistan bekliyordu.

İlk planda Balkanlılar favoriydi.

Pek çok insan neden futbola bu kadar âşık olduğumuzu anlamıyor. Tanışıklar, arkadaşlar ve hatta konunun önemini hafife alan akrabalar. Bu kişiler soğuk dururlar ve boş bir Madrid'de gezintiye çıkmaktan bahsederler; çünkü Real Madrid-Atlético Madrid maçını izleyenler yabancılaşmışlardır.

O halde, onlar gezinsinler kendi zevksiz, bizi coşturan bu bereketli oyunun yarattığı duyguyu algılama kapasitesinden yoksun biçimde. Belki nasıl sonuç verdiğini görseler bu Türkiye-Hırvatistan maçının, bazı şeyleri anlarlardı.

Durum şu ki bu maç sıkıcıydı; yorgunluk, artarak kendini hissettiren sıcak, pek parlak olmayan bir karşılaşma ortaya çıkartıyordu. Seyrek pozisyonlu bu mücadelenin, yine de iyi gözüken tarafı Hırvatistan'dı. Bundandır ki hızlıca aktaracağız. Doksan dakikanın 0-0 berabere tamamlanmasıyla birlikte, uzatma dakikaları da Terim ve Biliç'in elinden kayıp gidiyordu. Penaltı atışları kaçınılmaz gözüküyordu. Herkes sıralamasını yapıyor, penaltıları kullanacak oyuncuları belirliyordu, yüksek kalitedeki gönüllüler, fiziksel olarak diri ve cesur olanlar. Bunlar üzerinden gidiyoruz.

O zaman aralığında olaylar ve duygular açığa çıkmıştı, bir aşağı bir yukarı giden trenden saçılır gibi.

İki dakika tıpkı bir sinema senaryosu gibi... 118. dakikada Modric uzun gelen bir topu aldı, sıfıra doğru gidiyor, Rüştü Reçber (O dönem Volkan Demirel'in ardında ikinci kaleciydi, Volkan saçma biçimde Hırvatistan maçının son dakikasında kırmızı kart görerek oyundan atılmış, cezalı duruma düşmüştü.) mantıkdışı biçimde, nereye gittiğini bilmeden kalesini terk etti; ancak Modric o topu kontrol etmişti. Döndü tekrar kalesine yönelen Rüştü'yle birlikte, Klasnic'e doğru ortaladı, kafa golü geldi, 1-0.

Hırvat takımının tamamı, kulübedekilerle birlikte, çılgına dönmüş gibi sahayı işgal ediyorlardı yarı finalin yazarına sarılmak için. Tamamlıyorlardı.

Tamamlanmış mıydı? Uzatma bölümünün ikinci uzatma dakikasında, yani, maçın 122. dakikasında son top havadan Hırvatistan ceza alanına doğru süzüldü. Ön çizgide yarı finale giden kapıya açma çabası. Zagreb trompet ve meşalelerle bayramyeriydi, bu topun Semih Şentürk'le buluşacağını çok iyi kestiremedikleri ana kadar. Semih döner, ruhuyla şutunu çeker ve kesin bir şansla içeri gönderir. Zagreb kararır, İstanbul aydınlanır. Kimse kaybetmedi, kimse kazanmadı. Fakat o anda herkes zaten biliyordu, Türkiye'nin yarı finale gittiğini... Hepsi üç dakika içerisinde; çılgınlık, yüce bir çılgınlıktı.

Penaltılar atıldı. İlk penaltıcılar genellikle olduğu gibi her ekibin en iyilerinden seçiliyordu. İlki sabit olmalıdır, geri kalanı grup içerisinde sıralanır.

Modric şansını kullanamadı, başarısızdı. Arda, bizim Arda, Bayrampaşa'nın Arda'sı, atışını gole çevirdi. O andan itibaren zaten netleşiyordu her şey. Türkiye sadece üç penaltı kullandı (hepsi gol oldu), ne var ki Hırvatistan'ın şevki kırıktı, kaçan üç penaltının üzüntüsü içerisindeydiler. Rüştü sadece bir tane kurtarmalıydı. Diğer ikisi kaleyi dahi tutmamıştı. Hırvatlarda ne büyük çalkantılar yaşanıyordu.

Türkiye'den tutkulu, destansı bir vuruş, İsviçre karşısında olduğu gibi, Çek Cumhuriyeti karşısında olduğu gibi. Artık yarı finaldeydi ve hepsi üç dakika içerisinde olup bitmişti.

Fakat bundan hoşlanmayan bir dev vardı: Almanya.

Almanya'da iki buçuk milyondan fazla Türk yaşıyor ve bunlar yabancı nüfusun ağırlığını oluşturuyorlardı. Savaş sonrası göç ettiler ve ondan sonra güçlü bir göçmen akışı yaşandı. Bu nedenden ötürü, Türler için Almanya'ya karşı yapılacak maç biraz özeldi.

Bir gururlanma vesilesiydi hepsi... duyguların ifade edilmesi, bayrakların havaya kaldırılması.

Bir çocuk tasarlayalım, sabah okuluna giden. Berk, vatanseverlik gururuyla, göğsü kabararak bakar Hans, Günter ve Franz'a; onun her zamanki arkadaşçıkları, bütün hafta boyunca rahatsız ediciydiler.

Gollerin etkisiyle kıvamında bir gülümseme belirirken yüzünde, "Ne oldu?" der onlara.

Evet, Türkiye için bu bir maçtan çok daha fazlasıydı. Futbolcular bunu biliyorlardı. "Her zaman duygusal bir karşılaşma olmuştur Türkiye gibi Almanya'da yaşayan en büyük göçmen topluluğuna sahip bir ülke için," yorumunu yapıyor Arda, bu maçların önemine atfen...

Önceki açıklamanın ardından çok daha iyi anlaşılacaktır neyi ifade ettiği Almanya-Türkiye, 2008 Avrupa Şampiyonası finalistini söyleyecek olan yarı final maçının.

Türklerin arzusu kocamandı, çok özeldi; ancak büyük bir talihsizlik de kadrodaki eksiklerin de büyük olmasıydı. Zira ne Arda, ne Nihat, Emre, Tuncay ne de Tümer Metin ve Servet oynayabilecek durumdaydılar.

Liste çok uzun olduğundan Fatih Terim, kadrosundaki üçüncü kaleci Tolga Zengin'i orta sahada oynayacak bir oyuncu olarak belirlemişti.

"Tolga son adam olarak oyuna girebilirdi veya santrfor olarak. Bizim oyuncuları nerede oynamak istediklerine göre seçme lüksümüz olamaz," açıklamasını yaptı Türk Milli Takımı'nın patronu. Böyle bir eşikteydi.

Bu gibi koşullarda militan güce sahip Almanya'nın bir adım önde olduğu düşünülebilirdi.

Kuşku yok ki çok iddialı bir karşılaşma oldu. Öyle ki Türkiye orta saha oyuncusu Uğur Boral'la öne geçti, 89. dakikaya kadar maçta beraberlik vardı. Almanya'nın galibiyete ihtiyacı vardı, Türkiye'yi yenmeleri gerekiyordu; 89. dakikada maç uzatmaya giderken Lahm'ın golü geldi.

"Bize her zaman aynısı oluyor. İyi oynarken kaybediyoruz; çünkü korkusuz oynuyoruz. Çok yetenekliyiz, fakat daha fazla taktik disipline ihtiyacımız var. Bu Almanya'nın sahip olduğu, bizde olmayan şey," diyordu oyuncumuz bir zaman sonra.

Hatırlanacak bir Avrupa Şampiyonası olmuştu. Arda aylar önce *Líbero*'ya verdiği röportajda hatırlıyordu. O haftalar müthiş anları ifade ediyordu, kesinlikle futbol kariyerinde anahtardı: "Harika bir andı benim yaşantımda. Pek çok arkadaşım buna benzer bir şey görmediklerini söylediler. Bir futbolcunun kimliği için milli takımda önemli bir rol almak önemlidir. Türkler beni çok seviyorlar; çünkü ülkemi çok sevdiğimi biliyorlar ve milli takım için çok şey yaptığımı biliyorlar. Şuna açıklık getirmek istiyorum, İsviçre, Hırvatistan ve Çek Cumhuriyeti'ne attığım goller hayatımın en önemli golleriydi; çünkü tekrar yaşanamaz."

Bükreş'te darbe

Arda Turan, 2007-2008 sezonunu büyüleyici biçimde tamamladıktan ve Avusturya-İsviçre'deki Avrupa Şampiyonası'nda iştah kabartan bir performans sergiledikten sonra, Galatasaray'ın futbol ofisine transfer teklifleri gelmeye başladı.

Milan'dan bahsedildi. Buna rağmen, Newcastle United'ın teklifi çok daha berrak biçimde ortaya çıktı.

Kuzey İngiltere takımı, masaya tam 13 milyon avro koydu, Arda'yı Premier Lig'e götürüp, bir transfer çalımı atmak için. Fakat Arda'nın acelesi yoktu.

Gerçek şu ki, Arda kulüple çok iç içe geçmişti, yakın gelecekte ayrılmayı düşünmeyecek kadar.

Kulübün önemli referanslarından bir tanesi olabilecek seviyede yer alıyordu ve bizzat kendisi bu gerçeğe işaret etmişti. "Evet, kulübü temsil eden bir oyuncu oldum, her zaman baskı altında yaşamayı gerektiren bir durum," şeklinde özetliyordu düşüncelerini bir röportajında.

Tam anlamıyla kulüple özdeşleşmişti. Boş zamanlarında Galatasaray'ın alt yaş grubu takımlarının maçlarını izlemek için saatlerini veriyor; bu onun ne kadar çok aidiyet duygusuyla kulübüne bağlı olduğunu gösteriyordu. Böylece takımda kaldı. Ateş gibi parlayan Aston Martin'ini İstanbul sokaklarında kullanmaya devam etti. Kalmıştı, boşuna mıydı? Öyle ki bir maçta baygınlık noktasına gelmişti; ancak bundan çok daha ileride bahsedeceğiz.

En dikkat çeken büyük yıldızıydı kulübün; en büyük yıldızıydı ülkenin; sırtında 66 numara ışıldıyordu, 10 numara hâlâ Lincoln'de olduğu için; Brezilyalı kesinlikle olağanüstü bir oyuncudur. Bundan daha fazlası, küçük bir mesele değildir, bizim gibi numara mitomanları adına, Arda'nın hiyerarşik yeri. Bundandır ki, Türklerin Şampiyonlar Ligi'nde gerçekleşmesi olası fantezilerinin hazırlayıcısı olarak bakışlar onun üzerine yöneldiğinde, taraftar güçlü argümanlar bulma girişimi içerisindeydi.

Bu hiyerarşi, kaptanlık pazıbendini koluna takması gerektiğini vurguluyordu. 21 yaşında, Türkiye'nin en büyük kulübünün kaptanı. Arda Turan ve diğerleri... Onu, Şampiyonlar Ligi'nde görmek gerekiyordu.

Bu nedenle sert bir darbe olmuştu, üstün olmayan Steaua Bükreş takımı karşısında ön elemede Şampiyonlar Ligi'ne veda etmek. UEFA'nın katsayı sistemi, Türkiye şampiyonunun doğrudan gruplara kalması yerine, sıkıntıya girerek, ağustos ön elemesine kalmasına sebebiyet veriyordu.

O karşılaşmada, Rumen takımı Steaua için 12 dakikada elemeyi geçtiler diyebiliriz. Zaten İstanbul'da 2-0 kazanmışlardı. Kötü bir durum. Sonrasında Galatasaray Nonda'yla 2 gol buluyor ve 2 gole karşı deplasmandaki 2 golle eşitliği getiriyordu.

Kötü gidiyordu; daha kötü olabilirdi. Rumen başkent takımı, Nicolita'yla (İstanbul'daki ilk maçta da 1 gol atmıştı) ikinci yarının ortasında golü buluyor ve Arda'yı Şampiyonlar Ligi'nin dışında bırakıyordu.

Katsayı sistemi ve eleme maçlarında Nicolita'nın kurnaz oyunu, iyi iş çıkaran Steaua Bükreş nedeniyle, Arda, Lincoln ve Nonda kupa dışında kalıyorlardı. O anda, buna hepimiz üzüldük.

Nasıl üzülmeyelim ki?

Şu da var ki, Galatasaray ilk ve ikinci maç arasında Süper Kupa maçı oynadı, kazandı (Arda'nın bir dakika bile oynamadığı karşılaşma, halbuki sıra onundu) ve ligin ilk haftasında Denizlispor'u 4-1 gibi bol gollü bir skorla yenmişti; Arda'nın sadece ikinci yarıda yer aldığı maçta.

Bükreş'te ortaya çıkan eliminasyon darbesinin ardından, o andan itibaren, sorunlar başladı.

Takım ligde 4. haftaya kadar galibiyet yüzü görmedi. Arda ise düşük bir performans gösteriyordu. Kendi adına sezonun ilk golünü 6. haftada, Bursaspor'a karşı kazanılan maçta atmıştı. Kabul etmek gerekir ki Baroš ve Lincoln Arda'ya oranla sezona daha güçlü başladılar. Bazen sihirbaz da dinlenir; ama Arda asla istatistiklerin işçisi olmamıştı.

Küçük bir korku

Lambayı ovarsın ve cin dışarı çıkar. Onu lambaya tekrar sokmak kolay değildir. Orada, dışarıda kendini rahat hisseder. Işıklı dünyayı sever, gücünü göstermekten ve duygularını dışa vurmaktan hoşlanır.
 Birçok kez ovduk ve kimse çıkmadı; ancak çıktığında...
 Bir keresinde dışarı çıktı, şaşırdık... Alışılagelmiş, kurallı arzularımızın dışındaydı.
 Arda bir sonraki hafta tekrar gol atmıştı, Trabzonspor'a atılan gollerin ilkini... Uzaktan atılan bir şut Galatasaray'ı öne geçirmişti. Sonra Servet Çetin'e bir asist, ikinci gol geldi ve son olarak Lincoln üçüncü golü attı. Arda'nın bir başka büyük maçı...
 Fakat buna rağmen takım iyi işlemiyordu. Şampiyon takımdı; ama bunu tekrarlayacak gibi gözükmüyordu. Sonraki üç maçın ikisini kaybediyorlardı. Bunların arasında Fenerbahçe'ye karşı oynanan derbi maçı da vardı. Üzüntü veren gollü maç: 4-1. Bir Fenerbahçe, daha sonra Luis Aragonés tarafından yönetilen (Hortaleza semtinden İstanbul'un Asya yakasına uzanan bir öykü. Samimi, kendini işe adamış bir Madridli ve iyi bir iş.) az da olsa Dani Güiza'nın oynadığı.
 Bu mağlubiyetten sonra tansiyon dayanılmaz biçimde yükseldi. Ve sonra geçti. Tarih 16 Kasım 2008. Galatasaray 11. hafta maçında İstanbul Büyükşehir Belediyespor'u ağırlıyor. Aynı şekilde yorumlayamayacağımız bir karşılaşma.
 Şampiyondu, şimdi beşinciliğe geriliyordu. Şampiyonlar Ligi'nin dışındaydı. Gerilim hâd safhadaydı; ancak o akşam Galatasaray adına kötü şeyler ortaya çıkmadı. Galatasaray, 39. dakikada Harry Kewell'ın kafa golüyle 1-0 öne geçiyor ve tüm göstergeler takımın maçı kazanacağına işaret ediyordu.

Bir anda, 78'inci dakikada, Arda kendini kötü hisseder, sahada yere yığılır. Korku üst seviyededir. Ne oluyor? Çok çabuk biçimde yedek oyuncu Mehmet Topal hazırlanır. Bir ambulans oyun alanına gelir, oyuncu hastaneye götürülür. Galatasaray ikinci golü bulur ve maçı kazanır; ama bunun hiçbir önemi yoktur. O geceyi hastanede geçirdikten sonra pek çok teste tabi tutulur. Çocuk iyidir ve Türkiye yeniden rahat bir nefes alır.

Ne oldu? Bu kalp ritimlerinin hızlı atmasından kaynaklanıyordu. Son dönemlerin en yüksek gerilimi yaşanmıştı ve Arda'nın sarf ettiği büyük fiziksel efor, onun baygınlık geçirmesine neden olacak koşulları hazırlamış, fiziksel ve zihinsel olarak limitlerini zorlamıştı.

Bu bölüm, tek başına Arda'nın kulübüne aşırı bağlılığını göstermiyor; fakat aynı zamanda, sözcüklerin ya da başlıkların içerisine sığdırılamayacak biçimde, baş dönmesinden bilincini kaybettiği ana kadar mücadele etmeyi tercih etmesinin arka planındaki adanmışlığı gösteriyordu.

Sıcak bir derbi

Baygınlık faslından sonra, takımdaki sorunlar devam etti. Arda iyi oynuyordu, goller atıyor, gol pasları veriyordu, taraftarın hâlâ sevgilisiydi; ama takım iyi gitmiyordu ve şubatta galibiyetsiz geçen 5 maçlık bir seriden sonra Alman teknik direktör Skibbe yerini Bülent Korkmaz'a devrediyordu.

Tam da yeni teknik direktörün sahne aldığı ilk karşılaşmada, Arda sezonun en iyi performanslarından bir tanesini çıkardı.

Galatasaray, Avrupa Ligi ilk 16 turu rövanş maçında Fransız Bordeaux takımını ağırlıyordu. Deplasmandaki 0-0'lık beraberliğin ardından, herhangi gollü bir beraberlik Fransızları bir üst tura taşıyacaktı.

Bordeaux'nun temel oyun planı, rakibin gol fırsatı yaratmasını önleme üzerine kuruluydu; Jirondenler hiçbir şekilde gol yapamazdı; ama birinci dakikada bir gol olmuştu. Bravo; düşünce buydu. David Bellion, stoperlerin gürültü patırtı içerisindeki hatalarından yararlandı ve golü attı: 1-0. Çeyrek final biletinin rengi Fransız'dı. Fakat orada Arda vardı; Arda hep oradaydı. Devre arasına yaklaşıldığında, 42. dakikada, gol Arda'nın uzaktan çektiği bir şutla geldi; top pek çok Fransız'ın bacaklarının arasından geçti ve fileleri havalandırdı.

İnanmaya başlamıştık; fakat ikinci bir gol gerekiyordu. üç dakika sonra Kewell'ın ayak ucuyla yaptığı vuruş, kendine küçük bir delik buluyor ve çerçeveye oturuyordu. Galatasaray'a avantaj sağlayan hakiki gol. Devre arasından sonra Arda'nın, sol taraftan gelen yüksek, kaliteli pası değerlendirmesiyle gelen golü, skoru 3-1'e taşıyor ve tur hemen hemen geliyordu. Her zaman Arda...

Fakat o yıl Galatasaray istikrarı sağlayamıyordu. 72'de 3-1 önde, 75'te 3-3 beraberlik, Galatasaray eleniyordu. İki gol, neredeyse birbirine ardışık; Chamakh ve Cavenaghi'yle gelen goller Ali Sami Yen'i baş aşağı çeviriyordu. Fakat her şey bitmemişti. Dakika 90, Türkler elendi diye bakılırken, uzaktan ve düzgün bir şut, Sabri Sarıoğlu'na ait, hedefini şaşırmayan avcının gönderdiği bir mermi gibi gidiyor ve can çekişmekte olan Galatasaray'ı çeyrek finale taşıyordu.

Arda, iki gol ve muhteşem bir performansla yine takımının elde ettiği zaferde anahtar rol oynuyordu.

Bülent Korkmaz çok sevinçliydi: "Biz memnunuz bu zor maçın sonucundan. Hatta skor 3-3 berabere olduğunda bile zafere inancımız vardı. Oyuncularımız sonuna kadar savaştılar ve taraftarımızın desteği harikaydı. Herkes şunun bilincinde olmalı: Bu ekibim ve benim için daha henüz başlangıç."

Fakat Korkmaz'ın bu iyimser yorumu bir yanılgı olacaktı. İşler çok iyi gitmedi ve Fenerbahçe'ye karşı, bir Fenerbahçe derbisinde daha, sezonun en tatsız anı yaşandı. (Arda'nın baygınlık geçirdiği maçtan sonraki hafta.)

12 Nisan 2009'dayız. Galatasaray, sıralamada dördüncü, üçüncü basamakta yer alan Fenerbahçe'yi ağırlıyor. Bu ikisi arasındaki karşılaşmalar, nerede bulunurlarsa bulunsun, yoğunluk sınırlarını zorlayan klasikleşmiş bir yüksek tansiyon atmosferinde gerçekleşir, hayal kırıklığıyla dolu beklentilerden bağımsız biçimde. Her zamanki gibi.

Maç 0-0 beraberdi ve neredeyse tamamlanıyordu, Galatasaray adına eksik olan son vuruştu. Birden alışılagelmiş bir arbede meydana geldi ceza sahası içerisinde; Emre Âşık yere düştü. Tekrar görüntüler, stoper Lugano'nun, arkadan kafa attığını gösteriyordu. Her zamanki gibi saldırgan davranışlar ortayı çıkmıştı. Âşık kendini yere bırakıverdi; ama hiç kuşkusuz bir kafa teması vardı. O noktadan sonra patırtı kopmuştu, her seferinde daha fazla oyuncunun kolu uçuşuyordu birbiri üzerine, tam bir kayıkçı kavgasıydı. Orada Arda beliriverdi; ateş işlemeli

Galatasaray forması altında, kolunda kaptanlık pazıbendiyle, yüzünde intikam duygusu... O kaptandı, sakinleştirmek için gitmeliydi. Fakat Arda sinirlerine hâkim olamıyor, kaptan olduğunu unutuyordu; ancak ne var ki bu 21 yaşında bir delikanlının heyecanı gibiydi. Yaygaranın ortasında Semih Şentürk'e bir tokat/ yumruk attı, milli takımda arkadaşlardı. Arda saldırmıştı; gerçek buydu. Hakem kartları çıkarmaya başladı, nerede çıkardığını bilmiyordu ve olayın birincil dört aktörü üzerinde kararını vermişti. Yani, bir tarafta Arda, Emre Âşık, diğer tarafta Semih Şentürk, Diego Lugano.

Sonraki üç maçta cezalı duruma düşüyordu. Galatasaray bu maçların sadece birinde galibiyet aldı. Takıma tekrar döndüğünde zaten her şey için çok geçti. Buna rağmen hanesine iki gol daha yazdırdı. Bunları ligin son haftasında Sivasspor maçında hediye etti.

Sade bir broş olarak kaldı ağustos ayında kaldırılan Süper Kupa, tatsız sonuçlarla karşılaşılan bu çok zor sezonda.

Toplamda ortaya çıkan, Şampiyonlar Ligi'ne ön eleme turunda Steaua maçlarıyla veda etmek ve ligi Sivasspor galibiyetinin ardından beşinci olarak bitirmesi; Arda'nın sekizi ligde toplamda 12 gol atarak ve sayısız gol pası vererek sezonu geride bırakmasıdır. Bayılma ve yumruk olayı buna dahil.

Sonuç, Arda yeniden sezonun en iyi oyuncusu olarak düşünülmeye başlandı. Dâhi ve bir figür.

2009-2010: Frank Rijkaard geliyor

"Biz güzel bir futbol oynamayı istiyoruz. Stada gelen insanlar takımdan memnun kalmalı. Başarı bundan sonra gelir." Böyle, özgüven ve iyi futbol manifestosuyla tanıtılıyordu Frank Rijkaard yeni takımında. Güçlü bir karakterdir Arda'nın yeni teknik direktörü.

Antonio Carmona'nın şarkı sözlerinden birini bir basın toplantısında kullanmak yeterlidir. "Umudunu kaybetme, biliyorum ulaşacaksın, ulaşacaksın..." şeklinde cevap veriyordu Alcoy'da bir gazeteci bu sözlerle yorumlarken o zamanki başkanın –Joan Laporta– dış saha maçlarındaki problemlere ilişkin yaklaşımını. "Neye ulaşacaksınız?" diye sorguluyorlardı onu. "İyi futbol," cevabını verdi Frank. Basın toplantısı çıkışında Catalunya Radio'dan bir gazeteciyle karşılaştı. Ona şu yorumu yaptı: "Onlara bir şarkı söyledim. Orada içeride ve farkında olmadılar."

Zaten söylüyorum, karakterlidir.

Serinkanlı biçimde (*You'll never smoke alone* – Asla yalnız sigara içmeyeceksin) karşıladı, düşük profilli oyuncuların transferlerini, Arjantinli kaleci Leo Franco, Kader Keita ya da Mustafa Sarp gibi.

Teknik direktörü bir kenara koyarsak, yıldız transfer Brezilyalı orta saha oyuncusu Elano olabilirdi. Bunlar takımın yeni üyeleriydi, Arda, Baroš, Kewell, Nonda ve Servet Çetin'in önderlik ettiği var olan iskelet kadroya güç katmak için gelmişlerdi.

Macera iyi başladı. Ligdeki ilk 6 maçı kazandılar. Rijkaard ve Neeskens (ikinci antrenör) ideal 11'i bulmuşlardı. Leo Franco, kalenin değişmez ismi, Servet Çetin, Emre Âşık, Hakan Balta ve Gökhan Zan (ya da Uğur Uçar) savunma blokunu oluşturan gruptu. Ekibin en iyi parçası orta alandı: Arda, bu bölgenin başında yer alıyordu. Kewell uzaktan şut atma üstadı ve Elano, Brezilya usulü eserler çiziyordu. İleride iki tip tehlikeli golcü vardı. Shabani Nonda ve Milan Baroš, sezona mermi gibi başladılar.

Ayrıca Avrupa Ligi'nde, Panathinaikos, Dinamo Bükreş ve Sturm Graz'ın bulunduğu gruptan birinci olarak çıkmayı başardılar.

Bizim kahramanımız sezona güçlü bir başlangıç yaptı.

Sezona başlamak için olmazsa olmaz iki şey, başka türlüsü düşünülemezdi. Müstakbel 10 numaralı forma ve kaptanlık pazıbendi.

Evet, şimdi, zaten her şey yerli yerindeydi. 10 numarayla en iyisini yapıyordu.

İlk maçta (Gaziantepspor'a karşı 3-2 kazanılmıştı) açılışı yapmıştı; üstelik iki tane de gol pası verdi. İkincisinde (yeni bir zafer, Denizlispor'a karşı 4-1) tekrar gol attı. Üçüncü hafta maçında Kayserispor'a karşı elde edilen galibiyette (4-1) gol pası sayısını üçe çıkardı. Böylece, gördüğümüz gibi, Ardacık kendinden beklenildiği düzeyde sezona tam bir uyum içerisinde başlamıştı.

Ondan sonra Arda, Rijkaard'ın en memnun olduğu oyuncusu haline geldi. Çalımlar, öngörülülük, hayal gücü, yetenek, karakter, Frank Rijkaard, Nou Camp'ta Ronaldinho'da görmüştü bunları ve şu anda Arda'da görüyordu.

Hollandalının olanca güvenini kazanmış bir Arda Turan, Ronaldinho'nun yaptıklarının benzerini yapmak için; soldan gelen ataklarda topların dörtte üçünün sahibiydi, takımı lehine dengeyi bozacak arayışlar içinde olması, ince ayarlı adrese teslim paslar vermesi için... Ve Arda gülüyordu.

Fakat iyi giden şey tersine dönmeye başladı, Galatasaray'ın kendi kalitesinin çok altında olan Antalyaspor'a kupada elenmesiyle. Önce, kış transfer döneminde, bazı şeyler meydana geliyor, takım içerisinde önemli değişiklikler oluyordu. Genç Meksikalı Giovani dos Santos ve Brezilyalı Jo Alves geliyor; orta alan için çok önemli olan isimler Lincoln, Linderoth ve forvet Nonda gidiyordu.

Pek çok değişiklik ve her seferinde yedek kulübesinin köşesinde istiflenen daha çok orandaki boş sigara paketleri, Ali Sami Yen'de işlerin iyi gitmediğinin belirtileriydi. Ve çok önemli bir zaman aralığına doğru yol alıyorduk.

CALDERÓN ARDA'YI TANIYOR

Atlético Madrid sezona Şampiyonlar Ligi'ne katılma yönünde oluşturulan büyük bir arzuyla başlıyordu. Arka arkaya ikinci Şampiyonlar Ligi olacaktı. Bir önceki sezon bir maç bile kaybetmeden eleniyorlardı, rakibin Madrid'de attığı 2 gol, dolayısıyla gol averajı nedeniyle (Calderón'da 2-2, Dragão'da 0-0). Aguirre'nin (Atlético'nun Meksikalı teknik direktörü. 3 yıl görev yaptı.) yelkenlileri Porto denizinde batmıştı. Büyük umutlar beslemişlerdi günbatımlarında, takımlarının 2009-2010 Şampiyonlar Ligi'ndeki ihtimalleri üzerine; ama Manzanares kıyısında sadece, damaklarda tadı kalmıştı geride bırakılan maceranın.

Atlético gerçekten komik bir performansa sahipti; grubun iki büyük takımı Porto ve Chelsea karşısında, sadece 1 puan alabilmişti, bunlara karşı oynadığı 4 maçta. Yani 12 olası puanın sadece biri, berabere biten bir maç sonrasında (2-2) Vicente Calderón'da Chelsea'ye karşı (Kun Agüero'nun serbest vuruştan attığı kutsal gol). Bu üzücü bir puan, Apoel Nicosia'ya karşı alınan birbiriyle bağlantılı iki beraberliğin getirdiği puanlara eklenince (Kıbrıs'ta Simão'nun attığı mucizevi gol bir puanın yazılmasını sağlıyordu Atlético adına) son derece değerli hale geliyor ve takımın üçüncü olarak Avrupa Ligi'ne kalmasını sağlıyor, umutlarını ise yılbaşının ötesine taşımasına olanak veriyordu.

Ve sonrasında... nazlı bir kura, Atlético Madrid kendi geleceğiyle eşleşiyordu, bir başka anlatımla Arda Turan, Manzanares'i ziyaret etmek zorunda kalıyordu şubatta Avrupa Ligi ilk 16 turu maçları için.

Galatasaray, lig üçüncüsü olarak geliyordu karşılaşmaya, ne var ki sadece 1 puan vardı liderle arasında; lider sürpriz biçimde Kayserispor'du ve ikinci Fenerbahçe'yle aynı puana sahipti.

Şurası açık ki, önceki haftalarda tökezlemişti (iç sahada Büyükşehir Belediyespor ve Manisaspor beraberliği ve bir mağlubiyet 1-0'lık skorla Bursaspor'a karşı).

Avrupa'da, gruptaki kısa maratonu, 13 puan toplayıp, Panathinaikos'tan 1 puan fazla alarak, lider olarak tamamladı. Dinamo Bükreş'ten 6, Sturm Graz'dan ise 9 puan fazla topladı.

Bütün veriler maçtan öncesine aitti.

Tarih 18 Şubat 2010. Kesin olan şuydu ki, maç öncesi görünüme baktığımızda gerçek kahraman Arjantinli kaleci Leo Franco'ydu; uzun yıllar geçirdiği evine dönüyordu. Leo, Madrid'e döndü ve herkes onun Türkiye'deki yeni yaşamıyla ilgili fikirlerini öğrenmek istedi. ("Yoğurt tüketimi beni şok etti. Bizim için tatlı niyetine tüketilen bir besindir; ama onlar yemekte yiyorlar.) Selefi olan Atlético'lu kaleciler hakkında ("De Gea'yı çalıştırdığımda, soğukkanlı ve sakin olduğunu görüyordum. Atlético Madrid geleceğin kalecisine zaten sahip olmuştu David'i (De Gea) kazanarak. Bunu hepimiz biliyorduk. Bu ne benim için ne de kulüp için bir sürprizdi.") ve sarı kırmızılı takımın yıldızı Arda Turan'la ilgili: "Yıldız Arda'dır. Türkiye'nin en iyisi. Fiziksel olarak Kun'a benziyor. Hatta aynı kalıba, biçime sahipler. Arda gol pası verme konusunda daha verimli, bununla birlikte gol de atıyor pozisyona da giriyor."

Vicente Calderón müdavimlerine, "Arda, Kun Agüero'yla aynı özelliklere sahip," demek bu ismin hafızalara büyük harflerle yazılması demektir. Şimdi bütün tribünler durmaksızın isminden bahsedilen bu Türk çocuğu görme arzusu içerisindeydiler.

Sevimliydi. Arda ile Manzanares göze hoş geliyordu ve sempatikti. Sonrasında elbette ki her on beş günde bir, herkesin bildiği, idollere adanan o şarkılar onun için söylenmedi, gürleyerek ortaya çıkan o ilahi tadındaki tezahüratları Calderón ona yapmadı. Fakat artık ona saygı duymaya başladılar; oturaklıydı, sırtındaki 10 numarayla, tüm iyi olanlar gibi mükemmel bir aksiyonu vardı. Tam olarak Kun'un özelliklerine sahipti.

Bu Manzanares'te çok şey demekti.

Karşılaşma tamamlandığında Arda gelecekteki ortamından son derece tatmin olmuş biçimde ayrıldı ve Galatasaray, Reyes'in attığı galibiyet golünü çevirmesini biliyor, Nonda'yla eşitlik sayısını buluyordu. (Kaleci Sergio Asenjo'nun kahredici hatasıyla gol gelmişti. De Gea sakatlanana kadar yedek kaleciydi.)

Karşılıklı goller, 1-1'lik eşitlik, Manzanares'in yerlileriyle, Bayrampaşa'nın çocuğu arasında.

Bana eşlik eden arkadaşımla maçı yorumlayarak stattan ayrılırken söylediklerimi hatırlıyorum. Asenjo'nun falsolarının getirdiği süregelen hatıralar. Olumsuz sonuç. Mükemmel bir biçimde hatırlıyorum, arkadaşıma Arda'yla ilgili nasıl bir yorum yaptığımı: "Arda iyi bir oyuncu. Oturaklı, yetenekli, içe dönerek oynuyor ve topu asla kaybetmiyor. Bizim takımda olsaydı, çok mutlu olurdum."

Ben kendime yönelik bir kâhin atfında bulunmuyorum, ne var ki kişisel tarihime ait seçkin düşünceleri de saklıyorum. (1993 yazında Moacir'in iyi bir transfer olduğuna ikna olmuştum. Javi Moreno del Alavés, İspanya'nın 9 numarası olabilirdi ve aynı stildeki diğer cevherler.) Bunlar dikkatimi çekiyor ve vurguluyorum: sanırım ilkinden başlayarak, buna benzer, binden fazlası Calderón'a ayak bastı.

Hâlâ sakallı olanı gelmemişti.

Rövanş maçı bir hafta sonra oynandı. Atlético Madrid, ilk maçtaki kötü sonucu çevirmeyi başardı ve Galatasaray'ı eledi. Arda takımın anahtarı oldu verdiği gol pasıyla. (Sol tarafta oynayan bir orta saha oyuncusu.) Anlık pasıyla Keita'nın golünü hazırladı ve takımının 1-1 beraberliği bulmasını sağladı, ancak Diego Forlán (Ne iyi bir Uruguaylıydı!) sonucu ilan eden golü atıyor (2-1) ve Türkler kupa dışında kalıyordu.

Bu Arda'nın Atlético'yla ilgili ilk deneyimiydi. İlk tecrübeler asla unutulmaz.

Arda, her zaman ilk ziyaretinde Calderón'un atmosferinden ne kadar hoşlandığını anlattı.

Atlético'ya geldikten sonra, uzun süre geçti, yeni takım arkadaşlarına şaka yollu, İstanbul'da çok açık olan bir penaltı (Perea'nın eliyle teması) sebebiyle Atlético'nun nasıl "hayırlı" bir sonuç aldığını hatırlatıyordu.

Arda yıllar sonra hâlâ bunu hatırlıyor. Şurası kesin ki, yanılmıyor, o pozisyon penaltıydı.

Atlético Madrid'e elendikten sonra, takımdaki kriz derinleşti. Takip eden 5 maçtan 3'ünü kaybettiler. O süreçte şampiyonluk için neredeyse bütün ihtimaller ortadan kalkıyordu.

Özellikle, içeride Fenerbahçe'ye karşı oynanan ve 1-0 kaybedilen büyük derbi, çok üzücü oldu.

Daha büyük çöküntü ise Arda'nın sakatlığıydı. Sakatlık sorunu nedeniyle iki hafta oynayamamış, bu kaçırılan haftalardan bir tanesinde de Fenerbahçe mağlubiyeti gelmişti. Sonrasındaki Sivasspor maçını da kaçırmıştı; kazanılamayan diğer karşılaşma.

Özetle, birbiri arkasına gelen, kaybedilen dört maç, ligdekileri düşündüğümüzde, Galatasaray'ı birinci sıraya yerleştirebilecek nitelikte karşılaşmalar. İki mağlubiyet; bir beraberlik ya da 12 puandan sadece dördü, Galatasaray'ı lig mücadelesinden söküp aldı.

Bayrampaşalı iyileşmişti. Sonraki üç maç kazanılmıştı. Fakat şampiyonluk için artık çok geçti. Sezon iki yenilgiyle kapandı. Antalyaspor ve Gençlerbirliği mağlubiyetleri.

Avunmayı sağlayabilecek bir teselli; Galatasaray sezonu üçüncü sırada bitiriyor, şampiyonun 11 puan gerisinde; sürpriz şampiyon Bursaspor beklenilmedik biçimde Fenerbahçe'nin 1 puan önünde ligi şampiyon tamamlıyordu.

Şampiyonlar Ligi'ne gitme hedefi, hem de Arda ve Rijkaard gibi isimlerin olmasına rağmen tutturulamamıştı. İkili bir sonraki sezonda da takımda kalıyordu. İkisi için de son sezon olabilirdi.

Ardaturanizmo

Futbolun hayattan konuşmak için bir bahane olduğunu zaten biliyoruz. Bir vesiledir mutlu olmak için ve hepsinden önemlisi çocukluğumuzun önemli bir bölümünü dolduran olgudur.

Futbol, kromların koleksiyoncusu olmamızı sağlayandır. Futbol, kramponlarda ifadesini bulur, büyükanne ve büyükbabamızın doğum günlerinde hediye ettiği; ilk kez stada gittiğimizde bedenimizi saran ürpertidir (Buna cinsel masumiyetin kaybedildiği an da dahildir. Stattaki ürperti diğerinden daha yoğundur.), okulda, diğer takımları tutanlara karşı takımını savunmaktır.

Çocukluğumuzun tüm bu kalıcı kareleri hafızamızdaki tazeliğini korur ve bir kıpırtıdır yüreğimizde; her seferinde olanca masumluğuyla bizi futbolu konuşmaya götüren.

Bazen olur ya; bir oyuncu ortaya çıkar ve bizi bu duygulara bağlar. Bize bir oyundan daha fazlasını, daha aşkın bir duyguyu aktarır. Herhangi bir detayla olabilir, estetiğiyle, koşu stiliyle, üzerinde taşıdıklarıyla ya da bıraktığı sakallarıyla.

Belki bir çalımdır bizi yakalayan, hatırlayamadığımız... fakat bizim oyun algımızı ateşleyen veya ortaya çıkan kromları ne kadar sevdiğimizi gösteren. Muhtemeldir ki bunu bilmiyorduk ama hissediyorduk ve çok daha güçlü, mutlak olan bir şeydir bu. Pek çok insan, birden fazla kez, bu duyguyu yaşamıştır, Bayrampaşa'nın dâhisi sayesinde; bizim Arda Turancığımız ile.

Elbette ki onun futbol görgüsü gözüktüğünden fazladır; fakat bunun ötesinde, bir mistifikasyon, bir manevi dizgedir onu algılamamızı sağlayan. Kesin olan şu ki bukleli saçları, Galatasaray'da oynarken maçlarda kullandığı boyunluğu (çok az oyuncu vardır oynamak fiilini Arda Turan gibi kendisiyle en iyi şekilde birleştirebilen), finaller öncesi verdiği sözler, gür ve uzun sakalları (Bunlar bizi 1970 ve 1980'li yılların gösterişli tarzıyla buluşturur: *vintage. O yılların elegant giyim kuşam ve görünüş tarzı.*) ya da kendi diliyle, kendi melodisi içerisinde, yüksek sesle söylediği şarkısı, orada, Calderón'un tribünlerinde bir forma kavuştu. Ve toplamda her dâhinin ardından, her seferinde artarak, koşar adımlarla sosyal medyada var olan insanların, estetik futbol aksiyonuna yaptıkları atıf, bir felsefede buluştu: "Ardaturanizmo."

Var olan dönem her seferinde büyük bir titizlikle harmanlanır. Gazeteciler, blog yazarları, Twitter'cılar ve tabii ki taraftarlar, sıklıkla bunu yaparlar. Bu, sahip olunan fenomene verilen önemin göstergesidir.

Her jestten sonra, bir gol ya da El Turco'nun bir açıklaması onlarca yorumun belirmesine zemin hazırlar. Mutlak bir sonuç olarak, bu yorumlar bir kelimeyle tamamlanır: "Ardaturanizmo."

Top yetkinleşir, güç kazanır ve uzaktaki insanı Atlético Madrid'in bir parçası yapar. Futbolun içerisinde yer alan farklı renkler bir mesele değildir. Önemli olan değerleri içeren samimi bir iletişimdir, El Turco'nun temsil ettiği şekliyle.

Futbolcunun kendisi, bu fenomeni var edendir; kısa bir süre önce *Líbero*'da bunun itirafı niteliğinde ifadeleri vardı: "Evet, bunları okudum. Hiçbir zaman bir golcü olarak ön plana çıkmadım; benim oyunum organize etmeyi içerir ve oyun böyle güzeldir. Eğer oyunum açısından neyin önemli olduğunu ortaya koyan özelliklerimi bir sıralama içerisine koyarsanız, gol atmak en sonda yer alabilir. Bu benim önceliğim değildir. Bu nedenle yüksek kalitede bir maça gelenler gördükleri şeye, 'Bu Ardaturanizmo!' diyorlar."

İyi de, kahramanımızın kendi açıklaması bir parça eksik kalıyor. Pek çok gazeteciye gitmeyi arzu ettim; bu seküler inanışın havariliğini yapan. Bakalım bize ne anlatacaklar, "Ardaturanizmo"nun ne olduğuna dair? Ne düşünüyorlar, bu düşünceyi temsil ederken, aynı şeyi hissediyorlar mı?

Bize Arda hakkında, hayat hakkında neyi anlatacaklar?

Fran Guillén, Teledeporte yorumcusu ve *Marca, Jot Down* ve *Minuto 116* yazarı, bize Calderón'un Arda Turan'ı nasıl karşıladığıyla ilgili bu değerli fikirleri aktardı:

CALDERÓN'UN İLAHİSİ

Eski bir Türk atasözü, "Kim dua etmek için iki cami arasında kararsız kalırsa, dua edemeden kalır," der. Calderón tribünleri de, yeterince uzun süredir çoktanrıcılığın utancı içerisinde, her bir dakikası farklı şekillerde boşa harcanmış bir zamanı yaşıyordu. Dans yarışmasında sonuncu olmuş bir güzel kadar utangaç... En kolay olan şey golleri alkışlamak, en zor olan ise karizmayı algılayabilmekti. Ve İstanbul'dan bir ilah geliyordu, afacan çehresi sahada gözüken. Arda'nın inanış biçimini yeniden işletmesi uzun sürmedi ve teslim etti bu yeni inanışın kutsal kitabını yüksek sesle söyledikleri ilahiye. *When the Saints Go Marching In*'in gürültüsü New Orleans'ta ölülerin gömülmesine hizmet eder; Manzanares kıyılarında ise bu gürültü neşeyle eşanlamlıdır.

Her seferinde daha derin ve her seferinde daha hızlı oluyordu; bir şarkının nakaratı bile daha fazla güce sahipti Gil dönemindeki bazı antrenörlerden. Ve orada, o *Allegro Vivace*'de, Arda kötülükleri yerinden söküyordu, çatıdan çatıya atlayan bir kahraman olarak. Buradan işaret ediyorum, saha ve arena, oraya kadar: saf futbol, yırtık pırtık bir top ve asfaltsız caddelerde geçirilen saatler. Simeone ve taraftar, Atlético'nun o ve diğer 10 kişi olduğu konusunda kendilerini netleştirdiklerinde, bir mutluluk totemiyle de karşılaştılar. Yetenek ve kazanmanın bileşimi iki anahtar, *colchonero*'nun[1] kalbinin ustası.

Sıcakkanlı bir ikon ve ipek bağcıklı ayakkabılar. Ve o, alışılagelmiş sayıklamalarla, bavulu içerisine sıkıştırılmış birkaç şeyle getirildi. Bir maçın ortasında onu açmak ve insanların nutkunu tutturmak, fener alayının ruhunu tutmak gibi... Lou Reed öldü; ama Arda bize kaldı, sahanın sınırlarını çizen dörtlükleri yazmak için.

Estetik ve bilgelik her zaman büyük Guillén'le. Düşüncelerin için teşekkür ederim dostum.

Quique Peinado, *Futbolistas de izquierdas* yazarı ve Ardaturanizmo'nun sosyal medyadaki büyük havarilerinden. Onun konuyla ilgili düşüncelerini vermek istedim:

---
(1) Atlético taraftarlarının buluşma noktası olan internet sitesi.

ARDA BİR VESİLEDİR

Arda bir adımdır, çalım, bir bakış asla bozulmayan. Topu her şeyden kolay bir işi yapıyormuş gibi atar, rakibe oynadığından daha fazlası olduğunu söyler gibi... Bu aşağılamaya yeltenmeyen bir özelliktir, jest ve şaması olmayan. Futbolu önemsemiyormuş gibi göründüğü halde, hepimiz biliyoruz ki hayatı buna bağlıymış gibi oynar.

Bir keresinde bir şey okudum, Türkiye'de yazılan; Arda büyük maçlarda kendini göstermeyen, sorumluluk almaktan kaçınan bir oyuncu olarak tanıtılıyordu. Ondan sonra hayatında ne olacaktı bilmiyorum; ancak o şu anda baskı yaparak oynayan, küçük olanı koruyan bir büyük ağabey gibidir. Puzzle onun yanında, onun kıvrak zekâsı karşısında çok küçük bir parça olarak kalır.

Ardaturanizmo, son dönemlerde görülen, futbol konseptinin çok üzerinde, harika bir tartışma konusudur. Eğlenmeyi içerisinde barındıran, yercil/dünyamıza ait olan, isyancı.

Arda Turan asla en iyisi olmayacak; samimi duygularla ifade ediyorum, bu benim için hiçbir önem arz etmiyor. O kazanmak istiyor, tüm maliyeti üstleniyor, başarıya ulaşmak için isyan ediyor, sert bakışlı futbolculara karşı ve daha fazla koşuyor büyülü alkışları hak etmek için. O, öz saygısından ileri gelen özelliğiyle sonuna kadar giden, bir kazanan oldu, zarafeti ve hepsinden önemlisi eğlenceyi sunarak. Hepimiz kazanmak isteriz, ancak bu bizim kurallarımız çerçevesinde gerçekleşiyorsa...

Eğer Cholizmo[1] gevşek bir yönetim tarzı demagojisini içerseydi (Simeone güçlü olmanın vurgusunu yapmaya devam ediyor, takımı pençesini gösterip, bundan daha fazlasını yaptığında da; o güçlü olmanın önemini herkesten daha fazla biliyor.) Ardaturanizmo bununla savaşırdı. Fakat Cholo (Diego Simeone'nin lakabı) aptal değil ve hepsinin içerisinde en iyisinin Arda Turan'ı ortaya çıkaracak bir ekip oluşturmaktan geçtiğini biliyor.

Ardaturanizmo bir kıvılcımdır, birazcık bizim kendimiz için çıkardığımız, bir oyuncu özelinde takıntılarımızı yıkmak adına; olan budur, çünkü üstün olmak hiçbir şeydir eğer eğlenceli değilse.

---

(1) Atlético Madrid'in Arjantinli teknik direktörü Diego Simeone'nin anlayışı etrafında yaratılan felsefe.

Devam etmekte olanın tadını çıkarıyoruz. Ve hepsinden önemlisi Ardaturanizmo'nun Arda Turan'ı hep hayatımızda tutmasını sağlamasına çalışmamızdır: Sonuç, o sadece bir vesiledir.

Quique bize çok açık biçimde Ardaturanizmo'nun ne demek olduğunu gösteriyor. Sonrasında söylenebilecek tek şey: tadını çıkarmak. Haksız sayılmaz.

Javier García Gómara, *El Mundo Deportivo*'nun Madrid editörü. Devamını bize o anlattı:

SAÇLARI KAZINAN YERLİ

Bir maçtan fazlası olmadığını biliyordu. Sadece iki sezondur Atlético'daydı, ama Arda Turan, 17 Mayıs 2013'teki bu maçın futbolcular ve taraftar için ne ifade ettiğinin farkındaydı.

Kral Kupası final maçı, Santiago Bernabéu, Real Madrid'in mabedi. Ezeli rakip karşısında, 1999'dan beri kazanamadığı rakibe karşı, kendi beyliği içerisinde; bir kupa için... Tam zamanıydı.

Günler öncesinde taraftarlarla yapılan bir röportaj; bir taraftar zafer için söz verilmesini istedi. El Turco'nun şüphesi yoktu: Eğer kupa Calderón'a gelirse saçlarını kazıtacaktı. Çok önemli bir anlamla yüklü büyük bir jestti bu; kişisel bir karar üzerine aylardır saçını uzatan Türk futbolcu için. Fakat Atlético'nun kazanması durumunda her şeyi yapmaya hazırdı.

Çok uzun zaman geçmemişti Manzanares'e gelişinin üzerinden; ancak kırmızı beyaz duygusu onu zaten ele geçirmişti. Bu bir referanstı takım ve taraftar için. Arda, kısa sürede Colchonera (Atlético'ya verilen isim) inanışını kucakladı. Bu tarihin ne anlama geldiğini, sanki Carabanchel'de doğan bir delikanlı gibi biliyordu. Bu sebeple bunun hak ettiği bir fırsat olduğu konusunda çok netti. Kesinlikle bundandır ki, söz verdiğini yaptı, Bernabéu'da aynı soyunma odasında.

Niçin daha fazla beklenecekti ki? Tıraş makinesini, İngilizce olarak yeniden rica ediyor (daha etkili olan Castellano dilinde söylemeye cesaret edemiyor) ve lüle lüle saçlar yerde. Erkek sözü.

Atlético Madrid, 17 Mayıs 2013 tarihinde Real Madrid'i yendi. Arda ile sahadaki büyü dakikalarca kalmıştı, savaşı süslemek için ve her top için kavga vardı, sanki bu son olacakmış gibi; çünkü bir pazar gününden diğerine gösterdiği, var olan kalitesiyle Arda en büyük başarılarından bir tanesini sergiliyor, bu aynı zamanda onu her zaman olduğundan daha fazla biçimde savunma da yapan bir oyuncuya dönüştürüyordu.

Takımın hizmetinde olan bir yetenek; Atlético Madrid çok farklı bir Türk oyuncuya sahip olduğunu biliyor ve hatta tam bir adanmışlıkla kırmızı beyazlı renkleri duyumsayan bir oyuncuya...

Bu şunu gösteriyor; Arda Turan, mutlu olduğu yer olan Calderón'da devam etmek için 2013 yazında kendisine gelen çok cazip teklifleri reddetti. Onun kalbi küçüklüğünden bu yana kulübü olan Galatasaray'dadır, ama Atlético ona güçlü bir geçiş sağladı. Aynı şekilde o, tüm kırmızı beyazlı taraftarların en derininde çok özel bir yer kazandı. Calderón'daki her karşılaşmada "Arda Turan! Arda Turan!" sesleri yükselir. Minik bir şarkı *crack* için.

Bir şarkıcık bu savaşçı için. Küçük bir şarkı bu "yerli" için, en mutlu olduğu gecede uzun saçlarını kesen... son dönemin Atlético'luları için.

Javier, Arda'nın reddedilemeyeceğini itiraf ediyor. Görmezden gelmek imkânsız olsa gerek bu gerçeği, her gün antrenmanları izleyerek, Javier García Gómara'nın yaptığı gibi.

Alberto Fernández, *Leyendas de la Premier. Veinte años de la liga que ha enamorado al mundo a través de sus mejores futbolistas (Premier Lig'in Efsaneleri: En İyi Futbolcular Sayesinde Dünyanın Âşık Olduğu Ligin 20 Yılı)* kitabının yazımında bana eşlik eden yazar. Sıradaki metin aracılığıyla Ardaturanizmo'yla ilgili düşüncelerini aktardı:

ARDATURANİZMO: BİR NEVİ HAYAT BİÇİMİ

"Ardaturanizmo" bir estetiktir. "Ardaturanist" olmak bir fantezi iddiasını içermektedir. Turan topu okşar, aldatıcı biçimde ve arzulu oynar. Güzellik ve sürpriz üretir. Her zaman. Topu saklar, fısıldar, onu ister ve birlikte mutlu olmanın sözünü verir. Sayısız boşluklar icat eder ve imkânsız açılar. Bir virtüözdür, eğlenceli, göz kamaştıran. Fakat Arda tam da bir ahlaktır. Düşman topraklarda kendi hükümranlığını ilan eder. "Ben buradayım!" çığlıkları atar, bilgelik ve cesaretle liderlik yapmak için Cholist orduya.

"Ardaturanizmo"nun yaratıcısı olarak, topu kaybettiğinde rakibi kovalamaya mecburdur ya da yere düşünceye kadar kontrol etmeye. Ve kavramları kucaklamaya, cesaret, adanmışlık, tutku gibi...

"Ardaturanizmo" bir sanattır, bir tarz, oyun ve kahramanlık.

Bu büyülü Türk çok ilginç olmayan bir hayata sahip. Türkiye'nin en güzel, en ünlü kadınlarından biriyle birlikte, uçakta Gangnam stili dansı hızlı yapıyor, bu arada söz verdiği gibi Kral Kupası'nın kazanılması durumunda saçlarını kazıtacak (bir zorunluluk). Kendi şarkısını kendisi söylüyor.

Arda bir günü *look* de Torero Bohemio'da geçirdi, Morante de la Puebla'da, sonrasında çimler üzerinde kıvırcık saçları canlandı ve Karides Büyüsü. (El Embrujo de Camarón – Karides Büyüsü. Camarón çok ünlü bir İspanyol müzik grubudur. Flamenko tarzı şarkılar yaparlar. Bu metnin yazarı, bu müzik grubundan çok etkilenmektedir.) Aylar sonra Leónidas (*300 Spartalı* filminde, Spartalıların lideri) sakalı provası. (Çok uygun bir karakter. Bu benzetmeyi takım arkadaşı Diego Costa'ya sordular.) Santiago Bernabéu'da, orada, kendinden olanları ve yabancıları kazanacağı yerde, yarı yaramaz, yarı saf bir gülümsemeyle.

"Ardaturanizmo" bir duygudur. Arda tribünlere bakar ve elleriyle kalbini biçimlendirir sessiz bir çığlık atarken, taraftarla telepatik bir iletişim kurar: "Evet, ben sizden biriyim." Sırtında 10 numara mitini taşır, küçük bir jestle saygınlığın ışığını saçar. Çünkü onlarla aynı şeyi düşünür, aynısını hisseder, değerleriyle, renkleriyle özdeşleşir, formasını savunur.

Bu kitabın esin kaynağı olan yazar, benim sevgili arkadaşım Juan Esteban, Arda Turan'ın dehalarını, anılarla dolu bir valizi açar gibi sergiliyor, çocukluk duyguları bizi masumiyet anlarına götürüyor, saf bir mutluluğu hissediyoruz.

Onun mütevazı semti Bayrampaşa'nın daracık sokaklarından Manzanares Nehri'ne kadar, Arda, gelişimini hiç durdurmadı ve yoluna çıkan bütün kalpleri fethetti.

İstanbul'da bir idol, Madrid'de bir idol, Boğaz'ın prensi farklılığını hep korudu. İki forma, iki aşk. Bir oyun biçimi, duygunun, yaşamın... Ardaturanizmo günden güne kendini kabul ettirmeyi başarıyor.

Kısa bir süre önce Twitter'da okuduğum gibi, "Ardaturanizmo" ve "Ardaturanistler" dünyanın fethini tamamlayacağız. Birilerinin şüphesi olabilir mi?

Toño Furillo da, İngiliz dergisi *Lineker Magazine* ve Onda Cero Asturias çalışanlarından, konuyla ilgili düşüncelerini paylaştı ve bize bu güzel aktarımı hediye etti:

TÜRK'ÜN GELİŞİ!

"Her zaman iyi oynayacağıma söz veremem; ancak bu renkler için elimden geleni yapacağımın sözünü veririm."

Eğer biz futbolun ne olduğunu biliyorsak, bu Türk'ü değerli taşları muhafaza ettiğimiz bir kutuya koyup, anahtarını özenle saklamalıyız. O elimizdeki tek şeydir çünkü, o ve dilekler, koşulsuz aşklar, tutkular... Tamam sonuçta baki olan kulüplerdir belki, oyuncular, yöneticiler ve taraftarlara kadar doğan, gelişen, üretilen... ve ölendir; ancak bir neslin tükenmesinden önce, taraftarlar hayatın içinden geçen kimi isimlerle ilgilenirler, bunlar tümden gitmezler, unutulmuşluğun içerisinde kalmazlar. Bir figürdürler, büyüyen; bir efsane olurlar ateşli kafeterya buluşmalarında, büyükbabaların siyah beyaz hikâyelerinde. Bu kalıcı olandır. İşte Arda Turan bunlardan bir tanesi olacaktır. O Vicente Calderón tribünleri tarafından seçilen ve sonsuza kadar tapılacak olandır.

Tutku dolu yüzlerce pazarı, İstanbul'daki Türk Telekom Arena'da sonlandırmaya karar verdikten sonra, ona mitsel statü verilecektir.

Atlético Madrid böyledir: O artık olmadığında gollerin doğduğu köşede çiçekten yapılmış taçlar büyür. Işığın yansıdığı tarafta kazanılmış kupaların sayısı artar. Pazardan pazara onun türü, kalitesi, renklere adanmışlığı, parayla satın alınamayan adanmışlığı, kötülemeyi dışlayan, son derece romantik geleneğiyle, bir başka ligde, her köşesinde tarihin nefes aldığı bir statta konuşulmaya devam eder.

Bugünümüzde bu küresel köy içerisinde –ki her zamankinden daha fazla küresel, daha az köy– romantizm çok açık biçimde abartılı bir duyguya dönüştürüldü. Ben bunun zamanın bir işareti olacağını söylüyorum.

Ardaturanizmo bir gerçekleştirmedir: Bilinir olmayı başaran, yerleşik, kalıcı ve egemen olan, tüm dünyaya formayı öpmenin anlamının, fırlatılmış bir bulvar gazetesinin kapağındaki boş bir fotoğraf olmaktan daha fazla bir şey olduğunu göstermeyi amaçlayan.

Arda Turan sadece bir kaliteyi ifade etmez, sadece bir büyük futbol içeriği değildir. Onunki bir taraftarın gururunu sırtında taşıma bilincidir. Büyük bir yıkımdan sonra yeniden canlandırma, yeniden inşa etme ihtiyacının yansımasıdır. Tüm bunlar için ona verilecek şey ise, baş döndürücü zafer akşamı sonrası kendine gelmesini sağlayacak bir fincan kahvedir. Bir taraftarın romantizmi onun omuzlarında. Başka bir şey değil.

Benim futbolla ilgili ilk hatıram Sepp Maier üzerinde cisimleşir. Tarihin en iyi kalecilerinden bir tanesidir. Bayern Münih kalesini korudu. Babamların mutfağında, o yetmişli yılların Alman Milli Takımı'nı ezbere sayabiliyordum.

Sonra pek çoğu geldi geçti; futbol aşkı karışık olan biriyim; ancak hepsi benimle kalmadı. Büyük sözler verip hiçbir şey vermeyen nice futbolcu demode oldu, kaybolup gittiler. Sonuçta mücadele edenler, yüreğini ortaya koyanlar kaldı. Onların yılları bizim aşklarımızdır. Onların takımları küçük bütçeliydi; ama şehri harekete geçirebilecek kapasiteleri vardı.

Tüm bunlardan dolayı, bunlar nedeniyle susuyorum, net olan bir şeye sahibim: Eğer çocuk olsaydım ve Atlético bana lüleli saçlarımın henüz sakal bitmemiş yüzüme dökülmesine izin verseydi (ve annem) konçlarımı topuklarıma kadar indirebilir ve kendi adıma spontane gelişen eğlenceler talep edebilirdim (en iyilerinden) kanatların hâkimi olma gururuyla, benim imgelemimde yer alan 10 numara adına, büyük oyuncuların sırtındaki mitsel 10 numara adına, her zaman ortak hafızada yer alan.

Bu figür efsaneyi büyütür hararetli bar toplantılarında, dedelerimizin hikâyelerinde, siyah beyaz tekrar aktarımı için. Silinip gitmeyendir bu.

Bilmeden Atlético'ya şarkı söyleyen kendi şiirsel sözlerimi oluşturdum muhtemelen; belki de bir Ardaturanizmo'nun kutsal kitabının en başında yer alacak şekilde: "Nasıl bir sabretme yöntemi, ne tür bir gelişim, nasıl bir duyumsama şekli, nasıl bir rüya yordamı, ne tür bir öğrenme yöntemi, nasıl bir katlanma biçimi, ne tür bir kaybetme biçimi, nasıl bir kazanma yöntemi, nasıl bir yaşam biçimi?" (Bir Atlético Madrid taraftarı olan şarkıcı Joaquín Sabina'nın kulüp için 2003'te yazdığı marştan alınma.)
Âmin.

"Bir taraftarın romantizmi" onun omuzlarında.
Usta Furillo'dan daha iyisini söylemek zor. Bu tam olarak "Ardaturanizmo" demektir.
Günümüzün Atlético'su konusunda uzman isimlerden bir tanesi de Walter Zimmermann. *Mundo Deportivo*'da çalışıyor; aynı zamanda Futuros Carcks'ta yazıyor. İşte onun Arda'yla ilgili düşünceleri:

ARDA TURAN: YILDIZIN KARAKTERİ
Arda'nın yeteneği tartışılmaz. O, oyun vizyonu çok büyük olan bir futbolcu. Topu çok iyi korur, hatlar arasında pas trafiğini iyi sağlar, pasları, coşkusu, şutları, golleri var; fakat benim en çok dikkatimi çeken onun kişiliğidir. Calderón'da verdiği ilk pastan itibaren onun bir futbolcudan fazlası olduğu anlaşılmıştı.
Karakter, büyük oyuncuların iyi olanlarının sahip olduğudur. Bu, Arda'da ortaya çıkan bir özelliktir.
El Turco doğuştan kazananlardandır. Savunmaya dönmek açısından problem yaşamaz. Orta sahada baskı yapar, terinin son damlasına kadar savaşır, topa sahip olduğu her fırsatta dolup taşan bir kalitesi olmasına rağmen.
Onun, Cholo Simeone gibi bir antrenörle iletişimi tamdır. Arda Turan şu ünlü sözün içeriğini dolduran oyunculardan bir tanesidir: "Asıl olan mücadele etmekten kaçınmamaktır."
El Turco çaba sarf eder, ayrı bir meziyete sahiptir, oyuna katılmak ve girilen pozisyonlarda takımının kaynağı olmak için. Arda Turan bir hedefi kovalarken yakalar, kibarca ya da sert biçimde.

En çok konuşulan iki tane golü vardır Türk futbolcunun. Hepsinden önce, geçen sezon Getafe'ye attığı gol gelir. Kaleci ile karşı karşıya kaldı, büyülü bir bilek hareketiyle onu aldatmayı başardı, golü attı, skoru 2-0'a taşıdı. Gerçek bir yetenek patlamasıydı. Bu nazik olanıydı. En beğenilen diğer gol, Şampiyonlar Ligi maçında Zenit St. Petersburg'a attığıydı. Miranda auta çıkmakta olan topu çevirdi ve şutunu attı. Defanstan dönen topu kazanmak ve gole dönüştürmek için hücum eden Arda'ydı. Bu gol ısrarın ve cezalandırıcılığın bir sonucuydu. Sert biçimde elde edildi.

Onun karakteri her kutlamada daha yakından görülebilir. Gözleri her zaman, bilmiş bir bakışla, tribünde arkadaşlarından birisini arar, başarıyı adamak için. Gerçek bir fenomen. Bu Arda Turan'dır.

Imanol Echegaray, dijital dergi *Inter Sport Magazine*'in direktörü. Bize Ardaturanizmo fenomeni hakkında belirli bir perspektif sundu:

Vicente Calderón'dan tarihin en iyi oyuncularından bazıları geçti. Unutulmaz, destansı geceler o adamlarla birlikte futbolun devrimine, herkesi şaşırtan panoramik yükselişine sahne oldu. Ancak bu herkesi ıslatan bir sağanak değildi. Bunun için spor krallığının çok daha ötesindekilere bakmak gerekir.

Keskin karanlığın içerisindeki bir kıvılcım, talep edenle veren arasındaki bağlayıcı iletişimi yükseltir. Tam olarak budur, Arda Turan'la kırmızı beyazlı taraftarlar arasında olan. Bu birlik futbolun boyutlarını aşar ve bu Türk'ün bir gülümsemesiyle bir taraftarın duyguları arasındaki bağlantıya dönüşür.

Biz Mozart'ın *Réquiem*'deki duygusunu ayaklarındaki topla gösterme kabiliyetine sahip bir "10" numara hakkında konuşabiliriz, aynı anda, arka planda AC/DC'nin buğulu melodisi yayılabilir, zemin seviyesinde. Ancak daha fazla bir şey; bundan daha fazla...

Resimlerindeki imajlarla, Beckham ve onun boxer imajından çok, Arteche (Atlético Madrid'in 1980'li yıllardaki futbolcusu. Bıyık imajıyla hatırlanır.) ve onun bıyık imajıyla daha güçlü benzerlikleri vardır. Belki bir İspanyol oldu, zorla ve gülümseyerek ağzından çıkanlarla. Bir "Te quiero Atleti..." ("Seni seviyorum Atlético..."), bir

"Slowly cabrón!" ("Yavaş ol ulan!") sözleriyle Santiago Bernabéu'yu keşfederken noktayı koymaya karar verdi; dağınık saçlar onu bir başkasıyla karıştırılamaz birisi yapmıştı. Sakallarıyla da aynı berraklığa sahip olabiliyordu. Bizim sakallarımız. 1980'li yıllarla olan benzerlik bizi daha savaşçı ve sonuca giden bir Atlético'ya götürür. Önceki Atlético'dan şimdikine. Ortak özelliklerdir bu.

Günümüz Atlético taraftarının Arda Turan'la arasındaki aşk ilişkisi natürel futbolun karşısında gider. O bir golcü, orta saha oyuncusu değildir. Son pasları ya da gol arasında olan bir özellik de değildir bu. Bundan daha fazlasıdır.

Onun sahadaki duruş biçimidir. Maçın ve hayatın ritmini anlama biçimidir. Formanın içerisine kalbini koyma biçimidir tüm kırmızı beyaz aşkı yaşayanlar için. Uyuşup kalmış bir ekibi, 2013 Atlético'sunun fizik değerlerine taşıyan ayaklanmanın ışıltısına büyülü bir yanıttır.

Sözün özü, Ardaturanizmo, etraftaki tüm kötülüklere yabancı bir yaşam biçimidir. Gerçeklerle yüzleşmenin farklı bir tarzıdır. Eğer Ardaturanizmo'ya inanıyorsanız hiçbir yol kapalı değildir. Eğer bir Ardaturanist iseniz...

Ona vuracaklardır, onun adına iyi ya da kötü gelişmeler olacaktır, topları kazanacaktır ya da üst düzey modern futbol biçimi yaratacaktır. Ancak hepsi gür sakallarında saklı bir gülümseme altında olacaktır.

Arda'ya özgü bir yaşamdır bu. İyi olanlar içerisinde ya da kötü olanlarda, ancak kafası hep dik olacaktır. Ve her zaman alınteri bayrağı olacaktır.

Bu bir inanıştır, geçmişte olanı söyleyen, çağdaşının bedenini kucaklayan; 90'lardan gelir. Cholizmo'dan bahsediyorum. Birine sahip olmadan bir diğerine inanamazsınız. Aynı kaynakta var olan. Birbirine kardeş iki inanış.

Ben, bir "Ardaturanist"im. Arda Turan da buna inanacak.
Âmin.

Onun yolu, doğru olan pek çok yol arasındadır, Imanol'un bize anlattığı gibi. Ben buna katılıyorum. Ne kadar önemli bir hayat duruşu. Değil mi Imanol? Biz estetiğin takipçileriyiz.

Belki bu inanışın en önde giden savunucularından bir tanesi Iñako Díaz-Guerra oldu. Diario *AS* gazetesinin Atlético Madrid bölümü şefi:

Bu özenli terimi ilk olarak kullanmaya başlayan kişi oydu. Onunla Atlético Madrid'in güzel anlarının üstü daha süslüdür. Bu nedenle onun düşüncelerinden mahrum kalamazdık.

"Ardaturanizmo"nun inceliği tam olarak açıklanamaz. Bir eksik olamaz. Siz bir insandan hoşlandığınız vakit bunu sözlü olarak ifade etmeye ihtiyaç duymaz mısınız? Hayır. Buna yeltenemezsiniz. Ve birileri sizi bunu yapmaya zorladığında, her şey saçma ve bayat hale gelir; daha aşağısı yoktur.

Aynı şey sizi duygulandıran bir müzik albümünden bahsederken ya da hafızanıza yer etmiş bir filmi izlerken de olur. Eğer kelimelerle açıklanabilirse, bu berbat bir şeydir. Soğuktur, tanımlanabilir, benzerleriyle karşılaştırılabilir. Kaba bir şeydir. "Ardaturanizmo" çok kaba olmayan bir şeydir.

Bir niteliğe sahiptir, sonradan sahip olunamayan, satılmayan. Arda'yı da aşan bir şeydir.

Anlamayanların kurtuluşu da yoktur.

Arda Turan klastır ve bunu onu gördükten kısa bir süre sonra anlayabilirsiniz. Hissedilebilir, belirgin şeylerdir. Bir türdür, küçük bardaklarda tatlı biraları yuvarlarken sizinle gelen, kır gezisinde size eşlik eden.

İspanyolca konuşmayan biridir; çünkü bizi bunu bilmediğine inandırır, hepimizin mükemmel şekilde bu dili konuşabildiğini düşündüğümüz zamanlarda. O bir dâhidir. Neden ben bir Ardaturanist'im?

Fakat hâlâ Ardaturanist olmayanlar var mı?

Evet böyle, anlamayanların kurtuluşu yoktur. Ya da onlar çok uzakta ve çirkin, kurak bir yoldadır.

Her zaman olduğu gibi büyüksün Iñako Díaz-Guerra.

Büyük José Miguélez, saygın gazeteci ve *birazcık* Atlético uzmanı. Buradaki metinle bize naif bir iyilikte bulundu:

ASLOLAN "ATLÉTICO" DEMEKTİR

Farklı bir oyuncudur. Olağanüstü bir tekniği vardır, ayaklarıyla en öldürücü topları bile evcilleştirme gücüne sahip. Yerçekimi etkisine sahip bir beden, topu saklamasını sağlar. Nadide fikirlerin çıktığı bir kafa.

Tribünleri sallayan iç içe geçmiş hareketleri, birdenbire ortaya çıkardığı sürprizler ve rafine bir hayranlık duygusu, taraftarın dizginlenemeyen spontane bağrışları içerisinde yükselen "Atleti, Atleti!" nakaratlarıyla şarkısını söyler kırmızı beyazlı taraftarlara, kendi iradesiyle.

Bu sadakat misyonunun sergilendiğinin göstergesidir. Fakat bir ses olarak "ah", "oh", "uh" tonlarının birdenbire ve kontrolsüz ortaya çıkması, bu Türk'ün tahayyül edilemez aksiyonlarının sonucudur.

Ne her zaman olur ne de sürekli devam eder. Ne bir saat vardır ne de somut bir dakika. Top sıklıkla onun kramponlarına temas eder ve onlara itaat eder. Her ihtimale karşın Arda, bizi, onu izlemekten geri duramayacağınız bir noktaya çağırır. Çünkü birden bir rakip yerini kaybeder ve o topla ilerler bir oyun masasında zar kutusunu dolaştırır gibi, imkânsız bir pas verir geriden, etraftakileri aldatmak için masadaki zarı bir elinden diğerine geçirir gibi. O pas Falcao'ya (Atlético'nun Kolombiyalı forveti. 2013 yazında Monaco'ya transfer oldu.) gidecektir. Kaleci mezara düşer ve heyecan dalgası topun filelere temasına dek sürer. Bu dâhiyane ve orijinal çimdikler Ardaturanizmo'nun esin kaynaklarını oluşturmuştur. Bu hareketin kökenidir ve derin Atlético içeriğinden ziyade gazeteciliğin bir yaratımıdır.

Arda, muhtemelen, Atlético'nun en yetenekli oyuncusudur (zaten Diego biraz zorla bırakılmıştı). En iyi olarak yükselmesi aslında biraz tehdit. O çok yüksek temsil gücü olan bir futbolcu değil, ne en önemli olan, ne çok adanmış olan, ne de en çalışkan olanıdır. En sevecen olanı da değildir. Uzlaşmak adına formasına öpücük bırakmış olmasına karşın. Bütün bunlar 2012 Noel'ine yeterince yakın zamanların ürünü. (Yazar burada, o dönem, Arda'nın Atlético'dan ayrılabileceğine dair yaptığı iddia edilen açıklamalara tepki gösteriyor.) Daha önce gelen pek çok nankör kendilerini Atlético'dan üstün görmüşlerdi. Kişilik olarak yeterince zayıf kabul edildiler. Bu cümleler yaralayıcıdır.

Onun bağları fazlasıyla, bu dönemin gerçek ilahı olan, Simeone'nin eseridir.

Küçük el çantalarında başarısızlığın bedelini belgeleyen faturalar, bedelsiz kovulmalar, maçların final anlarındaki hatalı kararlar, rahatsız edici şaşkınlıklar. (Önceki dönemde beklentilerin yüksek olduğu futbolcularda yaşanan hayal kırıklıklarını anlatıyor.)

Birkaç sanat eseri ve belirli teslimiyetler, tansiyonun maksimum seviyede olduğu anlardaki terapi edici pozisyonlar ve kupa finalinden sonra kutlamalardaki o tablo (bir söz üzerine kafasını kazıtmak ve Atlético'nun ilahi yolunda bu buluşu büyük harflerle söylemek) öyle ki tüm Atlético'luların kalbini kazanır.

Arda Turan'dır, topu ayağına aldığında ya da Atlético topa sahip olduğunda bağımlılık yaratan. Üstüne giderken rakibinin onu titretir (orada risk ve doğaçlama da vardır). O büyük ve farklı bir futbolcudur. Önemli bir parçasıdır bu ölümsüz Atlético'nun.

"Terapi edici pozisyonlar..." Bunu vurguluyorum. Bu, Arda'yı savunan en büyük görüşlerden bir tanesidir.

Herkes çekingen dururken Arda üstüne gider. Her şey kaygılı, gürültülüyken, Arda kanatlardan salınır ve topla konuşur, kulaklarını tıkar stadın gürültüsünü duymamak adına. Uykudadır. Ve kaygıları silinir 50.000 insanın. "Ardaturanizmo", o, topu ayağına aldığında ne yapacağını bilmektir. Artık dünya daha huzurlu bir yerdir. Ve daha iyidir.

Diana Sanchidrián, *Minuto 116* spor dergisinin direktörüdür. Atlético konusunda uzman isimlerden bir tanesi olarak konuyla ilgili düşünceleri büyük bir önem arz ediyor:

Sahip olduğu yeteneklerini kategorize etmek zor değil. Dünyanın en iyileri arasına koyabileceğimiz ideal bir futbolcudur. Taraftarın gözünden futbolcunun hangi gereksinimlere yanıt verdiği meselesini tasvir etmek zordur. O, taraftarın damarlarından geçer, kalbine ulaşır ve onu titretir, ona hissettirir, rüya gördürür, takımını yenilmez hale dönüştürecek kahramanca eylemleriyle.

Bu karakterler alışılagelmiş parametrik ölçülere hizmet etmezler. Pozisyon almak ya da topa nasıl dokunacaklarıyla ilgili deneme yapmazlar. Ne atılan goller ne de kurtarılanlar.

Bu karakter ekip içerisinde somut bir haleyle çevrelenmiş bir erdem timsalidir.

Futre'nin hızı, Collar'ın çevikliği, Arteche'nin karizması, Kiko'nun keskin yeteneği, Luis Aragonés'in lider özelliği, Luiz Pereira'nın şıklığı, Simeone'nin kurnazlığı. Taşıdıkları bu belirgin, kendine özgü özellikler bu büyük karakterlerin tarihe geçmesini sağlamıştır.

Ve şu anda Arda Turan.

Dâhiyane bir kıvılcım, bir kahramanlık öyküsüne dönüşmek için tam zamanında gelen. Doğuştan kazanılmış, büyüyle harmanlanmış bir futbol özelliği, çizgi filmlerden hatırladığımız bir karakter gibi.

Sokak aralarında yapılan maçlar, ona üst düzeyde sportif ve profesyonel bir hava verdi.

"Ardaturanizmo" bir yeteneğin, kapasitesinin daha üstüne çıkma yönünde derinde bir yerde duyduğu arzunun tezahürüdür. Mükemmelliğe ulaşmanın ilham kaynağıdır. Bu duygu içerisinde onun mükemmel taktik anlayışı belirginleşir. Hızlı oyunun bir izdüşümüdür bu ya da deplasmanlarda gösterdiği kalitesinin. Sadece antrenöre hissettirilen bir şey değildir; fakat ayrı olarak tribünlerle de kurulan bağlantıdır.

"Ardaturanizmo" bir arzudur, her pazar taraftarı stada çeken. İmkânsız gözüken bir maçta geri dönüşün umududur. Tribünden gelen desteğin melodisidir, on ikinci adam olmak gerektiğinde.

"Ardaturanizmo" onun sahadaki her bir aksiyonunun, herhangi bir barda, bir kafenin önünde tekrar tekrar yaşatılmasıdır.

Ennio Sotanaz, saygın bir blogcu ve *Panenka* dergisinin yazarı; Atlético Madrid'le ilgili konularda maksimum bir hassasiyete sahiptir. "Ardaturanizmo"nun ne olduğunu son derece net görmektedir.

Bize nadiren ulaşılabilecek güzellikleri anlatıyor:

HARİKA ŞEYLER

Arda Turan, İstanbul'da doğmuş, şu anda Atlético Madrid'de oynayan, öncesinde Galatasaray forması giymiş profesyonel bir futbolcudur.

Galatasaray'ın kaptanı olduğunda 21 yaşındaydı. Kısa bir süre sonra milli takımının yıldızı oldu. Pozisyon yaratmasını sağlayacak, pek çok teknik özelliğe sahiptir; kesin ve özel olan ise, pratik anlamda sonsuz bir yeteneğe sahip olmasıdır. Sahada topu ayağına aldığında, onu anlayabilmek için pek az şeye sahibizdir. O daha önce hiç bilmediğimiz şeyleri yapabilecek bir yeteneğe sahiptir, size önceden bildiklerinizi unutturan.

Arda Turan'da vücut bulan "Ardaturanizmo" hepsinin ötesindedir, eğer bazen bir şeyleri görme şansı elde ettiyseniz.

"Ardaturanizmo", pasların, gollerin, zaferlerin ötesindedir. Elbette ki futbolun da ötesindedir. "Ardaturanizmo" Arda Turan'ın bile ötesindedir. "Ardaturanizmo" seçilmiş bir film zamanında, bir müzik arasında, bir dizi film seyrederken ya da bir kitapçı dükkânındayken belirir.

Gazete okuma zamanında da, bir futbol maçının verilerini yorumlarken de veya yılın en iyi olaylarının yer aldığı listelere yadsıyarak baktığınız anda da çıkar karşınıza.

Rengârenk bir atkı varsa, onlar "Ardaturanist" demektir. Renkli elbiselerden oluşan kombinasyon aynı şey değildir. Fakat merak uyandırır, atkı taşıyanların kombinasyonuyla aynı özelliklere sahip kombinasyon ya da bir görünüm içerisinde olanlar; acı bir sonuçtur ki "Ardaturanist" gibi görünmekten çok uzaktadırlar.

"Ardaturanizmo" yaşatılır, yorumlanamaz; bundandır ki, sahtecilik tolere edilmez.

İçindeki naifliği genellikle açık bir delil olarak gösterilir. Kazanabilir ya da kaybedebilir. Gol atabilir ya da kaçırabilir; ancak bu sizi bir "Ardaturanist" yapmaz. Çekim gücü başka bir yerden gelir. Kuralları derlemek ya da birilerini "Ardaturanist" yapma yolunda asimile etmeye çalışmak, imkânsız, aptalca bir ödev olacaktır. Müzisyen olmak ya da müzikten anlamak için notaları bilmek yetmez.

"Ardaturanizmo"yu yeterince açıklama yapmadan anlarsınız, olmuyorsa, en iyisi bu olmadığınızı varsaymaktır. Yarım kalan tonların varlığından bahsedilmez.

"Ardaturanizmo" topu kontrolüne almaktır, hızlıca, karıştırarak. Dört tane aç sırtlan karşısında, bir çizik bile almadan ve yüzündeki gülümsemeyi kaybetmeden.

Gülümsemek hayati bir olgudur "Ardaturanizmo" düşüncesinde. Muhtemelen en önemli elementidir.

"Ardaturanizmo" kapıları herkese açık Narváez Caddesi'ndeki kebapçıda bir kebap yemektir, abartıya kaçmadan.

"Ardaturanizmo" siz yakışıklı olmasanız bile, sevgili olup, birlikte yaşadığınız bir Sinem Kobal'a sahip olmaktır.

"Ardaturanizmo" Türk iseniz, İspanya'da İngilizce konuşmaktır. Temel olanı yapmaktır; çünkü bu sizi isteklendirir.

"Ardaturanizmo" küçükken yaşadığınız binada tüm elektrik faturalarını ödemenizdir.

Takımınızın taraftarlarının üç yıl sonra bir dergide ortaya çıkan röportajla "Ardaturanizmo"dan haberdar olmasıdır. "Ardaturanizmo" Kral Kupası finalinde Santiago Bernabéu'da, Real Madrid'e karşı kazanmak ve aynı gece saçlarınızı kesmektir. "Ardaturanizmo", büyülü bir anda, bir video görüntüsüne takılarak anıtsallaşan sözcüklerin sahibi olmaktır: "Slowly cabrón!" ("Yavaş ol ulan!")

"Ardaturanizmo" iyi bir tat alma düşüncesi değil fakat iyi bir tat olma düşüncesidir.

İçten bir gülümsemeye yardımcıdır, saygılı bakışlar arasında güneşli bir günde şemsiye taşıyan tek kişi olarak ve aynı gülümsemeyi koruyandır kısa bir süre sonra yağmura tutulduğunuz anda; ve siz yağmurda ıslanmayan tek kişisinizdir.

"Ardaturanizmo" koşmak değildir; çünkü bu onu eksiltmez; ancak bunu yapmaktır; sanki yarın hiç olmayacakmış gibi, bir arkadaşınız bunu sizden istediğinde. Neşelenmek için kolay bir kaçış yoludur.

Yolunu kaybetmeden hayatı kazanmaktır. Reddetmektir açık seçik olmayı; çünkü bu neredeyse hiç eğlenceli değildir. "Ardaturanizmo" zevkle yapılandan zevk almaktır. Ağız dolusu gülmektir faydacı yaklaşıma ve daha çok, faydacılara.

Sözde kazananlar bu tarzın üzerinden geçinmeye çalışırlar. Kazanan olmak sonuçlara bakma zorunluluğuna ihtiyaç duymamaktır. "Ardaturanizmo" büyük çoğunluğu oluşturan şeylerin tadını çıkarmaktır. Anlamak istemez; fakat gereğini yapmaktan geri durmaz.

"Ardaturanizmo" akıcı bir görüştür, tanımlanamaz ya da kontrol edilemez. En iyisi olduğu gibi bırakmaktır, çok fazla ses yapmadan. Masum ve yaban. Zarif ve kavgacı.

Bir duyguyla açıklanabilen; ancak sırf mantıkla açıklanabilen bir şey değildir. Hisseder ya da hissetmez. Öyledir ya da değildir. Tadını çıkarmaktır.

"Ardaturanizmo", her halükârda, sadece hassas bir gülümsemeyle ya da bilgece bir tutumla anlaşılabiliyordu ama bazen böyle olmayabilir.

"Ardaturanizmo", hepsinden öte, harika olan şeylerin bütünüdür. Ve nokta.

Ennio'nun bize katkı sağladığı bu metni okurken, çok iyi şeyler hayal ettim, yüksek düzeyde, onun adına sıklıkla hissettiğim gibi. İtiraf ediyorum, beklentilerimin çok üzerindeydi.

Teşekkürler usta, bu kadar güzel bir metin için.

Galatasaray'a veda

Hepimiz bir sevgiliye sahiptik, delice istediğimiz; ama biliyorduk ki gelecek belirsizdi. Bu kişi, size en son olduğu hissini vermesine rağmen, hayatın koşulları sizi bu ilişkiden çıkmaya zorlar.

Ve yatağınız size sorar, özledin mi; nerede o? Sürekli kahrolası döngü kafanızın içinde; size hatırlatmaya teşebbüs eder, başka bir opsiyon olmadığını; bu sırada bir başka müstakbel seçenek gelecektir.

Arda, İstanbul'daki son senesini bir üzüntü sarmalı içerisinde geçirdi. Galatasaray'a âşıktı; ama oradan ayrılması gerektiğini de biliyordu, eğer futbolunu uluslararası alanda en üst seviyeye çekmek istiyorsa. Ayrıca saha sonuçları yardım etmiyordu. Rijkaard, ilk sekiz hafta sonunda takımdan ayrıldı. Bu sekiz maçın dördünü kaybetmişti. Ukrayna takımı Karpaty Lviv, onları Avrupa Ligi ön eleme turunda yarışmanın dışında bırakmıştı. İçerideki Ankaragücü mağlubiyeti (2-4), Frank Rijkaard'ın Türkiye macerasının sonu olmuştu. Arda, sakatlığı nedeniyle, bu sekiz maçın altısını kaçırmıştı. Belki bu pek çok şeyi açıklıyordu.

Kesin olan şu ki, sakinliğiyle bilinen Frank takımdan ayrılıyor, yerini Hagi alıyordu. Bir kez daha Hagi. Üçüncü kez, Rumen futbol tarihinin en iyi oyuncusunun yazgısı, Türkiye'nin en iyisiyle çakışıyordu. Ne güzel bir bileşim, diğer taraftan bakıldığında.

Kesinlikle, bir elin parmakları sayısında olan haftalar içerisinde ortaya çıkan bu gelişmeler, kulübün sosyal hayatında da mutlak bir ürküntü yaratmıştı. Bununla birlikte, tüm taraftarıyla, Galatasaray, mabedini, Ali Sami Yen'i, rakiplerin cehennemi olan efsane stadını terk ediyor, yeni stadı Türk Telekom Arena'ya taşınıyordu.

Kulüp, biraz az duygusal ve tutkulu, yaşlı Ali Sami Yen'in koltuklarını taraftarlara satma kararı aldı. Mühürlü bir destan olan Ali Sami Yen'i, sonsuza kadar.

Son maç, 12 Ocak 2011'de, Beypazarı Şekerspor'a karşı yapıldı. Galatasaray'ın 3-1'lik galibiyetiyle noktalandı. Galatasaray, eski sığınağının kapılarını kapattı.

Orada, Türkiye'ye has özelliklerle, normalde 24.000 kapasitesi olan statta, 40.000 izleyicinin olduğu zamanlar yaşanmıştı.

Onlar zaten, balıkların ve ekmeklerin mucizesini[1] biliyorlardı, o kadim toprakların bir alışkanlığıydı. Ancak artık bunu bir daha asla göremeyecektik.

Galatasaray, kilometrelerce ötedeki çok katlı, çok kapasiteli (52.652 kişi), bir meşalenin bile dışarıda kalmayacağı yeni stadına taşınıyordu.

2011 yılının 15 Ocak günündeyiz. Arda ve arkadaşları yeni stadı, Ajax'a karşı yapılan bir dostluk maçıyla açtılar. Maç 0-0 berabere bitmişti. Bu, kesinlikle, Galatasaray'da son sezonunu yaşayan Arda için çok önemli bir olaydı.

Sportif anlamda kayıp bir sezon olacaktı Turan için. Sakatlıkların kapladığı bir yıl...

Bitip tükenmeyen aksilikler Süper Lig'de sadece 12, kupada 3 ve Avrupa Ligi ön eleme turunda 4 karşılaşmada oynamasına neden oluyordu. 19. maç toplamda ona 6 gollük bir zaman tanıyor, 5 tane gol pası vermesini sağlıyordu. Problemler sürekli biçimde ıskalanıyor ve bunun sonrasında oyun düzeni daha çok ona bağlı olan Galatasaray'ın aldığı sonuçları etkiliyordu.

Takım sezonu galibiyeti unutarak tamamladı; bütün hedeflerinin uzağında kaldı.

Son derece üzücü sekizincilik Arda'yı ayrılma zamanının geldiği konusunda yeterince ikna etmişti. Onun futbolu takımın

---

[1] Yazar burada Hz. İsa'nın Beytüllahim halkını Allah'ın aracılığıyla mucizeler gerçekleştirerek doyurmasından bahsediyor.

olasılıklarının çok üzerindeydi. Arda, kıtaya ışık tutmak zorundaydı.

O büyük şeyler için vardı: "Arda gitmeyi istiyordu ve bizim onun kararlarına saygı duymamız gerekiyordu," diye anlatıyordu Terim, onun ayrılışıyla ilgili olarak. "Taraftara olduğu kadar, gidişi bize de acı veriyor. Arda hep bizim çocuğumuz olarak kalacak."

20 Mayıs 2011, Konyaspor'a karşı 2-0 kazanılan maç. Arda, takımının formasıyla son dakikaları oynadı. O gece İstanbul biraz buruk yattı. Nedenleri vardı; Arda gidiyordu.

Sağ kolu konuşuyor

Arda, Atlético Madrid'e geldiğinde ona eşlik eden kişi, onun için kesinlikle temel bir önem arz ediyordu. (Etmeye devam ediyor.) Kişisel yardımcısı, tercümanı ya da en samimi arkadaşı Ata Bozan, Arda Turan için tüm bunları ifade ediyor. Onu, kendisi kadar, hatta daha fazla tanıyan bir kişi.

Büyük bir ilgiyle konuştuğum bir kişi, soğuk bir şubat akşamı, Cerro del Espino'da, ortak bir arkadaşımız, Andrés de la Poza sayesinde.

Ata, Arda'ya danıştıktan sonra benimle konuşmaya başladı ve bana bu kitap için ilginç detaylarla dolu bazı açıklamalar yaptı.

Bu diyalog Ata'yla yaptığımız konuşmadan derlediklerim:

Juan: Arda'nın Bayrampaşa'daki yaşantısıyla ilgili hatırladıkların nedir? Mahallesinden çok sık bahsediyor mu?

Ata: Arda her zaman Bayrampaşa'ya gitmeyi ister. Aslında fırsat buldukça her zaman gider; çünkü oraya gitmek demek, kim olduğunu, nereden geldiğini hatırlaması demektir. O, aslını, nereden geldiğini asla unutmadı. Arkadaşlarını terk etmedi. Bayrampaşa onun çocukluğuyla kurduğu bağdır; hayatta yapmak istediklerini hayalinde yeşerttiği yerdir.

Juan: Bayrampaşa'nın onun futbolunda ne ölçüde belirleyici olduğunu düşünüyorsun? Sokakta oynuyordu, dar sokaklarda, bu koşulların onun sürekli sergilediği maharetleri üzerinde etkisi olduğunu söyleyebilir misin?

Ata: Evet. Orada bütün gün futbol oynuyordu. Arkadaşlarıyla gazozuna iddiaya tutuşuyordu; kim kaybederse o ödüyordu. Elbette ki zorluklar, o sokaklardaki dar oyun alanı onun yeteneklerini geliştirdi. Böylece özellikle sol ayağıyla oynama kapasitesini geliştirdi. Hatta bir usta oldu, odaklanır ve çok iyi şutlar çeker sol ayağıyla. Bana göre, futbol oynadığı o dar sokaklar, ona sol ayağıyla oynamasını zorunlu kılan pek çok zorlu fırsat vermiş olmalı.

Juan: Arda, 15 yaşında ilk milli maçını yaptı. Hangi anda profesyonel futbolcu olabileceğini düşündü? Her zaman Galatasaray'da oynamayı hayal etti mi?

Ata: Arda her zaman profesyonel futbolcu olmayı istedi ve o yaşlarda buna ulaşabileceğini düşünüyordu. Onun için para asla önem arz etmedi (etmiyor); ancak elbette üst düzeyde olmayı arzu ediyordu, ailesine yardımcı olabilmek adına. Ailesinin içerisinde bulunduğu zorlukların hep farkında oldu ve onlara daha iyi bir yaşam sunabilmeyi istedi. Bu nedenle, bunu kısa sürede yapabildi, ailesine büyük bir ev hediye etti. Arda çok cömert bir insandır. Ve evet, her zaman Galatasaray'da oynamayı hayal etti. Onun takımıydı. Arda hep Galatasaray'a âşık olmuştur. Şu anda Atlético'ya karşı da aynı duyguları besliyor.

Juan: Öyle görünüyor ki, özellikle Hagi'yi gözlemledi. Arda, referanslarından çokça bahseder mi? Hangisi onun dikkatini çekiyordu?

Ata: Evet, Arda her zaman Hagi ve Emre Belözoğlu'na dikkat kesildi. Hagi'den topa sahip olmayı, topu korumayı öğrendiğini sürekli olarak söyler. Bana sürekli, bir oyuncunun bir maç içerisinde topla çok kısa bir süre buluştuğunu ve bu nedenle bu kısa zaman aralığında, onu iyi kullanmak, kaybetmemek gerektiği yorumunu yapar. İyi oynamak için topu iyi korumayı Hagi'yi izleyerek öğrendi. Her zaman ağabeyi olarak gördüğü Emre'ye de çok hayrandır. Arda için Emre'nin Atlético Madrid'e transferi çok büyük bir sevinç vesilesi olmuştu. Allah'a her zaman teşekkür eder, Emre'yle aynı formayı ıslattığı için.

(Konuşmamız esnasında Ata cep telefonuna baktı, Emre'nin Kasımpaşa maçında Fenerbahçe'nin ilk golünü attığını görünce, kesinlikle çok büyük bir sevinç yaşadı.)

Juan: Arda'nın Galatasaray A Takımı'na yükselişiyle ilgili ne hatırlıyorsun? Yeni takım arkadaşları onun üzerinde nasıl bir izlenim bırakmıştı?

Ata: Yeni takım arkadaşlarına karşı büyük bir saygı duyuyordu ve oraya ulaşmak büyük bir sorumluluğu gerektiriyordu. Yeni başlayan bir çocuk için son derece normal olan kesin bir çekingenlik ve saygıyla soyunma odasına girdi. Onu özellikle, Galatasaray ve Türk Milli Takımı'nın yıldızları kaptan Bülent Korkmaz ve Hakan Şükür'le aynı soyunma odasını paylaşmak etkiliyordu.

Juan: Başlangıçta birkaç aylığına Manisaspor'a kiralık olarak gitti; Ersun Yanal'ın büyük bir ısrarla onu takımında görmek istemesi nedeniyle. Manisa'daki o aylar nasıldı? Arda o dönemi nasıl hatırlıyor?

Ata: Müthiş pozitifti. Arda orada kişisel anlamda kendini çok geliştirdi, oyuncu olarak da büyük bir gelişim sağladı ve hâlâ sürdürdüğü büyük arkadaşlıklar edindi. Manisaspor ailevi bir ortamın olduğu mütevazı bir ekipti ve Arda orada kendini çok iyi hissetti. Ayrıca orada birkaç ay sağ çizgide, savunma sorumluluğu da olan bir kanat oyuncusu olarak oynadı. Bu onun futbolunu defansif yönde de çok geliştirdi. Bugün bunun semeresini alıyor.

Juan: İnsanlar Arda'yı "Türk Beckham" olarak tanıyor. Böyle olabileceğini düşünüyor musun?

Ata: Doğru, insanlar giyim tarzından dolayı bunu söylüyorlar. Gerçek şu ki Arda çok gururlu bir insandır. Çok fazla şey satın almaz; ama her zaman kaliteye önem verir. En çok sevdiği şeyler saatlerdir, örneğin arabalardan bile çok sever saatleri.

Juan: Türkiye'nin 2008 Avrupa Futbol Şampiyonası'ndaki performansı sürprizdi; ama harikaydı. Arda o haftalar için ne anlatıyor? Anahtar niteliğindeki o goller hayatını çok fazla değiştirdi mi?

Ata: Doğru, öncelikli olarak şunu söylemek isterim ki, Arda için Türk Milli Takımı en büyüktür. O kulübündeyken, takımı için varını yoğunu ortaya koyar; ancak söz konusu Türkiye olduğu zaman dünya bir anda değişir. O Avrupa Şampiyonası için çok büyük bir arzuya sahipti. Sahip olabileceği rol adına da çok büyük beklentileri vardı. Sonrasında büyük bir başarı gösterdi. O, Galatasaray'da üst düzeyde oynamakla, bir Avrupa Şampiyonası'nda Türkiye'yle yaptıklarının aynı şey olmadığını biliyor. Attığı o belirleyici gollerden sonra, uluslararası arenada, üst düzeyde, çok daha fazla tanınmaya başlandı. Dikkatimi çeken bir şeyi hatırlıyorum: o dönem Almanya'da yaşıyordum ve Avrupa Şampiyonası'nı televizyondan izliyordum. Çeyrek finale çıktıktan sonra bir gazeteci ona, "Şimdi eğlence zamanı..." şeklinde bir yorum yaptı ve o cevap verdi: "Hayır, şu anda bu başarı için Allah'a şükretme zamanı." İşte o an sonsuza kadar beni kazandığı andı. O anda Allah'ı anan Arda, aslında dünyaya bakışı hakkında çok şey söylemiş oldu.

Juan: Frank Rijkaard'la geçirdiği yıl hakkında ne hatırlıyor? Onunla ilişkisi nasıldı?

Ata: Her zaman Frank'ın büyük bir insan ve mükemmel bir antrenör olduğunu söyler. Rijkaard'ın en güçlü noktası, oyuncuların en iyi meziyetlerini kendi yönetimi doğrultusunda değerlendirmesidir. Zorunluluktan doğan bir fırsatı görüp, Arda'yı Beşiktaş'la yapılan bir maçta forvet olarak oynattığı anı hatırlıyorum. O gün Arda'nın gol atmasıyla bu deney başarıya ulaşmıştı. Gerçek şu ki Arda asla asıl mevkii dışında bölgelerde oynadığı için şikâyet etmedi. O çok dayanışmacı bir insandır.

Juan: Arda ne zaman Galatasaray'dan ayrılmayı düşünmeye başladı? Ne hissetti hayatının kulübünden giderken?

Ata: Oradan ayrılmak Arda için çok zor oldu. Galatasaray'a âşıktı, ama herhangi bir Türk oyuncu için Avrupa'ya gitmek bir rüyadır. Atlético Madrid onunla ilgilendi. Miguel Ángel Gil, (kulübün CEO'su ve ölen eski başkan Jesús Gil'in oğlu) onunla konuştu ve ona büyük bir güven verdi. Ona önemli olduğunu hissettirdi. Ayrıca, Atlético, büyük tarihiyle, Türkiye'de Avrupa'nın büyük bir kulübü olarak algılanır ve Arda her zaman bu kulübe sempatiyle bakardı. Türkiye'de çocukların Avrupa kıtasının kulüplerine sempati duyması normal bir şeydir. Bir tanesine ya da pek çoğuna... Ve bunların içinden bir tanesi olan Atlético Madrid, Arda'nın her zaman izlediği bir kulüptü. Örneğin babası hep Liverpool sempatizanı oldu.

Juan: Atlético'ya geldiğinde ilk izlenimleri ne oldu?

Ata: İlk günden itibaren kendini çok iyi hissetti. Ona büyük yardımları dokunan pek çok insan vardı. Onun futboluna çok güvenen ve ona önemli olduğunu hissettiren Juan Vizcaíno ve Gregorio Manzano'yu hatırlatmayı arzu ediyorum. Elbette ki Caminero ve tabii ki Rafa Alique (kulübün iletişim departmanı sorumlusu). Bu destek temel bir role sahipti o aylarda. Çok önemli olan diğer bir kişi ise fizyoterapist Esteban'dı. İngilizce olarak iletişim kuruyorlardı ve baştan itibaren çok iyi bir ilişkiye sahip oldular. Esteban, sürekli, soyunma odasına bir Türk bayrağı koyardı, bu, Arda'ya destek olma adına yapılan bir jestti. Atlético Madrid formasıyla ilk golünü attığı maçta, Glasgow'da, golden sonra "Esteban!" diyerek kulübeye koştuğunu hatırlıyorum. İlk golünü başından beri desteğini esirgemeyen Esteban'a adamak istemişti.

Juan: Başlangıçta hangi takım arkadaşı daha çok dikkatini çekti?

Ata: Her zaman Adrián'la ilgili konuşur. Tanımadığı bir oyuncuydu ve yetenekleri karşısında şaşırmıştı. Filipe Luis de Arda'yı çok etkilemiş olmalı. Her ikisi, saha içinde olduğu kadar saha dışında da mükemmel paylaşıma sahipler. Sol kanatta olağanüstü biçimde anlaşıyorlar; hatta birbirlerine bakmadan. Benim için Filipe Luis çok ama çok önemli bir oyuncu. Falcao da dilinden düşürmediği oyunculardandır. Bir canavar gibi gözüküyordu (gol canavarı), ancak onu daha önceden tanıyor olması nedeniyle Falcao, Arda için çok fazla sürpriz değildi.

Juan: Madrid'e uyumu nasıl? Yeni şehrine alışabilmesi zor oldu mu?

Ata: Başlangıçta, öğle tatilleri-dinlenme zamanları Arda'nın çok fazla dikkatini çekti. Zamanın bölümlenmesiyle ilgili alışkanlıklara uyum sağlamakta güçlük çekti. Örneğin bankalar ya da bazı alışveriş merkezleri gün ortasında kapalı olabiliyordu. Zamanla mükemmel biçimde uyum sağladı. Şu anda genellikle öğle tatillerinde (siesta) uyur. Fakat ilk başta en zor olan arkadaşları ve ailesinin burada olmaması ve kendine ait bir evin bulunmamasıydı. La Finca Hotel'de kalmaya başladı; o aylar onun için zordu. Çok sonra bir dağ evi (ahşap) kiraladı, orayı bir yuvaya dönüştürdü. Arkadaşları gelmeye başladı, ailesi geldi ve her şey normale döndü. Hatta bir Türk aşçıyla anlaştı; ona orada yemek yapıyor; böylece Türk yemeklerini özlemek gibi bir sorun da yaşamıyor.

Juan: Ne zaman İspanyolca konuşacak?

Ata: *(Gülerek)* Zaten çok iyi anlıyor. Hatırlıyorum bir keresinde Miguel Ángel Gil ona, "Arda ne zaman İspanyolca konuşmaya başlayacaksın?" diye sordu ve Arda cevap verdi: "Eğer İspanyolca konuşmaya başlarsam, Ata ne iş yapacak?" *(Ağız dolusu kahkaha.)* Harika, değil mi? Bu cevap onun ne kadar kıvrak bir zekâya sahip olduğunu gösteriyor. Dikkat et, o kadar zeki ki, pek çok vesileyle, bana taktik konuşmaları açıklar, görüşleri anlatır ve ben antrenör diplomasına sahibim. Fakat ben futbolu daha çok Arda'yı dinleyerek öğrendim.

Juan: İlk zamanlarında İspanya'da hangi oyuncu Arda'nın dikkatini çekmişti?

Ata: Yani Messi ve Cristiano'dan sonra? Messi, ona gerçekten biraz olağanüstü gözüküyor. Bazen, Cristiano dünyanın en iyi oyuncusu der; çünkü Messi bu dünyadan değildir. Onu beğendi ve çok fazla beğeniyor, Andrés Iniesta, ayrıca çok iyi bir insan olduğunu da duydu. Bunu söylüyorum; çünkü Arda her zaman insanlığa büyük önem verir. O, sportif başarıların gelip geçici olduğunu; ancak sonuç itibariyle kalıcı olanın kişilik olduğunu düşünür.

Juan: Arda, yeni antrenör Simeone geldiğinde ve kendisine çok yardımcı olan Manzano'nun gidişinde ne yaşadı?
Ata: Oyuncular, kulübün sembolü olmuş bir ismin geldiğini biliyorlardı, bazıları taraftar adına sevinçliydi. Her zaman olduğu gibi yeni bir antrenör geldiğinde Arda'nın uyum sağlaması biraz zaman alır; çünkü oyun sistemi değişiyor. Ancak kısa sürede fizik gücü gerektiren bu yeni oyun sistemine adapte olmayı bildi. Bu açıdan Profesör Ortega'nın çalışması köklü bir öneme sahipti.

Juan: Bükreş'te Avrupa Ligi Kupası'nı kazanınca ne hissetti?
Ata: Bak Juan, sana çok hoş bir anekdot aktaracağım. O ilk aylardan bir gece, ligde çok kötü gidiyoruz ve insanların güveni kalmadı, çok soğuk bir gecede eve dönerken, Arda bana dedi ki: "Ata, bu Avrupa Ligi'ni kazanma adına çok fazla şansımız olduğuna inanıyorum." (Biz hâlâ grup aşamasındaydık.) Sonra ben ona yanıt verdim: "Soğuk olan bu gecede heyecan ateşimizi yükselttin." Ardından, Arda'nın bu söylediğini Adrián ve diğer oyunculara anlattım ve yavaş yavaş herkes bu ihtimalin varlığına inandı. Arda için o kupayı kazanmak çok ama çok önemliydi. O, tüm Türkleri temsil ettiğini düşünüyordu. Finali kazandıktan sonra Türk bayrağına sarındı ve gerçekten çok duygusallaştı. Soyunma odasında kardeşiyle telefonda konuşurken nasıl ağladığını hatırlıyorum. Bükreş'teki diğer bir anekdot: "Maçtan önce Cholo bütün oyunculara tek tek, son talimatlarını veriyor, elinde boyalı kalem, Arda'ya sahada yapması gerekeni anlatıyordu: "Buraya hareketlenmeni ve buraya gitmeni istiyorum. Burayı ve burayı kapatmalısın." Talimatları verirken o kadar çok boşluğu doldurdu ki, bunların yapılması için iki Arda gerekiyordu. Sonrasında herkes birbirine bakakaldı ve gülmeye başladılar. Büyük bir andı.

Juan: Arda futbolun yanı sıra başka nelerden hoşlanır?

Ata: Bütün sporları sever. Tenise bayılır; çok iyi oynar. Eğer atletizm varsa büyük bir ilgiyle izler. Ancak hepsinden öte basketbolu çok sever, özellikle NBA'i. Los Angeles Lakers hayranıdır ve hep bu takımın bir maçına gitmeyi arzu ettiğini söyler. Değişik disiplinlerdeki pek çok başarılı İspanyol sporcuya hayranlık duyar. İspanya'da gördüğü bu başarıların gelecek için Türkiye'ye bir model olabileceğini düşünür. Türkiye'nin gelecekte, İspanya'nın son birkaç yıldır yaptığı gibi, başarılı sporcular kazanmasında yardımcı olmayı arzu ediyor.

Juan: Arda, bu takımın Şampiyonlar Ligi Kupası'nı kazanabileceğini düşünüyor mu?

Ata: Arda için başarı bir sonraki maçtır. (O anda sıradaki maç Milan'a karşıydı.) O, çok zorlu ve tecrübeli takımlara karşı oynayacağımızın bilincinde. Fakat evet bu takımın finale gidebilecek gücü olduğunu görüyor. Bana sürekli olarak, eleme sistemine dayanan maçlarda bu takımın çok zor eleneceğine inandığı yorumunu yapıyor.

Juan: Arda'nın Atlético'daki en iyi anı hangisiydi?

Ata: Hiç kuşkusuz, Real Madrid'e karşı kazanılan Kral Kupası finaliydi. Unutulmazdı, saçlarından olmasına rağmen (*gülerek söylüyor*).

Juan: Çok teşekkür ederim vakit ayırdığın için Ata.

Ata: Ben de sana teşekkür ederim Juan. Söylemeden geçemeyeceğim; Arda, Atlético Madrid ve ona değer katan taraftarını çok seviyor. O, bu takımın, iyi ya da kötü olan sonuçlardan bağımsız olarak, taraftarından asla mahrum kalmayacağını biliyor. Örneğin, taraftarların, yıllar önce takım ikinci lige düştüğünde bile, kulübe nasıl sahip çıktıklarını biliyor. Bu destek Arda için bir hayranlık vesilesi. Ayrıca, İspanya'da, bir maç kaybedildiğinde, bunun dünyanın sonu anlamına gelmediği şeklinde düşünülmesine çok büyük değer veriyor. Türkiye'de kaybedilen bir maç çok fazla gerilim demek, eğer bir maç kaybedilmişse her şey çok zor bir hale dönüşür. İspanya'daki bu sakin anlayış Arda'ya çok değerli gözüküyor. Son olarak bu şansı, Arda'yla her gün çalışmak ve yaşamanın benim için bir ayrıcalık olduğunu söyleyerek değerlendirmek istiyorum ve onunla çok uzun bir zaman birlikte yürümeyi umuyorum. O sadece harika bir futbolcu değil, aynı zamanda olağanüstü bir kişidir.

Burada Ata'yla olan röportajı tamamlıyoruz. Bizim için ortaya koyduğu emeğe, zamana ve sabrına minnettarlığımı sunmak istiyorum. Soğuğa karşın Majadohanda'nın terasında zaman geçirdik. Andrés de la Poza'ya da şükranlarımı iletiyorum, bu röportajı gerçekleştirmemizde yürüttüğü çalışma nedeniyle. Bazen bir kitap yazmak size büyük karakterlerle arkadaşlık kurma fırsatı da verir.

İşte bu böyle bir durum. Teşekkürler Andrés.

Atlético'ya geliyor

Büyük Luis García Montero, Real Madridli olmasına rağmen, güzel bir şiir kitabına sahiptir: *Ayrı Odalar*. İçerisinde de hatırı sayılır olan "Bunu Bilmemene Rağmen" şiiridir. Çok tatlı, başlangıç yapmak için pek çok duruma uyarlanabilir mısralara sahiptir: "Bunu bilmemene rağmen ismini çağırdım..."

Bu şekilde başladı Atlético, Arda'yla ilgili yürüyüşüne, 2011 yılının nisan ayı içerisinde. Zaten onun adını, pozisyonunu, gerekliliğini çağırmıştı.

Atlético, ona ihtiyacı olduğunu bilmiyor olsa bile ve bu Türk, bunun farkında olmasa bile, zaten Calderón'a yazgılanıyordu. Bir durum vardı, birbirlerini buldukları, birbirlerini hissettikleri, birbirlerine ihtiyaç duydukları. Kader onları buluşturdu; çünkü başka bir neden olamazdı. Bu, böylesi durumlardan bir tanesidir.

Birisi Arda Turan'ın Calderón'da attığı feyki gördüğünde, "Ardaturanist" olur, sonra bazı dönemlerde bütün yetişkinlerin bırakmayı arzu ettiği gibi bir sakalı görür, tamamıyla olması gerektiği yerde olduğunu hisseder.

İki taraf arasında, Arda ve Atlético'lu yetkililerle ilk buluşma gerçekleştiğinde aylardan mayıstı.

Bu görüşmede her şey normalde olduğundan farklı gelişiyordu; Arda'nın muazzam popülaritesi nedeniyle. Arda bir kamyonetin arkasında gizlenerek bu toplantıya gelmek zorunda kaldı. "Bizi bir eve getirdiler ve kısa süre sonra, bir kamyonet geldi. Kapıyı içeriden çaldı ve oradan Arda çıktı." Toplantıda bulunanlardan bir kişi durumu böyle tasvir ediyordu.

Fakat bu kadar tuhaf bir başlangıca rağmen, her şey iyi gidiyor ve 12 Ağustos 2011'de Arda, Barajas'a (Madrid'in uluslararası havalimanı) iniyordu.

Yeni tıraş olmuştu, yüzündeki tebessüm gittikçe genişliyordu. Kırmızı bir şapka, Atlético Madrid forması ve iyi çalışılmış bir konuşma: "Real Madrid'den bir teklif olsaydı, yine de Atlético Madrid'i seçerdim." O zaman biz buna inanıp inanmayacağımızı bilmiyorduk; şimdi evet, şu anda buna inanıyoruz.

12 milyon avro, Galatasaray taraftarının kalbini kırmıştı. En çok sevdikleri, farklı olan, 10 numarayı onlardan söküp almıştı. Arda, Türkiye'den ayrılışının üzüntüyü tetiklediğinin bilincindeydi: "Biliyorum hocam (Fatih Terim) gidişimden dolayı üzüntü içerisindeydi; ama bunu anlamasını bekliyordum. Asla bir Galatasaray taraftarı olmaktan vazgeçmeyeceğim; ne var ki Avrupa'nın en iyilerinden bir tanesi olan Atlético Madrid'e mutlu bir şekilde gidiyorum."

Belli ki Arda ilk günden itibaren, takdirimizi kazandığını biliyordu, oysa kendisini o ana kadar kırmızı beyazlı formayla izlememiştik.

Arda Turan açık bir insandır. İyi bir karakter, iyi bir profesyonel; tüm özellikleri Madrid'e gelmesi adına ona yardımcı oldu, ne var ki hiçbir şey işe yaramıyordu dili öğrenebilme zorluğu karşısında.

Bu ilk engeli aşmak için Arda her yere Ata'yla –İspanyolcayı mükemmel konuşan bir yardımcı– gidiyordu. Ata, başarılı orta saha oyuncusunun ortama ayak uydurması için anahtar kişi oluvermişti.

Böylece, Ata'nın yardımıyla, Mario Suárez, Adrián, Diego, Juanfran veya Falcao'yla olduğu gibi iyi arkadaşlıklar kurmaya başladı. Sevgilisinin (ünlü Sinem Kobal) gelişi ve kendine ait bir evde düzenini kurması (La Finca'nın özel bir bölgesinde, Pozuelo de Alarcón'da) Arda'nın takıma uyum sağlaması ve şehre alışması bakımından kilit unsurlar oldu. Onun futbol meziyetleri gerisini getirdi.

"Biz onu transfer ederken, o seçkin bir futbol ortamının heyecanını yaşama arayışı içerisindeydi; ama aynı zamanda, normal bir yaşam sürmenin peşindeydi; ki bu İstanbul'da imkânsızdı," şeklinde özetliyordu Arda'nın o dönemde hissettiklerini Atlético Madridliler.

Arda Turan'ın Türkiye'deki yaşantısı gerçek bir medyatik yıldızın yaşantısıydı, bir adım atamıyordu; bazı şeyler, sinema oyuncusu Sinem Kobal'la olan ilişkisi nedeniyle daha zor hale geliyordu: "Madrid'e gelme nedenlerimden bir tanesi budur. Orada tüm magazin basını, spor gazeteleri ve diğerleri, televizyonlar, beni rahat bırakmıyorlardı. Burada çok huzurluyum. Oradaki paparazziler inanılmazdır. Hiçbir şekilde İspanya'dakilerle karşılaştırılamaz. Sadece Hollywood'dakilerle karşılaştırılır."

Başlarda "El paraguas" gibi restoranlarda görüldü, bazen "Ten con Ten" ve Narváez Sokağı'nın kebapçısında. (Hisar Casa Turca, Narváez 72. Bunu yazıyorum. Sahipleri son derece sempatikler ve bize çok iyi davrandılar. Geleneksel kebapların servis edildiği çok küçük bir restoran.) Etrafındaki arkadaşlarıyla boş zamanlarının tadını çıkardığı yerlerdi buralar.

La Finca'daki evi aile bireyleri ve arkadaşlarıyla doludur ve bu, hiç kuşku yok ki, futbolcunun hayrına olan şeylerdendir.

"Atlético Madrid'de kendimi evimde gibi hissediyorum. Kulüpte, Majadahonda'daki antrenman sahasında, taraftarlar ve takım arkadaşlarım bana kendimi sanki ailemle birlikteymişim gibi hissettiriyor. Biz profesyoneliz, ama içimizde güzel düşünceleri, iyimserliği hep taşımaya çalışırız. Gerçek şu ki herkes bana karşı çok iyi."

Arda her zaman buna benzer açıklamalar yapar. Her seferinde ilk günden başlayarak Madrid'de kendini nasıl hissettiği sorusuna en olumlu cevapları verir ve güler. Arda hep gülüyor.

Elbette, yüzünde beliren her büyük gülümseme, daha ilk günden beri Arda'nın İspanya Ligi'nde karşılaştığı futbol ortamı ve Atlético Madrid'de mutlu olduğunu gösterir.

Bir futbol tekniği, beğenilen... onun gibi ince bilekli futbolcular için. "La Liga renkli oyuna önem verir. Burada futbol rakibi bloke etmeyi içermez, diğer pek çok yerde olduğu gibi. İspanya'da futbol, taktiksel olarak rakibe üstün gelmeyi içerir. Açıktır ki, defansif çalışmalar yapılır; ama her şey bunun üzerine kurulu değildir. İspanya'da bundan ayrı olarak beni en çok cezp eden, büyük oyuncularla karşılaşmaktır, Messi, Cristiano gibi. Bu bir oyun yöntemidir," açıklamasını yapıyordu başarılı orta saha oyuncusu Atlético Madrid'le olan henüz birkaç haftalık resmi maç süreci adına.

Kesin olan şudur ki, Arda, Türkiye'den ayrılarak başka bir futbol ortamını keşfetmek istiyordu; oradaki baskıdan kaçarak. Berrak bir biçimde görülüyor, La Liga onu çeken bir yarışma ortamı; fakat neden Atlético Madrid'i seçmişti? Futbolcunun kendisinden geliyordu bunun cevabı. Netti: "Şurası kesin ki, pek çok seçeneğim vardı; ama Atlético Madrid uzun süredir benimle ilgileniyordu ve bana çok büyük bir güven verdiler. Bununla birlikte büyük potansiyele sahip bir ekiptir ve kısa bir süredir burada olmama rağmen ekiple, kulüp ve taraftarla özdeşleştim." Ve yaptığı bu son açıklama "Ardaturanizmo"nun kalbini okşuyordu; bu çocuk bir dâhi: "Benim için rahatlama vesilesidir, kulübün, geldiğim ilk gününden itibaren bana en önemli konunun ortama alışmam olduğunu hatırlatması. İlk saniyeden itibaren benim harika yaratmamı beklemiyorlardı."

"Benim ilk saniyeden itibaren harikalar yaratmamı beklemiyorlardı." Bu Arda Turan'dır. Biz onu nasıl sevmeyeceğiz?

Hayatın huzurlu yolunda yürüyen bir kişi, tam da bu nedenle Türkiye'den ayrıldı; çünkü sakin bir yaşantısı olmadı. Kendisinden harikalar yaratmasının beklenmediği bir kişi olmayı tercih etti. O zaten sel olup akmayı vaat edecektir; ancak böyle daha iyi... Bazen kötü olmayan biçimde, yürürken çalım atması, geriye dönüyormuş gibi görünürken ilerlemesi, o olmadığı anlarda, bunları özlememizi zorunlu kılıyor. "İlk saniyeden itibaren benden harikalar beklemiyorlardı." Müthiş, daha büyük bir şey olamaz.

Burada herhangi bir durumda belki Arda hata yapar, ama gerçek şu ki herkes Arda'nın en iyisini yapmasını bekliyor. Onun yapabilecekleriyle ilgili beklentiler üst düzeydeydi ve böylece insanlar kulübün bu konudaki önemli, karakteristik beyanı üzerinde durdular. Örneğin, Pantic o günlerde şu yorumu yaptı: "Şu anda Avrupa'nın en iyi oyuncularından biri hakkında konuşuyoruz. Bu oyuncu büyük bir farkla Türkiye'nin en iyisi. Caminero'nun çalışmasıyla onu takımıza kazandırdık. Benim arzum Arda'nın iyi bir dönem geçirmesi yönündedir, tıpkı, benim Atlético Madrid'de geçirdiğim 3 iyi yıl gibi. Bu dönem içerisinde ben ve takım arkadaşlarım, bu taraftarla zirveye çıktık. Umuyorum ki benim yaşadığım bu başarıların aynısını Arda da yaşar. Mümkün olan en iyisini."

Onun büyük koruyucusu ve transferinde birincil derecede sorumlu olan, sportif direktör José Luis Pérez Caminero, "Arda ilk andan itibaren, büyük bir arzuyla bizimle gelmek, teklifi kabul etmek, Atlético'da oynamak istediğini gösterdi. O, bu statta bazı maçlarda oynamaya zaten hazırdı. Taraftarı tanıyor ve bizimle oynamak için buraya gelmekten dolayı çok memnundu. Bize dinamizm katacak; son pasları, duran topları kullanabilmesi ve ayrı olarak İspanya Ligi gibi bir ligde başarılı olma arzusuyla," ifadeleriyle yorumluyordu Arda'yla ilgili izlenimlerini.

Gördüğümüz gibi, Arda'nın düşündüğünden farklı olarak beklentiler, ilk andan itibaren çok yüksekti.

Onun eski antrenörü Hagi de, ki kendisi İspanya Ligi'ni çok iyi tanır (Real Madrid ve Barselona'da oynadı), Arda'nın Türkiye dışındaki ilk döneminden çok umutluydu: "Arda'nın başarıya ulaşacağına dair hiçbir kaygı taşımıyorum. Bunu yapabilmek adına tüm koşullara sahip. Teknik anlamda benim şu ana kadar gördüğüm en iyi oyunculardan bir tanesi. Üstelik futbola âşık ve her şeyini takımına verir. Bana göre Atlético çok başarılı bir transfer hamlesine imza attı. İspanyol futbolu, yüksek nitelikleri itibariyle, Arda'ya çok daha iyi gelecek. Atlético Madrid taraftarı onunla çok mutlu olacak."

Ve gerçek şu ki Atlético Madrid taraftarı olarak, keyif almak için, ona ihtiyaç duyarak yürüyoruz; tam da Hagi'nin dediği gibi. Son yıl çok az neşeli olabilmiştik. Sadece başlangıçta, özellikle

De Gea, José Antonio Reyes ve Sergio Agüero, beklentilere karşılık vererek, Süper Kupa finalinde Inter'e hesabı kestiler. Reyes ve Agüero'nun golleri ve Diego Milito'nun kullandığı penaltıyı De Gea'nın kurtarmasıyla maç 2-0 kazanılmıştı. O, sezonun ilk ve neredeyse son iyi haberi oldu. Sonrasında iyi sonuçlar etrafında dolaşamadılar.

Özellikle kötü olan, Avrupa yarışmasındaki performansıydı, Atlético'nun şampiyonluk unvanını elinde tuttuğu yer olan UEFA Avrupa Ligi.

Manzanares ekibi, Selanik takımı Aris, Bayer Leverkusen ve Rosenborg'un bulunduğu gruptan çıkmayı başaramadı. Kötü, çok kötü bir unvan koruma metodu.

Bu arada Forlán (Atlético'nun o dönemki Uruguaylı forveti) her seferinde daha kötü gözüküyordu Quique'ye (Quique Sánchez Flores, Atlético'nun o dönemki teknik direktörü).

Ququie, Uruguaylı forvetin fiziksel olarak kötü durumda olduğundan yakınıyor; yedek kalmasında haklı gerekçeler olduğunu ona tam olarak anlatıyordu; çünkü Quique, Süper Kupa finalinde Inter'e karşı iyi sonuç alabilmek için sezon öncesi hazırlıklarına tam olarak kanalize olmak zorundaydı. Quique Sánchez Flores onu tam olarak hazır istemişti...

Sonunda hiçbir şeyin iyi gitmediği gözüküyordu o sene. Ocak ayında Real Madrid bizi, Santiago Bernabéu'da 3-1 ve Vicente Calderón'da 1-0'lık skorlarla Kral Kupası'nın dışına itmişti. Söylediğim gibi o aptalca geçen sezonlardan bir tanesiydi.

Takım, ligde son altı maçın dördünü kazanarak Avrupa kupalarına katılma şansı elde edebilmiş, özellikle Kun Agüero'nun altı maçta attığı altı gol sayesinde bu gerçekleşmişti.

Ve orada sezonun en kötü haberi ortaya çıkmıştı; belki de yılın en kötü haberiydi: Kun Agüero gitmek istiyordu. Sahillerdeki yazlık restoranların müdavimleri (burada Atlético Madrid'i çok seven ve sürekli takip edenler kastediliyor) bütün bunlardan, dünyanın en iyi 5 forvetinden bir tanesi olarak, Atlético Madrid'de başarı elde etmiş Kun Agüero adına oldukça rahatsız olmuşa benziyorlardı.

Maradonalar'a (Agüero, dünyanın gelmiş geçmiş en iyi futbolcularından bir tanesi olarak kabul edilen Diego Armando Maradona'nın kızıyla evlidir. Bu nedenle eşi ve kendisinden bahsedilirken Maradonalar ifadesi kullanılıyor.) verilen desteğin ardından, onları ciddi boyutta rahatsız edecek sataşmalar da başlamıştı. (Agüero'ya yönelik sataşma, Atlético'dan ayrılıp, ezeli rakip Real Madrid'e gitme olasılığının sürekli sıcak tutulma arzusundan kaynaklanıyordu.)

Bütün bunlardan sonra, 2010-2011 sezonunun sonunda, kendisine ait web sitesinden ayrılmak istediğini beyan etti.

Sonunda, en kötü olan, bu bile değildi; olaylar çok daha üst boyutlara doğru gelişiyordu. Birden her şey Kun'un, Real Madrid'e doğru yönelişine kilitlenmişti. Açıklamalar, dedikodular, fikirler, gelmeyen tekzipler, bazı şeyler kuvvetleniyordu ve her şey Chamartín'e doğruydu (Real Madrid Kulübü'nün bulunduğu bölge.) Hatta Atlético'nun en güvendiği isimlerden bir tanesi olan Ujfaluši (Galatasaray'da da futbol oynayan, Futbol İdari Koordinatörlüğü yapan Tomáš Ujfaluši o dönem Atlético'nun temel taşlarından bir tanesiydi) bir İtalyan radyosuna (Radio Sportiva) yaptığı açıklamada, "Agüero, Madrid'de kalmaya karar verdi; ama Real tarafında," dedi.

En önemli ihanetlerden bir tanesi olarak gözüküyordu.

Düşünün baylar! Bir sevgili, onların çok âşık olduğu, terk edip gidiyor, hem de hiç uygun düşmeyen bir tiple. Bu böyle bir şeydir.

Sonunda fark etmiyor, biz bunu konuşmak için burada değiliz. Miguel Ángel Gil bu işe el attı ve Maradona'nın damadı (artık eski damadı olarak gözüküyor) yağmur altında Etihad Stadyumu'nda (Manchester City'nin stadı) pazarlığını tamamladı. O haftalar aklıma Julio Cortázar'ın "Bolero" şiirinden bize armağan ettiği harika mısraları getirir ve belki bu dize konuyla ilgili bazı şeyleri açıklar.

Nasıl bir kibir canlanıyor
Sahip olduğum her şeyi sana verebiliyorum, aşk ve mutluluk
Planlar, müzik, oyuncaklar.
Böyle olduğu kesindir:
Benim olan her şeyi sana veriyorum kesinlikle
Fakat benim olanlar sana yetmiyor
Senin bana verdiklerin gibi
Hepsi senindir.

Toplamda, takımın seçkin isimleri gitti. Altyapıdan yetişen, mükemmel bir kaleci vardı gelecek yıllar için; fakat Alex Ferguson'un dikkatini çekti ve Old Trafford'a gitti. Avrupa Ligi şampiyonu Atlético Madrid'le 2008-2009 (32 golle) sezonunda Altın Ayakkabı ödülünü kazanan Diego Forlán (Kazanılan zaferlerde kırdığı rekorlarla önemli roller üstlenmişti. Liverpool'a karşı yapılan yarı final maçında anahtar niteliğindeki iki golden bir tanesini atmış, finalde Fulham ağlarını iki kez havalandırmıştı.) ki Avrupa Süper Kupası, Altın Ayakkabı, son Dünya Kupası'nda Altın Top ödülü sahibi oldu, Manzanares'teki en kötü sezonunu geçirdi ve tribünlerden artarak gelen mırıldanmalar arasında takımdan ayrıldı. Kısa dönem içerisinde çok ama çok kötü hatıraları vardı.

Sonuç itibariyle Kun Agüero'yla birlikte tüm ayrılanlar, o 2011 yazında yüzümüzün oldukça asılmasına neden oldu.

Ne zorlu yazlardı onlar, değil mi? Bu yazlar sadece acı bir tat bırakır, ışığı azaltır günden güne, ağustosa ilerledikçe teraslarda serinlik artar. Ne var ki hepsinden öte, tepe noktada, bütün yıl boyunca bağırıp çağırarak kutladığın, seni coşturan çalımları, golleri hissedememiş olmandır.

Böylesine yazlar yasak olmalıydı.

Çokça ayrılık, ciğere saplanan hançer, terasta ve havuzda okunan gazeteler, tedavi edici melisa kremini almamıza neden oluyordu. Ve bunlar, az az gelenler, susamış bir kâşifin matarasına damlayanlar gibi.

Calderón'a iyi haberler geldi: Arda, Miranda, Courtois, Adrián, Diego ve son vuruş heyecanımızı tekrar kazanmak için (biz Atlético'lular, güzel haberlere böylesine minnettarızdır) dünya ölçeğinde bir forvet, Porto'dan gelen Radamel Falcao García.

Bunlar Arda'nın oynayacağı ilk Atlético'nun oyuncularıydı. Diğer önemli oyuncular, ekipte zaten var olan ve devam etmekte olan Filipe Luis, Diego Godín, Gabi, Tiago ya da Reyes (artık devam etmiyor) gibiydi.

Takım, kulüpte ikinci dönemine başlayan Gregorio Manzano önderliğindeydi.

Manzano'nun düşüncesi

Arda hakkında yazılan bir kitap için, onun İspanya'daki ilk antrenörüyle konuşmaktan daha iyi bir şey olamazdı. Atlético Madrid'e gelmesinde inisiyatifi olan ve onun Madrid'e, takıma, İspanya Ligi'ne adaptasyon sürecini günden güne, antrenmandan antrenmana, maçtan maça yakından takip eden bir kişi.

Gregorio Manzano, bu konuları konuşmak için son derece uygun bir insan. Bana bu röportajı vererek büyük bir iyilik yapmış oldu:

Juan: İyi günler Bay Manzano, sizi selamlamaktan büyük bir memnuniyet duyuyorum. Bana zaman ayırdığınız için çok teşekkür ederim. Bay Manzano, Arda'nın transferini siz mi istediniz, yoksa kulüp mü yaptı?

Gregorio Manzano: Bu profilde bir oyuncuyu ben istedim ve hâlâ Diego'nun satılacağını bilmiyorduk. Bu durumda Arda bizim için mükemmel bir oyuncu olarak gözüküyordu. İlgimiz artıyordu. Koşulları analiz ettik; onun bizim ihtiyaç duyduğumuz bir oyuncu olduğunu gördük ve ona gittik. Gerçekçi olmak gerekirse başta onun adaptasyonu konusunda kaygılarım vardı. Hepsinden önce dil meselesi geliyordu; ancak kısa sürede kaygıları giderdi.

Juan: Görüşmeler zor mu geçti?
Manzano: Hayır. O ayrılmayı istiyordu.

Juan: Arda'yla ilgili ne biliyordunuz? Onun hangi özelliği hoşunuza gidiyordu? Takımınıza yapabildiği katkılar açısından ne düşünüyordunuz?

Manzano: Oyunu okuyabiliyor, işini iyi yapıyor, deneyimli. O takım topla çok oynayan, pozisyona giren bir takımdı ve Arda buna yardımcı olmak zorundaydı. Takımın beyniydi. Biçimlendirmek istediğimiz ekibin anahtar niteliğindeki parçasıydı. Muhtemeldir ki Diego gelmiyordu, böyle olması durumunda Arda doğrudan oyun kurucu olarak oynayacaktı; ancak Diego gelince, Arda'yı orta sahada sol iç olarak oynattık. Arda her yerde iyi oynayabilecek çok yönlü bir oyuncu.

Juan: Sürpriz olarak karşılaştığınız bir özelliği var mıydı, onu kişilik olarak gözlemlemeye başladığınızda ya da ilk antrenmanda nasıl bir izlenim bıraktı sizde?

Manzano: Hayır. Ayrı olarak söyleyebileceğim bir şey yok. Çalışmalarda gördüğümüz Arda, umduğumuz gibiydi. Belki başlangıçta İspanya'daki antrenmanlarla Türkiye'dekiler arasında yoğunluk farkı olduğunu hissettiriyordu. Muhtemelen fiziksel temel olarak biraz zayıf gelmişti.

Juan: Takıma kolay adapte olduğunu düşünüyor musunuz? Başlangıçta hangi konuda zorluk yaşadığına inanıyorsunuz?

Manzano: Söylemiştim, lisan konusunda. Bir tercümanla (Ata) geliyordu; çünkü hiç İspanyolca konuşmuyordu ve takım arkadaşları sürekli bu konuda ona şaka yapıyorlardı. Bu nedenle Ata'nın teknik konuşmalarda yer almasını istedim; mesajlarımızı tam anlamıyla ona iletebilmek için. Bir de kendine ait bir yaşam alanı oluncaya ve sevgilisi (Sinem Kobal) gelinceye kadar da tam anlamıyla adapte olamamıştı. Bunların olduğu birkaç aydan bahsediyoruz. Ocak ayında tamamen adaptasyonunu sağlamıştı; hatta Castellano dilinde bir şeyler söylemeye başlamıştı.

Juan: Siz ondan farklı bir iş çıkarmasını talep ettiniz mi? Türkiye'de öğrenip getirdiği oyun anlayışından daha farklı bir konseptte oynamasını istediniz mi?

Manzano: Evet; çünkü bizim sistemimiz 4-4-2, dörtgen içerisinde özel bir hareketliliğe sahip olmasını gerektiriyor. Ondan bu oyun şablonunu anlamasını istedik. Biz çok fazla içedönük biçimde oynuyorduk ve bulunduğu kanadı kapsayacak bir taktik hareketlilik içerisinde olmasını bekliyorduk. O bu görev konusunda Türkiye'de yeterince çalışma yapmamıştı.

Juan: Arda'nın öğrenme kapasitesinin çok yüksek olduğunu söyleyebilir misiniz? Ya da şöyle sorayım, ne kadar zamanda bu belirli anlayışı öğrenebildi?

Manzano: Çok çabuk öğrendi. O çok zeki bir insan.

Juan: Arda'nın hangi oyun özelliğini daha çok seviyorsunuz? Ve onun temel eksikliği nedir?

Manzano: Benim fikrim en iyi olan özelliği çok yönlü bir oyuncu olması. Her iki ayağını da çok iyi kullanıyor olması ve yaratıcılığı. Belki oyun anlayışıyla ilgili biraz sorun olduğundan bahsedebiliriz. İlk zamanlarda da, fiziksel kapasite açısından biraz zayıftı. Arda bütün maç boyunca gerekli olan bir oyuncudur ve bazen tam dozunda olmayabilir, oyunun son bölümlerinde fiziksel olarak biraz düşüş yaşayabilir.

Juan: Fatih Terim, Arda'dan kaleyi daha çok denemesini istiyordu; çünkü o bunu iyi yapıyordu. Efendim siz buna katılıyor musunuz? Sizce, gol bulmak adına, biraz daha egoist davranabilir mi?

Manzano: Bu, kişiyle ilgili bir şeydir. Bazı futbolcular vardır, gol pası vermekten hoşlanırlar. Bir örnek hatırlıyorum. "El Caño" Ibagaza, her seferinde, gol pası verdiği için mutlu olurdu. Bunu gol atmaktan daha çok seviyordu. Bu, Arda'nın sürekli yaşadığı bir durumdur. Onun çok iyi şutları olduğuna dair kuşkuya yer yok; ki bunlar maçı çözmeye yardımcı olacak niteliktedir. Konuyla ilgili ortaya çıkan tercihler kişilik özelliklerinizle paralel gider. Arda çok cömert bir insandır.

Juan: Çalıştırdığınız oyuncular içerisinde en bütüncül yeteneğe sahip olanı diyebilir misiniz?

Manzano: Harika oyuncular çalıştırdım: Falcao, Torres, Ibagaza, Diego, Kanouté, Eto'o, sonrasında Arda'yı da çalıştırdım. Bunların hepsi harika oyuncular. Çok farklı seviyedeler; Quini'yi de hatırlıyorum; muhteşem bir forvet, Talavera ve Toledo da takımımdaydı. Bu çocuğun sakatlıklardan yana talihi bir türlü düzelmiyordu; ancak olağanüstü bir oyuncuydu.

Juan: Hangi nedenden ötürü Arda'nın Atlético Madrid'de patlama yapmasının biraz zaman aldığına inanıyorsunuz?

Manzano: Bence doğal kişisel süreçlerdir bunlar. Benim, Arda'nın ihtiyaç duyduğundan çok daha fazla sürede takıma adapte olabilen oyuncularım vardı. Ya da adapte olmayı hiçbir zaman başaramayan... Benim fikrim, Arda'nın hızlı adapte olduğu yönünde.

Juan: İspanya'da, içerisinde bulunduğumuz zaman diliminde, Arda'nın hangi yönlerinin evrim gösterdiğine inanıyorsunuz? Buraya geldiği anda olduğundan çok daha farklı bir oyuncuya dönüştüğünü düşünüyor musunuz?

Manzano: Sonrasında evet. Fiziksel kondisyonu ve taktik anlayışını geliştirdi. Tekniği, çok büyük biçimde, onun hep taşıdığı doğal özelliği. O, takıma kendini bir profesyonel olarak kabul ettirebildiği kadar, insan olarak da kabul ettirebilen bir oyuncudur ve bu Atlético Madrid'deki rolünü sağlamlaştırdı.

Juan: Arda karakter olarak nasıl bir insandır? Çok çabuk açılabilen bir kişi olduğunu düşünüyor musunuz? Onun karakteri Atlético Madrid'e adapte olmasında etkili oldu mu?

Manzano: Olumlu yönde etki etti. Arda son derece sempatik bir çocuktur. Karşısındakiyle empati kurabilen, araya engeller koymayan, çok açık bir kişi. Ayrıca çok büyük bir insan. Bakın size bir anekdot anlatacağım, Getafe'de bir maç sonrası Arda'yla ilgili olarak ortaya çıkan. 3-2 kaybediyorduk ve o, kaçınabileceği halde bir penaltıya sebebiyet vermişti; üstelik oyundan atılmıştı. Hal böyleydi, otobüsle Calderón'a dönüyorduk. Arda üzüntü içerisindeydi; gerçekten etkilenmişti. Ayağa kalktı ve benim koltuğuma kadar geldi. Kolumu tuttu ve benden özür diledi. Mağlubiyetten kendini sorumlu tutuyordu. Mütevazı ve çok iyi bir insan olmak gerekir bunu yapmak için.

Juan: Son olarak Bay Manzano, sizce Arda Atlético'da uzun yıllar oynayacak mı?

Manzano: Evet, bundan sonra öyle. Onu çok memnun ve bütün hedeflerini tamamlamış olarak görüyorum. Çok uzun yıllar kalacağını düşünüyorum.

Juan: Çok teşekkür ederim ilginizden dolayı. Son derece ilginç bir söyleşi oldu.

Manzano: Ben de size teşekkür ederim.

Gregorio Manzano'yla yaptığımız söyleşi burada son buluyor. İyi bir antrenör; belki Atlético'da şansı yaver gitmedi. Çok bilgili ve Arda hakkında bize anlatabilecek ilginç şeylere sahipti.

İlk maçlar

28 Ağustos 2011, saat öğlen 12. Son derece uygun bir saat elit bir maç kisvesi altında sokak futbolu oynamak için. Madrid'de yaşayan ve Arda'yı izlemeye gelen Türkler onun neler yapabileceğini biliyorsa da bu İspanyollar için geçerli değil.

Atlético Madrid 2011-2012 sezonunun ilk maçına çıkıyor. Rakip Osasuna.

Arda Turan, hâlâ, fiziksel değerlerini yüksek ritim gerektiren futbola adapte etme aşamasında. Sahaya çıkan takımda yer almadı. Fakat Arda'nın kadroda olduğu o maçta sahaya çıkan 11'i hatırlamak gerektiğine inanıyorum. O gün Manzano, takımını Courtois, Silvio, Perea, Domínguez, Filipe Luis, Mario, Tiago, Gabi, Salvio, Adrián ve Reyes şeklinde sahaya sürdü.

Atlético, sahanın bütününde oyunu ve topu domine eden taraftı. Fakat net gol pozisyonlarına ulaşmaktan uzak oldukları gözleniyordu. (En net olanları Toto Salvio'nun uzaktan çektiği şut, hafifçe direğe çarpıp çıkan şut ve Reyes'e ait olan, bu biraz daha net, fakat o da dışarı gitti.)

Calderón'da, Radamel Falcao'yu hatırlayan kimse yokmuş. 45 milyon avrodan sonra, transferindeki bir son dakika sorunu nedeniyle tribünde oturmak zorunda kalıyordu. Forlán çoktan veda yürüyüşünü yapmıştı, Falcao tribünde, Arda ise yedek kulübesinde, Diego henüz takıma gelmemişti.

Bu arada çimler üzerinde, Manzano tarafından seçilmiş 11, sezonun ilk 3 puanını almak adına, Osasuna'nın sahasına girip, gerçek tehlike yaratmaktan uzak bir görüntü çiziyordu. Sonra oldu.

Yaklaşık olarak 13.15 suları, 28 Ağustos 2011. Maçın 60. dakikası Gregorio Manzano'nun Toto Salvio'yu oyundan almaya ve ilk kez Arda'yı oyuna sürmeye karar verdiği an. Kutsal bir an.

Gerçek şu ki, tam olarak orada bulunan herkes, El Turco'nun ilk kez sahneye çıkışını görmeyi arzu ediyordu. Biri maça gittiğinde, belirli bir heyecan anını, kesin bir üstünlüğü aramaya gider ve Arda'nın galasında bulunmak, canlı olarak bu ilk sahne alışı izlemek, bizi heyecanlandırıyordu.

Düşünüyorduk, istiyorduk, inanmaya ihtiyaç duyuyorduk, bundan daha aşkın ne olabilirdi ki?

Arda, sırtında 11 numarayla (hepimiz acı acı bağırıyorduk; ancak 10 numarayı José Antonio Reyes taşıyordu) orta sahaya konumlandırıldı. Adrián ve Reyes'e eşlik ederek başlıyordu.

Pozisyon yaratmayı deniyor, derinlemesine attığı toplar maçta dengeyi değiştiriyordu. Kötü olan beraberliği ortadan kaldıracak, şampiyonaya iyi başlayacaktık. Fakat bu, o gün mümkün olmadı.

Arda, Osasuna'ya karşı evde alınan bir beraberlikle başladı macerasına. Buna rağmen hoşumuza gitti, gördüğümüz sadece teknik ayaklar değildi; çift dalan, geriye doğru koşan, hatta bu şekilde bazı topları kazanan bir oyuncu görmüştük. Hayır, sadece dolaşmak için gelmiş bir küçük figüre benzemiyordu. O maçta hangi sınıfa ait bir oyuncu olduğu konusunda not verebilmiştik. Sonra onlarca kez izledik.

Osasuna'lıların etrafında sol çizgiyi kapatmıştı. Filipe'nin dışarıdan bindirdiğini gördü, aldatıcı bir topuk pası verdi, kendisini durdurmak isteyenlerden birini tamamıyla ters köşeye yatırarak arkadaşının ceza sahasına çapraz gitmesini sağlayacak bir boşluk açtı. Oyun istenildiği gibi tamamlanmadı; ancak stattaki atmosferden El Turco'nun, kesin olarak, çok iyi olduğu yönünde bir izlenim çıkartılabiliyordu.

İkinci maç Mestalla'da, Valencia'ya karşıydı. Son derece zor bir maçtı ve sadece 35 dakika oynamıştı. Detayları ortaya çıkarmak açısından yeterliydi. Diego ve Falcao'nun da ilk maçlarıydı;

kesinlikle, biz Atlético'lu taraftarlar olarak her üçünü de sahada görme arzusu içerisindeydik.

Girdiği ilk dakikadan itibaren, karşılaşmanın en iyi hareketini yaptı; sağ kanattan içeri doğru sokuldu, çizginin derinliklerindeki iki Valencia'lı defans oyuncusunu harmanlayarak geçti, orta yapmadan önce son vuruş yapacak bir arkadaşını bulamadı. Arda'nın kalça hareketleri hep şakacı ve aldatıcıdır; oyun içerisinde yaptığı frenleri her zaman çok isabetlidir ve keskindir, takımı adına çok büyük avantaj sağlar; Bayrampaşa'nın sokaklarında bir yayadan sıyrılıp geçmek için tasarlanmışa benzer.

Bize her şeyi çok çabuk göstermeye başladı ve biz heyecanlı yürüyorduk, peşinen, onun geldiği yerden. Fakat o gelirken ya da gelmiyorken, Valencia'da 1-0 kaybettik ve 6 maçta 1 puanla yetindik.

Bir sonraki maç Calderón'daydı, Arda'nın Atlético Madrid'le ilk Avrupa Kupası maçı olacaktı. Gerçek şu ki bu sadece Avrupa Ligi'nde bir grup maçıydı; ancak bu maç afiş niteliğindeydi.

İtibar açısından önemliydi: Atlético Madrid-Celtic.

Atlético Madrid o gün büyük bir futbol resitali verdi ve Arda bu resitalin virtüözüydü. Onun sayesinde gol getirecek bir korner kazanılmıştı, sağdan gelen topa yetişen Falcao'ydu, ikinci dakika içerisindeydik ve Kolombiyalı, Atlético'daki ilk golünü atmıştı.

Arda zorluyor, kazanılan korneri Diego kullanıyor, Falcao ise son vuruşu yapıyor. Görüyorsunuz değil mi, hayat nasıl değişiyor bu mükemmel üçlü bir arada olduğunda? Ve bunların *transferleri* beklenmiyordu. Arda, 67. dakikada yeniden büyük bir hareket daha yapıyor, sol kanattan getirdiği topu Diego'yla buluşturuyordu, Diego yeni halkı için ilk golünü atıyordu.

Bayrampaşalı, Antonio López'le iyi bir kombinasyon içerisinde, topu İskoçların yemek odasından salonuna ve oradan mutfağına kadar sürüyor, son çizgiye kadar gidiyor, Diego'nun geldiğini görüyor ve, "Bunu sen yap, bugün burada ilk maçına çıkıyorsun," diyordu. Sonrasında bam, top içeride!

İşte bu Arda'dır. Yaptığı büyüklüğü bilmiyormuş gibi davranan sayısız insandan bir tanesi. O mutluluğu farkına vararak yaşar. Kendini ön plana çıkarma kaygısıyla pas vermez Arda Turan. Celtic'e karşı ortaya konan iyi çizgi, sonraki iki lig maçında da korunmuştu. Her ikisi de Calderón'daydı.

Üç gün sonra Atlético, Racing de Santander'i gole boğmuştu (4-0) muhteşem bir Falcao'yla, sadece 54 dakikada ilk *hat-trick*'ini yapmayı başarmıştı. Fakat, Radamel Falcao'nun inanılmaz aksiyonundan öte, Arda iyilik saçmaya devam ediyordu. Kim o gün atılan üçüncü golün sürekli YouTube'da yer aldığı gerçeğini görmezden gelebilir ya da bu Türk'ün büyülü çalımlarının tüm zorlukları aşabildiğini? O gece Falcao'ya üçüncü golü tepside sunuyordu. Arda yarımay çiziyor üç Racing'linin etrafında; ilkini kısa bir çalımla geride bırakıyor ve diğer ikisinin arasından ölçülü bir pas yolluyor, arkadan yetişen Falcao'ya, sadece dokunması için. Fakat Arda, o geceyi hâlâ tamamlamamıştı; çünkü 77. dakikada, o sene çok iyi giden, sayısız iyi işe imza atan Adrián'a da gol attırmaya karar vermişti.

Reyes soldan girdi, topa içeri doğru dokundu Arda için ve orada El Turco vardı, Arda büyük bir alanın metrelerce dışında, defansın arkasına doğru koşu yapan Adrián'ı gördü... O anda açısını belirledi, başını şöyle bir geriye çekti sanki burnuna sevmediği bir koku gelmiş gibi; ve bir frizbi gibi gönderdi topu, tatlı, neredeyse romantik; Racing defansının arkasına usulca süzüldü top. Adrián'ın yalnızca ikinci direkte bulunması yeterliydi. Kafayla topu kaleye vurmak kalmıştı ona ve vurdu, La Liga'nın golcüsü olarak sahneye çıktı.

Zaten söylüyorum, Arda Turan genellikle mutlu etmek için etrafınızdadır.

Kötü zamanlar

Birden işler tersine gitmeye başladı. Parlak üç zaferin ardından, gol yemeden atılan 10 gol ve (ki bu gollerden 6 tanesi Falcao'ya aitti: bir tane Celtic'e, üç tane Racing'e, iki tanesi ise Sporting'e) Arda'nın, Diego'nun, Adrián'ın harika oyunları...

Barselona'yı ziyaret etme sırası gelmişti. Nou Camp, gerçek bir testti, takımın ateşe dayanıklılığını ölçmek bakımından. Ve işler kötü gitmemeliydi. Dakikalar 26'yı gösterdiğinde zaten 3-0 geride gidiyorduk. Dayanıklılığın hafif bir pırıltısı bile yoktu.

Karşılaşma 5-0 bitiyor ve Atlético, oradan çok sarsılarak ayrılıyordu. Hatta o kadar ki sonrasında, sekiz maçta sadece bir galibiyet elde edebiliyordu, Nou Camp'taki maç da dahil. Hüzünlü bir çizgi oluşturuyordu bu kadar hafta içerisinde bir galibiyet.

Çok sayıda pozisyona sahiptik, çok pas yapıyorduk; ikisi de hiçbir işe yaramıyordu.

Takım, sadece Avrupa Ligi'nde, Rennes'de berabere kalabilmiş (Juanfran'ın 88. dakikada attığı golle) ve Stadio Friuli de Udine'de kaybetmişti (2-0). Kötü, çok kötü...

Arda'yla ilgili bir kaygı yoktu; ancak o da sergilediğinin çok üstünde bir performans göstermeyi arzu ediyordu: "Bu forma, benim kontratımdaki her bir avronun karşılığını vermemi gerektirir," açıklamasını yapıyordu o tarihlerde.

Bu sırada ligde, içeride oynanan maçta Sevilla'yla berabere kalıyorduk (2-2) Undiano Mallenco'nun 11 sarı kart gösterdiği maçta (!) ya da Mallorca'da (1-1); gol sağanağına tutuluyorduk Bilbao'da (3-0) ve Getafe'ye karşı kaybediyorduk (3-2) Falcao'nun penaltıdan attığı golle 1-0 öne geçme avantajı yakaladığımız maçta, ayrıca penaltı Lopo'nun oyundan atılmasını da sağlamasına rağmen. Yani, 28. dakikadan itibaren 10 kişi oynamak zorunda olan bir ekibe karşı kazanabilirdik; böyle olmasına rağmen kaybettik. Takım parçalara ayrılıyordu. Kesinlikle bu Arda'nın teselli bulamayacağı maçlardan bir tanesiydi. Öyle ki onun 83. dakikada yaptığı, kendi hatasından kaynaklanan bir pozisyonda mağlubiyet geliyordu. Karşılaşma 2-2 berabere gidiyordu. Sonra Domínguez'in talihsiz golü gelmişti.

Arda, son derece yaratıcı olan oyuncuların, iyi savunma anlayışında nadiren yapacağı bir şey yapıyordu, Diego Castro'nun yakından Courtois'e çekmek istediği şutu engelleme şevkiyle. Mesafe ve güç ayarı yapmadan çime atlıyor, rakibin açık biçimde yuvarlanmasına neden oluyor ve böylece yeni bir yenilgiyi getiren penaltıya meydan veriyordu.

Bu sevimli Türk, son derece üzgün gözüküyordu, bunu kafasından atamıyordu ve Manzano'nun bizzat bana anlattığı gibi Madrid'e dönüş yolculuğunda otobüste, ayağa kalkıyor, teknik ekibin bulunduğu yere yaklaşıyor ve açık olmayan bir İspanyolcayla, defalarca tekrarlayarak, hatasından dolayı özür diliyordu.

Böyledir güzel çocuk Arda. Bir yenilginin kabahatini, kıyısından değil, maksimum düzeyde kendine mal ediyordu. Ne kadar çok etkilendi ki bu soylu davranıştan dolayı Manzano, benimle olan ilk konuşmasında bunu anlatıverdi.

Bu durumdan üç gün önce, kötü sonuçlardan oluşan tünelin sonuna geldiğimizi düşünmüştük, Udinese, Avrupa Ligi dördüncü hafta maçında Vicente Calderón'u ziyaret ettiğinde. Bir futbol şöleni ve goller getirmişti o karşılaşma (4-0). Arda, Diego ve Falcao, her zaman Falcao, birlikte asla üst düzeyde bir maçı pamuk ipliğine bağlamazlar. Oyun 3-0'dır; futbol okullarında, basitçe, pas vermeyi öğretmek için gösterilen bir ders: "Diego, ayağına yapışmışçasına topla içeri doğru ilerliyor, net bir biçimde Falcao'nun içeride olduğunu görüyor ve ölçülü bir pas, Radamel Adrián'a aktarıyor, bir boğa güreşçisinin topuğuyla ve Asturias'lı golle karşı karşıya kalıveriyordu. O ise kaleciyi çaresiz bırakacak vuruşu yapmaktansa, aldatıcı bir hareketle, topu sol tarafa Diego'nun bulunduğu yere bırakıyordu ve evet o anda, kale boştu. Dakikalar sadece 36'yı gösteriyordu ve maçın üçüncü golü gelmişti. Koskoca sezonda hiçbir takım Udinese'ye 3 gol atmayı başaramamıştı ve Atlético Madrid, yarım saatten daha az bir sürede bunları hanesine yazdırmıştı.

İkinci yarıda hâlâ dördüncü gelmemişti. Sonra Falcao takımını dördüncü gole ulaştırdı. O gün üst düzey bir perşembe akşamı oldu ve sonrasındaki pazar günü bahsettiğimiz Getafe maçı oynandı. Bu takım bizi çok şaşırtıyordu ve genelde de tatmin edici değildi.

"Hiçbir açıklaması yok. Bu, bütünüyle bir felaket. Üç günde ortaya çıkan buradaki bu başkalaşımı açıklayabilecek bir kelime bulamıyorum. Böylesi mümkün değil, büyük bir yoğunlaşmaya sahip olan ve kendi stadında iyi top oynayan takımın bugününü açıklayamıyorum. Önde olmamızı sağlayan gole ulaştığımızda, anlaşılamayan biçimde, maçı götüremiyoruz," yorumunu yapıyordu Manzano basın toplantısında. Ve ekliyordu: "Yukarı doğru tırmanmamızı sağlayacak biricik fırsatı kaçırdık."

Bu, bütün futbolculara yönelik bir mesajdır, büyük bir takımın formasını taşıdıklarını, oyunun her aksiyonunda canlarını dişlerine takmaları gerektiğini anlamaları adına. Aldığınızda, kaçmaktan, görmezden gelmekten kurtulamayacağınız bir ileti.

Bu evde bu durum daha fazla devam etmemeli, yaşanan en iyi örnektir, bugünü kurtarmak adına. Daha uzun bir yol var; fakat günümüz futbolunda siz asılmaz, ihtiyaç olan yoğunlaşmayı göstermezseniz, bu yeterince konsantre olamadığınıza işarettir ve bir gerilimdir. Bu hiçbir şekilde devam edilemeyecek bir yolda olduklarını görmelerini sağlayan zaman dilimini yansıtıyordu.

Sonuç: Bunlar kulübün cesaretlenmesini sağladı, Arda'nın takımdaki ilk aylarında.

İnsanlar, Türk futbolcunun performansından memnunlardı, ne var ki elde edilen sonuçlar ve kocaman beklentiler, er ya da geç antrenörün sonunu hazırlıyordu. Bu duygular kesin olarak aşılabilirdi, bir zaferle, bir sonraki çıkışta.

Bernabéu, Arda'yı ve onun arkadaşlarını bekliyordu. Hepimiz iyi bir maç olacağını düşünüyorduk, takımın bu değişken gidişini düzeltecek; ama gerçeği söylemek gerekirse, kimse yeterince emin değildi, içeride, Vicente Calderón'un sıcak mı sıcak atmosferinde oynanan oyunların iyi anlarının (az bulunan) burada da üretileceğinden. Gerçeğin bir parçasından bahsediyorum. Tam olarak takımın karakter ve kişiliğini konuşmuyorum. Chamartín'e yapılan bu ziyaretten iyi bir şeyler çıkacağa benzemiyordu.

Durum böyleyken derbi geliyordu; öncesinde Levante, Calderón'u ziyaret etti. Bir kez daha kötü ötesi bir maç olmasına rağmen, Atlético galibiyete ulaşıyor, Arda bize o yılki en iyi performansını gösteriyordu. Maç 1-1 berabere durumdayken, ikinci yarıdayız, bir kez daha sinir dalgası tribünleri ele geçiriyordu. İşlerin kötü gitmesini düşünmek gibi bir şey yoktu, sezonun bu evresinde kötüye gidiş, herkesin, sürekli bir kötü gidişin olacağı yönünde ikna olmasına neden olacak ve her şey çok daha beter bir renge bürünecekti. Fakat Arda gibi dâhiler, bu gibi durumlara isyan etmeye çalışırlar. Mümkün olan saf bir futbolu ortaya koyarlar, bu koşulları ortadan kaldırmak için.

Arda o gün bir kez daha takımını ayağa kaldırdı. Sağ kanatta, mükemmel bir oyun kuruyordu, Adrián'ın ikinci golü atmasına hizmet edecek. Ortaya harika bir kesmeden sonra, Adrián sadece kafayla dokunmak zorundaydı, skoru 2-1 yapmak için.

Sonuç itibariyle o gün karşılaşma 3-2 kazanılmıştı; ama ortaya çıkan veriler yeterince gelişim sağlanmadığını gösteriyordu.

Arda çok iyiydi, Diego da öyle... Adrián ve Falcao da iyiydiler; ne var ki takımın işleyişi ölümcüldü.

Gol pozisyonu oluşturamıyor, bireysel parlamaların ötesinde, yeterince gol üretemiyordu.

O gün, galibiyete karşın insanlar, Calderón'dan memnun ayrılmadılar. Mırıldanmalar devam ediyor, taraftarlar Bernabéu'da bir yıkıma uğrama endişesi yaşıyorlardı.

Nedenlerimiz vardı, takım Barselona'da çıkış yollarını bulamamıştı, Valencia ya da Bilbao'da da... Bu şu demekti, çıktığımız hiçbir karşılaşma ondan önceki maçlarımızdan daha zor değildi.

Bloglar, Atlético'yu takip eden sosyal ağlar, her seferinde takıma karşı daha fazla ateş püskürüyordu.

İlk derbisi

"Real Madrid'e gitmektense, Atlético Madrid'i tercih ederim."
Böyle hatırlanıyordu Arda Turan, Atlético Madrid'le sözleşme imzalamak için Barajas Havalimanı'na indiğinde yaptığı açıklama nedeniyle.

Bu tip bir açıklama, çok fazla önem atfedilmemesi gereken türdendir; güneşe yarım kadeh kaldırmaktır. (Bu deyim İspanya'da sözü söyleyenin söylediğine kendisinin de inanmadığını anlatmak için kullanılır.)

"Buraya geldim, iyi başlayacağım..." demek yarım biçimde. Ancak bu ikinci bir şekilde daha okunmalı: Oyuncu bilgilendiriliyor, bunu söylüyor; çünkü nereye geldiğini biliyor ve hâlâ gerçek bir Atlético'lu olmadı, bu tür bir beyanla, dolaylı olarak rakibin kim olduğunu, bu yuvalarda hangi maçın en önemlisi olduğunu çok iyi bildiğini aktarıyor.

Bunu söylemenin, pek çok kişi tarafından, tam bir demagojiden ibaret olduğu düşünülür (ben de böyle bir düşünceye sahibim), bir şekilde ona ima edilmiş olabilir, o da bu tür sözlerin bu yerde ne ifade ettiğini bilerek söylüyor olabilir ve bir biçimde, onunla konuşabileceğimiz bir şeyi aktarmaktır bu. Sonra, bunu (farkındalığı) kesin olarak göstermek gerekiyor ve ayrıca bu tür bir açıklama gurur vericidir; diğerleri ise utanç verici...

Sonuçta, biz bir gizi hatırlıyoruz, "bir yere ait olmayan" Marcelo Sosa (Bir adam, siyahtı da kendini sarışın mı yaptı ya da sarışındı da kendini siyaha mı boyadığını hiç bilmediğimiz.) bir derbi öncesindeyken, yetenekleriyle ilgili kuşku içerisinde olan taraftarı kazanmak istiyordu ve o tam bir boşboğazlık yaptı: "Onlar (Real Madridli futbolcular), daha önce yaptıklarını yapmaya yeltenip bizi aşağılayarak oynamaya kalkarlarsa ben onları güzel tekmelerle aşağıya indireceğim."

Bu bize 10 derbi kaybetmiş gibi utanç verdi. Hiç konuşmaması gereken oyuncular vardır. Sosa'nınki böyle bir mesele değildir, zira o asla bir oyuncu olmadı; ama herhangi bir durum içerisinde o sesini kesmeliydi.

Bu sefer olmuyordu. Çok ama çok önemli bir eksiklikti Radamel Falcao, sakatlığı nedeniyle oynayamıyordu. (Antonio López, Silvio ve Tiago takıma katıldılar.) Atlético maçın başlarında, Adrián'ın harika golüyle, 15. dakikada öne geçmeyi başardı. İyiydi, buraya kadar bir tuhaflık yoktu.

Bu bir alışkanlıktı, pek çok derbide öne geçen taraf oluyorduk, Santiago Bernabéu'dakiler de dahil.

Bu kutsal planın içinde olan bir şeydi. Fakat oradan itibaren de pek çok şey lehimize işlememeye başlardı. Eğer Arda bunu bilmiyorsa, çabucak bilgi sahibi olacaktı. Dakika 24'tü ve penaltı olmuştu (doğruydu), ayrıca Courtois atılıyordu. Diego Ribas çıkıyor, yerine Asenjo (yedek kaleci) giriyordu. (Neden Tanrım? Neden!) Besbelliydi, 1-1. Cristiano yavaş gösterimde attı, iki kere "durarak", bizim sevgili Sergio Asenjo, bunu sezinleyemedi. Marcelo, Cristiano ve Pepe, birlikte bu gafı kutladılar.

Bu sefer sıra, atlamaya dayanan bir çeşit dansa gelmişti. Zıplayarak kutluyorlardı golü.

Bundan sonra çok kez olacaktı. Devre arasına beraberlikle gitmemize rağmen, öyle ki hesabımıza yüklenen sarı kartlar, bu hesabı ödememizi daha fazla uzatamayacaktı. İkinci yarının 8. dakikasında, Cristiano sol taraftan topu sürerek geliyordu, arkaya doğru ortaladı ve ne Domínguez ne de Filipe Luis yetişebildiler; Di Maria da boş kaleye topu gönderdi. "Boş kaleye mi baba?" "Evet oğlum, evet." "Peki Asenjo neredeydi baba?" "Yarın bunu anlatırım oğlum." "Tamam baba." "Seni seviyorum oğlum." Şey, bu 2-1 olduğu anlamına geliyor.

65. dakikada Asenjo, bizi Barselona'yı sürklase ettiğimiz anı hatırlamaya sevk etti. Kuşkusuz bu gelecek onundu. Godín. Arkadan gelen uzun top, vücudunu top ve kariyer ismi olan "Pipita" –kaleci Asenjo– arasına koyuyor, Arjantinli forvet (Higuaín) yetişmeden önce, kalecisi için sağlıklı bir avantaj sağlama çabasından ibarettir yaptığı. Asenjo her zaman çok dikkatlidir, ne çıkar, ne girer, ne gider, ne gelir; hepsinin tersidir yaptığı. Arjantinli, stoper ve kaleciye katılır, cüzdanı çalmak için, Palentino'luyu (kalecinin şehri) yere serer, golü atar: 3-1.

Arda, hiçbir şey anlamamışçasına olanlara bakıyordu.

Dakika 81, Perea penaltı yapıyor. Godín'i ıslıklıyorlar. Penaltı ve oyundan atılmak sonraki maça hazırlanmaya gitmek için. Asenjo bu defa (yemin ediyorum, orada kameralar vardı) kımıldamadı bile. Ayaklarını açmadı. Arda, artık kulübedeydi, çünkü dakikalar önce yerini Reyes'e bırakmıştı.

Şöyle düşünüyor olmalıydı: "Eğer bu tip, bir Fenerbahçe-Galatasaray maçında bunu yapsaydı, üç ay sokağa çıkamazdı."

Bizim Türk özellikle çok parlak bir performans göstermemişti; ama ataklara yardım konusunda daha yaratıcı olmuştu. Lass'la (Lassana Diarra, Real Madrid'in eski oyuncusu) çok sert mücadelelere girdi, maç içerisinde sürekli olarak onunla karşı karşıya geliyordu. Bununla ilgili bir eşitliğin olduğunu söyleyebiliriz; onların kişisel düellosunda pek çok vesileyle ona üstünlük sağlayabiliyordu, ancak diğer pek çoğunu da Fransız kazanmıştı. Kontrolü de elden bırakmamıştı ve çalımları vitrinlikti, bununla birlikte, büyük bir performans için bunların yeterli olduğunu söyleyemezdik.

Bunun yanı sıra 26. dakikada, Ángel Di María'ya yaptığı sert hareket, sezonun beşinci sarı kartını görmesine neden oluyordu; bu nedenle, bir sonraki hafta Rayo Vallecano maçında oynayamayacaktı. Dakikalar 76'yı gösterdiğinde ise yerini José Antonio Reyes'e bırakıyordu, oyundan çıkarken gösterdiği reaksiyon ise, sonraki günlerde Atlético'luların bazı eleştirilerine maruz kalmasına neden oluyordu. Oyun alanını yürüyerek tek etti, bu, o andaki skorun (3-1) verdiği büyük rahatsızlıktan kaynaklandı.

Arda'nın ilk derbisi bu şekilde sonuçlandı. Sonuç 4-1'di ve iki kırmızı kart vardı. Biz avantajı yakaladık; ne var ki güzellik oraya kadardı.

Real Madrid sıralarında, sertlikten fazlaca yakınmalar oldu. Onlara göre, Atlético maç boyunca sert oynadı. Bu konuyu birkaç gün daha sürdürdüler; çünkü sonraki salı, Cristiano Ronaldo ve Enrique Cerezo (Atlético Madrid'in başkanı) *AS* gazetesinin yılın ödülleri galasında karşılaştılar.

Orada Atlético Madrid'in başkanı ile Real Madrid'in oyuncusuna aynı masayı verdiler!

Cristiano'nun, Perea'nın tekmesi nedeniyle hafif bir sakatlığı vardı. Zaten oturmuştu ve Cerezo'nun gelmesini bekliyordu. Gergin bir ifadeyle karşıladı onu. Cerezo masaya yerleştikten sonra, Cristiano'nun atışlara başlaması çok zaman almadı. "Tekmeler için bir bütçeniz vardır herhalde?" Bu ifadeye belirgin bir mimik eşlik ediyordu, iğneleyici bir söz söylediğini sembolize etmeye yeltenen. Cerezo, bu yollardan çok geçmiştir, ona çabucak cevap verdi: "Siz de tekme attınız." anında Fernández Tapias araya giriyor, Real Madrid'in ikinci başkanı, tartışmaya müdahil oluyor: "Biz tekme atmadık". Cerezo, yağmuru dinleyen biri gibi, sıralamaya devam ediyor: "Pepe, Carvalho, Ramos ve kısa, çok saçlı olan... bu küçük boylu, saçları böyle olan (eliyle canlandırarak, çok saçı olan –bonus kafa– oyuncuyu, Marcelo'yu kastediyor)." Birileri onu işaret etti. "O... Marcelo." Koltuğunu gösterdi (Marcelo'nun oturduğu yeri). "Dünyanın en iyi futbolcularından bahsediyor," diyerek tartışmaya yeniden dahil oldu Cristiano.

Asla son bulmayacak bir savaşın külleri. Atlético ve Real. Real ve Atlético.

Arda, Fenerbahçe-Galatasaray çekişmesinden geliyordu, korku hissetmiyordu. Daha çok keyif alacaktı. Hâlâ ne kadar olduğunu hayal edemiyor...

İlk goller ve Manzano'nun gönderilişi

Derbinin ağzımızda bıraktığı acı tattan sonra, geçici tedbirler vardır; bizim moralimiz için, az çok yaralayıcı olan sataşmalara karşı, işte, okulda ve devamında...

Biz Atlético'lular yürekliyizdir, kolay olanın semtinden hiç geçmeyiz. Biz evcilleştirilemeyiz. Kısa bir süre için dağılabiliriz; ancak asla gitmeyiz. Geçmişi neşeyle anarız ve geleceği arzuyla kucaklarız, var olan zorlukları aşmak için. Bu hep böyle olmuştur.

Evet, Real Madrid'e karşı kaybettik, fakat Avrupa Ligi geliyordu ve başka yol yoktu.

Celtic Park, Arda Turan'ın Atlético Madrid'deki ilk golüne sahne oluyordu. Bununla birlikte sezonun ilk deplasman galibiyetine sıra gelmişti. (Avrupa Ligi ön eleme turunda elde edilenler hariç.)

Gerçek şu ki başarılı orta saha oyuncusu çok iyi bir sahne seçmişti gala yapmak için: Bir Avrupa maçı, turu geçmek adına kilit nitelikte, tarihsel bir rakip, tarih dolu, efsanevi bir stadyum, maçların eşsiz atmosferiyle sarmalanmış, *"You'll never walk alone."* Hayır, kötü bir yer değildi. Hatta biz geçmişten gelen bir iştahla gidiyorduk oraya.

"Daha fazla şut çekmelisin." Fatih Terim'in Arda'ya verdiği bu direktif, öncesinde hatırlatıyorduk, Arda'nın Glasgow'da hatırında tuttuğu bir hisse dönüştü.

Takımın en çok ihtiyaç duyduğu anda kaliteli bir şut geliyordu, zira bu zafer takımın matematiksel olarak, Avrupa Ligi'nde ilk 16'ya kalmasını ifade ediyor ve tabii ki bir parça dinginlik sağlıyordu, en azından Avrupa yarışmasında.

Arda'nın Atlético Madrid'de attığı ilk gol geldiğinde, takım çok kötü gidiyordu, Salvio'nun gol için pek çok fırsat yakaladığı, umut veren bir başlangıcın ardından sonuca ulaşılamıyordu.

Arjantinlinin hatalarından sonra (bazen onu "Totistas" ismiyle çağırmak çok zor olur), Celtic, bu yolla kendini yeniliyor, daha ötesinde, tam kuvvet, dörtnala gidiyordu ve Yunan gücü Giorgios Samaras, ileri uçtaki öncelikli kozu oluyordu.

Ve sonra o yetişti; Bayrampaşa'nın dâhisi, Fatih Terim'e bir gülücük armağan etmek için... Terim öğrencisini izliyordu.

Dakika 29 olduğunda, kaçırılan bir topu kaptı, Diego'nun kullandığı korner sonrasında ve ceza sahasının metrelerce uzağından... sağ ayağını açarak, olağanüstü teknik bir beceriyle, mükemmel biçimde topu kontrolü altına aldı ve çok sert bir şut çekti, top pek çok oyuncunun arasında kayan bir düzlem oluşturdu, bunun karşısında Fraser Forster kurtarmak adına hiçbir şey yapamadı, iki metreyi aşan boyuna karşın. Böylece ceza sahasının dışından atılan gol, büyük bir galibiyet getirdi.

El Turco, Atlético'daki hesabını açmıştı.

Fakat Glasgow'daki bu zafer, iki tarafın ilan ettiği karşılıklı bir ateşkes gibi oldu. En derinde her şeyin sonuna geldiklerini biliyorlardı. Artık sırt sırta verip uyumak fazla gelmişti. Birbirlerini yeterince sırtlayamıyorlardı. Mutfaktan ellerini çektiler. Bir gece aniden, doğal bir kuvvetle, yeniden bir araya geldiler; ama bu savaşın ileri aşamalarına geçmeden önce, Noel arifesinde, ordulara verilen bir ateşkes emrinden fazlası değildi.

Glasgow'da parlayan bir yıldız; ancak takım kötü gidiyordu. Gerçekten kötü.

Rayo'yu mağlup etti. (Arda'sız. Gördüğü beşinci sarı kart nedeniyle. Beşincisini Bernabéu'da gördü.) Fakat saçma sapan bir suç işlenmişti Barselona'da, Espanyol karşısında; 4-2 mağlup oldular. Bir kez daha takımın, dış saha maçlarında yeterince varlık gösteremediği gerçeğiyle karşı karşıya kaldık.

Fakat, bu maçların içerisinde en büyük komedi, bir ikinci lig takımı olan Albacete'ye karşı, Copa del Rey'de (Kral Kupası), Carlos Belmonte Stadı'nda kaybedilmesiyle (2-1) yaşandı.

Son noktaya gelinmişti ve herkes er ya da geç antrenörün gönderileceğine ikna olmuştu.

Barselona'daki maçta, kesinlikle, çamura dönen oyunda (Dakika yedi olduğunda 2-0 geriye düşüyorduk. Verdú'nun attığı iki gol sonrasında ve 19. dakikada durum 3-0 oluyordu.) Arda hanesine yazdırdığı gollerle İspanya Ligi'nde sahneye çıkıyordu. Dakikalar 82'yi gösteriyordu, Atlético 4-1 gerideydi. Arda önde topu kontrol etti ve bir vole çaktı (gizlice), ikinci bir şans tanımadan kaleci Cristian Álvarez'in sağ tarafına gönderdi. Fakat, La Liga'daki ilk golünün sevinci, ortaya çıkan feci sonuç sebebiyle içinde kalmış olmalı. Maç tamamlandığında Atlético, deplasmanlarda alabileceği 21 olası puandan sadece birine ulaşabiliyordu. Granada'da alınan onursuz bir beraberlik, hasadın tamamıydı. Gregorio Manzano kapıyı açmıştı bile...

Sınırdaki iki maçta ikide iki olmuştu, eğer mevcut durumda bazı şeyleri değiştiriyorsa.

İki maç sadece yeniden mağlubiyetler yaşanmasına hizmet etti. Ligde Betis'e karşı (2-0), hoş olmayan bir yenilik şimdi de evde bir maçı kaybediyorduk ve gülünç biçimde sonuçlanan Kral Kupası maçı (0-1, Vicente Calderón'da, Albacete'ye karşı), bu şekilde elenildi mütevazı mı mütevazı bir ikinci lig takımına.

Bu durum daha fazlasına izin vermiyordu ve antrenörün gönderilmesinden başka çıkış yolu yoktu.

Manzano, kesinlikle bu durumun tek suçlusu değildi. Fakat bu gibi durumlarda ve bu kadar dinamik biçimde kaybedeni değiştirme ihtiyacı doğduğunda, zaten bilinen, her zaman antrenörün baskın yemeye daha yakın olduğudur. Genellikle oyuncular da olurdu; yüksek düzeyde...

Ve Manzanares'e destek olan halk, o soğuk aralık gecesinde, gerçeği bu şekilde aktardıklarında öfke ve hayal kırıklığıyla doluydular; yaralayıcı bağırmalar başladı: "Oyuncular, paralı askerler!" Ve daha az yıkıcı olmayan: "Bu formayı hak etmiyorsunuz!"

Manzano da payını aldı; o da tam anlamıyla bu durumun kurbanlarından biri olmaktan kurtulamadı.

Kişi olarak onun üzerindeki iddia asla bütünü göstermez; ne var ki daha iyi olan, isminde fikir birliğine varılmış bir aday olmalıydı; bu hoşlanılmayan biri olmamalıydı. İsmi kulüp içerisinde hiç kimseyi ikna etmeyen biri de olmamalıydı.

Gil Marín'in adayı Luis Enrique, Cerezo'nunki ise Caparrós'tu ve ulaşılması imkânsız olan bir anlaşma karşısında, ikinci bir şans vermeyi uygun buldular, kulüpte yıllar boyunca, adaletsiz davranışlara maruz kaldığı duygusuyla anılan bu adama (muhtemelen olmuştu), gönderildiği ilk döneminden sonra.

Fakat bunlar kimsenin bahis yolu olamazdı. Yeni proje böyle başlamıyordu. Fikir birliği içerisinde alınan karar kimseyi tatmin etmiyordu.

Bunlardan dolayı, ciddi biçimde, bir bahsi göze alamazsınız; sadece tazmin etmek söz konusu olabilir, yıllar önce bir haksızlığın olduğuna inanıyorsanız. Bu bir durumu yamamaktan fazla bir şey değildir.

Öngörülebilir olan gerçekleşti, hiçbir şey iyi gitmedi ve Manzano gönderildi.

Böylece Atlético Madrid, Arda'nın İspanya'ya gelişinden sonra ilk antrenör olan Manzano'yla başlattığı projesine son noktayı koyuyordu.

Onun kişisel seviyesi açısından süreç kötü ilerlemiyordu; çünkü arzu edilen nitelikte bir oyuncu olmuş ve kırmızı beyazlı tribünlerin ilgisini kazanmıştı; ancak sportif sonuçlar açıkçası çok kötüydü.

Şimdi ne olabilirdi? Manzano'ya verildiği gibi bir şans yeni antrenöre verilebilecek miydi?

Manzano'nun getirdiği tasarı ve sahip oldukları, Arda'nın oyununu iyileştirmişti. Gelirken zaten sahip olduğu şeyler miydi? Bunlar 2011'in son haftasının bilinmeyenleriydi.

Yeni gelen biri için yeterliydi.

Arda'nın İspanya macerası, geleceğe bağlı olarak çözülebilecek temel bir kavşağa ulaşıyordu.

Hızır gibi bir adam:
Diego Pablo Simeone

Atlético'lular olarak belirli bir tür egzersiz yöntemine sahibizdir. Biz, atak olan yönümüzü anlayamayız; bir sempatizan ya da aşağı yukarı, yoğunlaşmış bir taraftar olarak.

Karaktere göre bazı renkler vardır. Bizim için Atlético'lu olmak, dünyada bir var olma yöntemidir, kendimizi anlatmaktır. Bu benim bir estetik ve ahlaki duruşu söylemeye cesaret etmemi anlatır. Bazı şeyler futbolun kendisini çok aşar. Hissedilen veya anlaşılamayan...

Simeone bunu hep anladı. Bir futbolcu olarak stada adım attığı ilk günden bu yana, tribünlerle özdeşleşti, kulüple, kulübün tarihiyle, kırmızı beyaz hayat içerisinde gördüğü her şeyle özdeşleşti.

Bu genellikle hiç olmaz. Neredeyse ne futbolcularla ne de antrenörlerle... Bu nadide bir fenomendir, bir karışım meydana getirmektir, belirli isimlerin tribünlerdeki kolektif imgelemin parçası olduğunda.

Diego Pablo Simeone, el "Cholo" Simeone her zaman oradaydı.

O bir adamdı. Er ya da geç olmak zorundaydı. Eksik olan tek şey uygun zamanda buluşmaktı. Eninde sonunda olacağını bildiğimiz hayattaki diğer pek çok şey gibi...

Zamanı gelmişti. Diego Pablo Simeone, Atlético'yu çalıştırıyordu.

El Cholo, Arda Turan'ın hayatına geliyordu.

"Oyuncu olarak dönemimi tamamladım. Bugün antrenör olarak, başka bir sorumlulukla geldim. Atlético Madrid'in gereksinimlerini biliyorum. Korkmuyorum. Ortaya çıkan bütün zor koşulları göğüslemek adına büyük bir heyecana sahibim. Bu kez biraz fazla... Biz buradayız, her zaman sahip olduklarımızı biraz düzeltmek için," dedi Simeone tanıtım toplantısında.

Final cümlesinin sonu –her zaman sahip olduklarımızı– zaten Cholo'nun bu evi tanıdığını, bu kulübün tarihini bildiğini gösteriyor, kendisiyle ilgili beklentilerin farkında olduğunu da kanıtlıyordu. Bunu defalarca kez ispatlamıştı tarzıyla ve bu formayla özdeşleşerek: "Biz hücum yapan bir ekibi severiz, güçlü bir takım, savaşa hazır, reaksiyon gösteren... Biz bu şanlı formayla Atlético'lularla özdeşleşmeyi başardık."

Cholo (Simeone'nin lakabı), gördüğümüz gibi, bu konuda son derece nettir.

Kesinlikle; onun tarzıyla ilgili bu son mesajın Arda'yı kaygılandırabileceği olasılığını düşünebiliriz.

Arda, tam olarak, kontratak oyununa uygun bir futbolcu olarak gözükmüyordu. Fakat iyi olanlar her zaman birlikte yaşar. Ve Arda çok iyidir; size bunu söylüyordum değil mi?

Herkes onun gelişini, büyük beklentiler ve heyecanla karşıladı. Yönetim, onunla ilgili çok netti. Oyuncular saygı duyuyorlardı, futbolculuğunda bu kulübün efsanesi olduğunu bildikleri bu adama. (Bazı şeyler hep yukarıda durur, soyunma odasında saygınlık kazanmak için.)

Ve taraftar...

Evet, taraftar, basitçe, kendilerinden olan birinin geldiğini biliyordu.

Fakat Arda ne düşünüyordu teknik direktörü hakkında? Simeone'den çok farklı bir antrenör olan Manzano'nun elinden geçtikten sonra. El Turco ikisi arasında nasıl bir farklılık gösteriyordu?

"Manzano çok iyi bir insandı ve bu kulübün ne olduğunu çok iyi biçimde anlamamı sağladı. Onun için kolay değildi, yıllarca dışarıda kaldıktan sonra aynı kulübe dönmek. Fakat ben altı ay içerisinde adapte olduğumu hissettim. Sonra Cholo geldi. Soyunma odasında kazandığımızı, sahada kaybetmememiz gerektiğini onunla daha fazla idrak ettik. Aynı şeydi bir dostluk maçı oynamakla Şampiyonlar Ligi maçı oynamak. Cholo inanılmaz bir antrenördür. İki ya da üç yıl içerisinde, tecrübeyle, dünyanın en iyi antrenörü olacak." Bu şekilde açıklıyordu düşüncelerini orta saha oyuncusu *Líbero* dergisine verdiği röportajda.

Simeone de geldiği günden bu yana Arda'ya yönelik destek ve hayranlık açıklamaları yapıyordu. Arda'nın Atlético'nun anahtar niteliğindeki parçalarından bir tanesi olduğunu düşünüyordu: "Arda sahip olduğumuz en iyi oyunculardan biridir. Yaptıklarıyla bunu sahada gösteriyor. Bunları göstermek gerekir: adanmışlık, bütünleşme, cesaret, aidiyet, oyun... Arda'da bunların olduğunu düşünüyorum."

Şüphesiz, Cholo'nun gelişiyle bazı şeyler Arda için kolay olmadı.

Simeone, ilk maçında, Málaga'ya karşı Arda'ya 11'de yer vermedi. Sakatlık yoktu, istenmeyen bir rahatsızlık ya da arka arkaya gelen önemli maçlardan kaynaklanan bir dinlendirme ihtiyacı da... Farklı bir neden de yoktu, yıldızlardan birinin yedek kulübesinde kalması adına. Basit biçimde olan şuydu: Simeone, Arda'nın o hafta yeterli yoğunlukta antrenman yaptığını düşünmüyordu. Bu sebeple Arda kulübede oturdu La Rosaleda'da. Toto Salvio oynadı. Arda, tam olarak 68. dakikaya kadar kenardaydı. Sonra Salvio'nun yerine girdi.

Cholo'nun ilk maçı 0-0 tamamlandı. Yani, önceki maçlara oranla, dış sahada fazla puan toplanıyordu. Ayrıca, daha sert ve ciddi bir Atlético görülmeye başlanmıştı, daha zorlu bir takıma dönüşünceye kadar devam edecek olan (o akşam 5 sarı kart görmüşlerdi); bu görüntü taraftar arasında iyimser bir kıvılcım oluşturdu.

İyimserlik, devamındaki üç maçta da cevap buldu. Arka arkaya üç galibiyet geldi. (Villarreal'e karşı 3-0, Anoeta'da 0-4 ve Pamplona'da 0-1). İkisi evden uzaktaydı. İki saha geleneksel olarak çok zordur Atlético için Anoeta ve El Sadar gibi.

Ayrıca, Simeone geldiğinden bu yana takım ligde gol yememişti.

Kesinlikle zaman değişiyordu.

Ya Arda? Cevap verdi mi Málaga'daki o ilk yedek kalışına? Hiçbir şekilde. El Turco, mükemmelliği içeren mesajı anlıyor ve antrenmanlarda ritmini yukarı taşıyordu. Tekrar yedek kalamayacaktı. Ve bu olmadı.

Sonraki maçtan itibaren, Villarreal'e karşı, as takımdaki yerini sağlamlaştırdı ve daha fazla 11 dışında kalmadı. Orası öyle; ama zorlayıcı nedenlere rağmen 90 dakikaları da tamamlayamadı; çünkü alışılmış olarak 65 ve 75. dakikalar arasında yerini, sıklıkla, Eduardo Salvio'ya bıraktı.

Kesinlikle, merak uyandıran bir not düştü Cholo Simeone; Málaga'ya karşı yapılacak, o ilk maç öncesi antrenmanlarında.

Biz nasıl söyleyebilirdik, Arda'nın o maçta yedekler arasına katılacağını ve karşılaşma öncesinde hafta boyunca Simeone'nin bir gün, bir antrenmanda takımı iki parçaya ayırmaya karar verdiğini, iki farklı çalışma saati belirlediğini. Saat 11'de, maçında ilk takımda yer alacakların çalışması olacak, bu arada yedekler 12'ye kadar gelemeyecek. Arda Turan çok alışkındır takımın ilk 11'inde yer almaya.

O, kalktı ve saat 11'de as takımdakilerle geldi. O anda bilgilendirildi; o aralıkta kendisine antrenman yazılmamıştı. Bir sonraki saatte gelmeliydi.

Arda sinirlenmedi, anorağına sarındı, çalışmaya katılma sırası gelinceye kadar, birlikte antrenman yapacağı arkadaşlarıyla kalmayı tercih etti. Bu ona bir daha olmadı.

Frente[1] Kebap

Arda'ya Madrid'e ayak bastığı ilk andan itibaren yardımcı olan belirli bir grup var, "Frente Kebab" olarak adlandırılıyor. Calderón'daki tüm maçlar ve dışarıdakilerin büyük bir bölümünde, kendilerini Arda'yı takip etmeye ve ona destek olmaya adayan, Madrid'de yaşayan bir grup Türk taraftar.

Filinta ve Ozan'ın başını çektiği takipçilerden oluşan, kendine buluşma merkezi olarak Narváez'deki kebap restoranını belirleyen bir grup. Daha önce bahsetmiştik (bazen Falcao'nun da gittiği yer), Arda'yı neşelendiren, bazen içerisindeki belli sözlerle, Arda'nın sarışın kadınlara geleneksel meylini ifade eden şarkıların çalındığı bir yer. "Senin sonraki sevgilin Paris Hilton!" diyorlardı ona bir kez ve bir kez daha; bazen bu onu gülmeye teşvik ediyordu; fakat bir futbolcunun derindeki çekingenliği de vardı. O utangaç birisidir.

Diğer durumlarda kelimeler fazla duygusal oluyordu: "Biz her zaman seninleyiz ve seni bir kardeş gibi koruruz."

Tüm bu notlar, Cuatro'da çalışan gazeteci Andrés de la Poza'nın bu grubun varlığıyla ilgili yaptığı haber ve grup üyeleriyle gerçekleştirdiği röportaj sonrası ortaya çıktı.

Azar azar güven kazanıyordu, ancak asıl olarak onlara yaklaştığında ve Frente Kebap'ın kapılarını açtığında doğru zamana ulaşmıştı.

---

[1] Frente kelimesi burada kebap restoranının bir buluşma adresi olarak belirlendiğini vurguluyor. Frente Kebap bahsedilen Türk grubun ismi. Atlético Madrid'in en fanatik gruplarından bir tanesine de –Frente Atlético– gönderme yapılarak bulunmuş bir isim.

Andrés, bunu bana dolup boşalan bira bardakları ve mahremiyet çizgisi içerisinde anlatıyordu.

Bu anekdot paha biçilmezdir; tam Türklere özgü:

Filinta bana, bir meşale hazırlamak istediklerini anlattı, bir maç öncesinde takım otobüsünü uğurlamak için. Gerçek şu ki, bu biraz Türklere özgüydü. Meşalelerin olduğu yerde onlar çok neşeleniyorlar. Sonuçta, mantıklı olarak, ne hazırladıklarını görmek için yakınlaşmak istedim. Takım La Finca Hotel'de kamptaydı. Burası Pozuelo de Alarcón'un çok özel bir bölgesiydi. Doğal olarak burada yaşayan insan tipi nedeniyle çok sıkı güvenlik önlemleri vardı. Daha kötüsü, o gün genel grev vardı. Bu bölgede olan bir numaralı şirketlerde güvenlik önlemleri çok daha fazla güçlendirilmişti. Fakat Frente Kebap'ın çocukları, futbolcuları bekleyen takım otobüsüne kadar yaklaştılar. Meşaleleri yakmaya başladılar, bütün bu konulardan uzak biçimde. Polis onları gördü ve hamle yaptı. Onları oradan uzaklaştırıp gözaltına almaya başladı. Neredeyse tutuklanıyorlardı. Ben işlerim için orada bulunuyordum ve koşmaya başladım, yetkililerle konuşmak için. Bu Türklerin art niyet taşımadıklarını ya da gösterici olmadıklarını açıkladım. Onlar basitçe takıma sevgi gösterisinde bulunmak ve Arda'yı desteklemek için oradaydılar. Uzun konuşmaların ardından yetkilileri ikna etmeyi başardım ve onları bırakmaya karar verdiler. O günden beri, onlar için ben Frente Kebap'a gelen birinden daha fazlasıyım, bir kardeşim.

Andrés'in eşsiz bir anısı. Türkler böyledir; böyle insanlardır; bağlı, coşkun, sadık, arkadaşlarına yâren olan.

Üstelik hepsi Galatasaray taraftarı değildi (örneğin Ozan, bir Beşiktaş fanatiğidir); ancak onların bir yurttaşı vardır İspanya'daki bu şampiyonada; bu hepsinin önündedir.

Dolayısıyla onlar Atlético'ludur, Arda Turan'ı tutmaktadırlar. Onlar Frente Kebap'ın takipçileridir.

Andrés'in kendisi, bu bölüme birkaç satırla katkı sunmak istedi. Frente Kebap'ın hayatına nasıl girdiğini ve harika birkaç notu anlattı. İşte buyurun:

FRENTE KEBAP

Onları ilk kez Calderón'un tribünlerinde gördüm. Ben, Deportes Cuatro için çalışıyordum ve üstünde "Los Turcos" (Türkler) yazan bir pankart dikkatimi çekti. Birkaç genç gözlerindeki büyük bir gülümsemeyle bizi, bizim kameramızı selamlıyordu. Kim olduklarını bilmiyordum; ancak karizmatik gözüküyorlardı. Böylece onları tanımak için bir adım attık. Onlar Filinta ve Ozan'dı.

Kişisel olarak Arda'yı tanıyorlardı, Madrid'e geldiğinden bu yana. Arkadaş olmuşlardı ve ondan sonra sürekli Calderón'a onu izlemeye geleceklerdi, ellerindeki pankartla.

"Biz meşaleleri getirmek istiyoruz; fakat burada izin vermiyorlar." Bana dertleniyorlardı.

Sonraki gün orada gördüğümüzle ilgili olarak onları televizyona aldık. Fakat birkaç gün sonra Atocha İstasyonu'nda onları tekrar gördük. Arda takımın geri kalanıyla Ave'ye (İspanya'daki hızlı tren) binmeden önce, çantasına bir kebap koymuşlardı. Turan, kızarıyordu, hazırlamış oldukları bu numara nedeniyle; ancak ağzından kaçmakta olan kahkahayı engelleyemiyordu.

Bu insanlar çok çılgın; ancak esaslıydılar.

Atlético Madrid iyi bir dönemden geçmiyordu. O anda son derece gergin bir atmosfer vardı. Takım Málaga'ya gidiyordu, yeni antrenörünün ilk maçı olacaktı; onlar Arda'nın esaslı besinlere ihtiyacı olduğunu söylüyorlardı. Böylece, ona kebap getirdiler ve noktayı koydular.

Ben ertesi gün Málaga'ya gittim ve tesadüfen onlarla aynı trene bindim. Onlar Ata'yla, Arda'nın kişisel yardımcısıyla seyahat ediyorlardı. Çok ciddi; ama özünde diğerleriyle özdeş bir insandır. Her zaman özenli, her zaman cana yakın, her zaman arkadaş canlısı... Her zaman neşeli, her zaman yardıma hazır...

İlk andan itibaren gelişen büyük bir işbirliği duygusu hissettik. Onlarla konuştuğumda bana kardeşim diye hitap ettiler ve bu beni çok mutlu etti. Birlikte kebap yedik ve Atlético Madrid'in maçını izledik.

Beşiktaş'a karşı yapılan maç günü; hatırlıyorum, Ozan'ın (Beşiktaşlı) kalbi ikiye bölünmüştü; ama onlar için her maç bir bayramdı. Bana Arda'nın futbolu böyle yaşadığını anlattılar. Türkler futbolu nasıl seviyorlar? Tutkuyla, sevinçle, şarkılarla ve eğer izin çıkarsa... meşalelerle! Hayal edebiliyor musunuz? Ben ediyorum.

Neyse ki La Finca'daki meşale konusu en fazla bir hikâye ya da her zaman matrak bir olay olarak hatırımızda kalacak. Aslında Filinta, onları tutuklayacak olan polisle arkadaş olmayı başarmıştı.

Hâlâ bugün bazen onu telefonla aradıklarında, bu Türk onlara aynı şeyi söylüyor: "Elimde bir meşaleyle, nerede olduğumu bilmiyor musun?"

Peki bugün onlar ne yapıyorlar? Ozan, İspanya'da okuyordu 2011-2012'de ve takip eden yıl Türkiye'ye döndü. Filinta, turist rehberi olarak Madrid'de çalışıyordu; Ata'yla çalışmaya başladı Emre (Belözoğlu) Atlético Madrid'e geldiğinde ve şu anda Emre takımda değil; Filinta, Arda için çalışmaya devam ediyor. Ya da Arda'nın dediği gibi: "Ata ve ben Filinta için çalışıyoruz."

Onları ilk kez Calderón'un tribünlerinde gördüm. Bir pankart, üzerinde "Türkler" yazan ve birkaç genç, yüzlerindeki kocaman gülümsemeyle bize selam veren... Hâlâ kim olduklarını bilmiyordum; ama onlar da Arda Turan'dı.

Frente Kebap, Ardaturanizmo'nun temel çekirdeği.

Avrupa rüyası

"Baba, bana bu çok güzel hikâyeyi bir kez daha anlat..." şarkısını söylüyordu usta Ismael Serrano. "Baba bana bir kez daha anlat sizi mutlu eden her şeyi..."
Malum yıl, bildiğimiz gibi, kötü başlıyordu; hatta çok kötü... Fakat aralıkta, çok güçlü bir kasırga ve karizma Arjantin'den gelen, sel olup dolduruyordu kim olduklarını hatırlama ihtiyacı hisseden iyi futbolcuların soyunma odasını.
O zamanda mıydık? Bazı şeyler adına evet. Örneğin Avrupa'daki mücadele zamanındaydık. Manzano'nun takımı Avrupa Ligi'nde iyi bir pozisyon buluyordu (bunu tam olarak kabul etmek gerekir) ve grup aşamasını ilk sırada tamamlayarak tur atlıyordu; bu nedenle bir kez daha bizi Avrupa perşembeleri bekliyordu. Böyle bir ayarlama yapmışlardı. Başka bir Avrupa Ligi gecesi yoktu. Bu ofisten aceleyle çıkmak demekti ya da fakülteden, atölyeden haftanın ortasında; çünkü Atlético Madrid oynuyordu.
Maçların başındaki bu marşlar, sahanın ortasındaki tente (Avrupa Ligi logosunun olduğu, maçtan önce orta sahanın ortasına yayılan plastik afiş), Platini'yi hatırlatır (unutmayız, sevgili)...
Evet atmosfer farklı, daha iyi.
Son 16 turunda İtalyan Lazio bekliyordu; Simeone'nin eski takımlarından. Orada İtalya Ligi şampiyonluğu ve İtalya Kupası'nı kazanmıştı. Olímpico'da (Lazio'nun maçlarını yaptığı stat) Diego Pablo Simeone, tam bir idoldü. Bu nedenden ötürü, maçtan önce aynı oyun alanı içerisinde ona özel bir ihtimam gösterildi. Hakkı teslim edildi. Alkış fırtınası koptu Simeone için ve oyuna geçildi.
Büyük bir Atlético, çok üstün, Klose'nin attığı ilk gole rağmen maçı çevirmeyi bildi. Fantastik bir skorla karşılaşmayı ta-

mamlayarak yüzünü rövanşa çevirdi. Zafer, ikisini Falcao'nun, birini de Adrián'ın attığı golle, 3-1'le geldi. Bu, Arda'nın dinlendirildiği bir karşılaşma oldu. Sadece 20 dakika oynadı. 72. dakikada Diego'nun yerine girdi; zaten maçın hükmü verilmişti.

Arda, rövanş maçında da yedekti; turun büyük ölçüde gelmesi nedeniyle. Bu seviyelerde, ilk maçtaki skor oldukça yeterliydi turun renginin belli olması adına. Yalnızca yarım saat oynadı, Juanfran'ın yerine girerek, karşılaşma, Godín'in golüyle rayına oturduğunda.

Sonunda, Calderón'un tribünleri yeni bir golle daha dalgalanmadı ve 1-0'la takım bir üst tura kalmayı başardı. İki maç sonunda 4-1'lik bir genel skor ortaya çıktı ve ilk 8'in kapısı açıldı.

Orada özel bir durum Arda'yı bekliyordu. Rövanş Türkiye'deydi; onun şehrinde, İstanbul'da. Ağır bir eşleşme, ayrıca, bir rekabet; çünkü karşı takım Beşiktaş oluyordu, "onun" Galatasaray'ının en büyük rakiplerinden bir tanesi. Arda, kuşkusuz bu eşleşmenin merkezindeydi ve tüm medya ona dikkat kesiliyordu.

Ne var ki, sağ ayak iç yan bağlarındaki sakatlığı nedeniyle eşleşmenin ilk karşılaşmasını kaçırmak zorunda kalıyordu. Sakatlığı ciddi boyutlarda değildi; ancak yine de, yurttaşlarına karşı yarışmasını engellemesi nedeniyle önemliydi.

Bu önemli eksikliğe karşın Atlético iyi bir sonuç elde etmişti, İstanbul'da, BJK İnönü Stadı'ndaki rövanş öncesinde. Ama Atlético için 3-1'den daha iyi olabilirdi, ilk devre sonunda, Salvio'nun attığı iki gol sayesinde (Kesinlikle ikincisi kaçırılmazdı: Koke'nin mükemmel pası ve Arjantinlinin pürüzsüz yorumu, düz, yumuşak. Üçüncü gol Beşiktaş'ın kendi kalesine attığı goldü.) ilk devre sonunda, soyunma odasına giderken elde edilen 3-0'lık skor.

Fakat, dakika 53'ü gösterdiğinde, bizim eski kaptan, çok sevgili Simão Sabrosa, ceza sahasının dışından esaslı bir gole imza attı; çok sevinmedi; biraz bulanık bir skordu takım yüzünü Türkiye'ye dönüş yolculuğuna çevirdiğinde.

"Ben kendimi çok iyi hissediyorum; Türkiye'ye dönecek olmaktan dolayı mutluyum," diyordu Arda, İstanbul yolculuğu öncesi onu dinlemek isteyen herkese.

Evde, eski Konstantinopolis'te bir gezintiye çıkmayı istemişti. Kendine her zaman sadık kalan bir İstanbul, kendine son derece bağlı olduğunu ortaya koyan o ilk şeyle, Atlético'luların yolculuğunun Atatürk Havalimanı'nda son bulmasıyla karşılaşıldı. Bir grup Beşiktaş taraftarı vardı, ellerindeki korkutucu pankartla; mükemmel bir İspanyolcayla yazılmıştı: "SİZ ŞANSLISINIZ; YAŞARKEN CEHENNEMLE TANIŞACAKSINIZ; CEHENNEME HOŞ GELDİNİZ." Türkiye, son.

Belki bu en serti oldu, Atlético'ya yardım etmesi gereken bu eşleşmede. Çünkü, evet, pek çok efsane vardır: New York'un timsahları, lağımları; Felipe el Hermoso'nun buzlu suyu, Coca-Cola ve Baileys'in tehlikeleri vb. Ve tüm bunlar bizi eğlendirir barda anlattığımızda. Fakat, bunlardan biri, bu Türk sahalarından bir tanesinde gezmeyi imkânsızlaştıracak ölçüde uzatılmış ve kabul edilmiştir; öfke ve ateş doludur, tribünlerinden kükürt solunur, kan damlar.

Şey, belki bazen, çokça, böyle değildir gerçek. Ne var ki, bazen, bazı ortak yerleri böyle iri sözlerle yorumlamak kötü değildir.

Gürültü, evet, meşale, çokça, ama yeterlidir. Sonunda bir futbol maçı oynanır ve alışılmış olan çok daha iyi olanın, oldukça kötü olana galip gelmesidir. Ve orada tartışma biter.

Atlético, çok iyi bir Arda'yla (bütün gece ıslıklanan), ki ilk gol öncesinde iştah kabartan bir manevrayla, topu Adrián'a kazandırmayı başardı, İnönü'den geçti, gürültüye direndi, 3-0 kazandı ve turu geçti. Hepsi budur. Diğer konu; devam ediyor olmamızdır. Sonunda Bükreş görünür.

Bu düzeyde bir konu, Calderón'da hararet kazanmamızı sağlıyordu. Final için dört maç vardı; zaten Romanya'nın başkenti (o sezon Avrupa Ligi finali Bükreş'te oynandı) için kimin uçuş takvimi ayarladığı ve olasılıkları planladığı belliydi.

Biz böyleyiz, kolayca tutuşuruz. Fakat sonraki durakta direkt olarak Aşağı Saksonya'dan, Hannover geliyordu, bir Alman ekibi olmasına rağmen ne bir Bayern Münih ne de bir Borussia Dortmund'du.

Asla lezzetli bir yemek değildi.

"Adamlarla kora kor çarpışmak zorundayız," sözleriyle takımını motive ediyordu Simeone. "Maçların yarattığı bir birikim hissedilebilir; ancak arzu, heyecan ve oynanan oyun, bu tip yorgunlukları ortadan kaldırmalıdır," yorumunu yapıyordu, sezonun o bölümündeki fiziksel gereksinimlerle ilgili. Bu sadece maç aralarındaki antrenman günlerinde değil; yolculuklar ve daha çok maçlar için de geçerliydi.

Yoğun maç trafiği Arda'da bir rahatsızlığı tetikliyordu ve bazı kas sakatlıkları oluşuyordu son haftalarda.

Eleme maçı öncesi El Turco nasıldı? Cholo, "Arda iyi. Önemli bir futbol ritmine sahip. Biz küçükten büyüğe doğru ilerledik," tespitini yapıyordu, futbolcunun dakikalarını artırmak adına ortaya koyduğu veriler için.

Mart ayının 29'u, Hannover, Calderón'da belirdi. Atlético, Arda'nın 11'de olduğu (Simeone'nin gözüne çok iyi gözükmüştü; 90 dakika sahada kaldı), Diego'nun sürpriz biçimde ilk takımda yer almadığı maçın ilk bölümünde, Almanlara oranla çok daha iyiydi. Arda ve Koke takımı ileri taşıdı. Adrián bir o yana bir bu yana atılıyordu, Falcao dişlerinin arasındaki bir bıçakla, sürekli tehlike oluşturdu ve Gabi'nin müzikal nitelikteki ortası sonrası 9. dakikada attığı kafa golüyle takımını öne geçirdi.

Orada karşılaşmanın bir gol sağanağına dönüşeceği görüntüsü vardı. Kolay olabilirdi. Fakat hayır, Almanlara karşı asla böyle olmaz. Her şeye hâkim olduğunuz görüntüsü varken, hepsini elinizden kaçırabilirsiniz. Bütün göstergeler maçın 2-0'a doğru gittiğine işaret ederken, karşılaşma birden 1-1'e geldi. Dünya artık çok güzel değildi. Saksonyalılar, Atlético'yu bunaltmışlardı. (Bu bunaltı, rövanşı, neredeyse lehlerine çevirecekleri bir tehditkârlığa dönüşmüştü; ta ki Courtois ikinci golü engelleyinceye kadar.) Tribündeki 40.000 kişinin, Almanlar son derece ilginç bir skoru Saksonya'ya götürürken, Diego Ribas'ın yedek kulübesinde kalmasından hoşnutsuz olduğunu görüyorduk.

Sonra Brezilyalı çıktı ortaya, Arda'yla koordinasyonlu biçimde ve dünya daha iyi bir yer haline geldi; çok daha ilginç ve daha az soğuk. Ancak bir şey yoktu, gol gelmiyordu. Su, su! Salvio sahaya. "Kim, baba?" "Salvio oğlum. Arjantinli." "Tuhaf biçimde koşan?" "O." "Tamam baba." "Seni seviyorum oğlum." Tuhaf biçimde koşan; çünkü uzaktan şut çekmeye odaklıdır; bize etkileyici bir gol izletti ve (sonra buna benzer olanın iç sahada biraz seyrek olduğunu gördük ve onlardan bir tanesi de bir Alman'a aitti) ve ağzımızda güzel bir tat bırakan, minik bir avantajla gittik, kimse bundan bahsetmiyorken. Şöyle ki, büyük bir engelle de karşı karşıyaydık: Arda Turan, sarı kart cezası nedeniyle rövanş maçında oynayamıyordu. Türk oyuncudan yoksun, küçük bir skor avantajı; Saksonyalılar ellerini ovuşturuyorlardı.

El Turco'dan yoksun şekilde, Gabi'siz, Juanfran'sız orada yer alıyorduk. Gerçeği söylemek gerekirse aşırı kötü geçmedi. Duygu, taşıdığımız küçük avantajdan daha fazlasını veriyordu bu maç içerisinde bizim adımıza, tam olarak. Adrián'ın (ne iyi bir çocuk bu yıldızlar sahaya dizildiğinde) bir incisi, Saksonyalıların yarısını, ceza sahası içerisinde püskürtüyor, bize 62. dakikada bir pencere açıyordu.

Oradan itibaren, Bükreş uçuşları için rezervasyon hücumu başlamıştı. Dakika 81 olduğunda Diouf'un sıkı bir şutu maça beraberliği getiriyordu; ancak altı dakika sonra Falcao kaygıları dindiriyor, Diego'nun gönderdiği pasta, meşin yuvarlağı göğsüyle harika biçimde yumuşatıp, final volesini vuruyor, topu ağlarla buluşturuyordu. Zafer, 1-2'lik skorla geldi ve yarı finalde Valencia bekliyordu.

Kariyerindeki ilk uluslararası kupa her seferinde Arda'ya daha da yaklaşıyordu.

Gerçek şu ki, bu noktada, Arda bazı şeylerin ve ötekilerin arasındaydı. Simeone'yle, Manzano'yla (bir önceki teknik direktör) tadını çıkardığı başrole daha az sahipti.

Bu aralıkta, Endülüslü ile birlikte (Manzano kastediliyor. Manzano İspanya'nın güneyindeki Endülüs bölgesinde doğup büyümüştür.) 19 maçın 16'sında ilk 11'de yer aldı (yüzde 84 oynama oranı) ve bu maçların 8'inde 90 dakika oynadı (yüzde 42'lik bir oran), Diego Simeone ile, o ana kadar, 23 maçın 13'ünde 11'de sahaya çıktı (yüzde 68 oynama oranı). Sadece iki maçta 90 dakikayı tamamladı (oran yüzde 10).

Fakat, bu verilere karşın, Cholo'nun Arda'ya verdiği önem çok net biçimde görülebiliyordu: "Arda olağanüstüdür, bire birde çok başarılı, sağlam bir karaktere sahip," sözleriyle futbolcusunu övüyordu Arjantinli teknik adam. "Ekibi taşımayı seviyor," yorumunu yapıyordu alışıldık biçimde José Luis Pérez Caminero.

Çok fazla ön plana çıkamadığını anlatan bu verilere rağmen, kısa sürede takıma katkı sağlayabileceği fırsatları yakalaması düşünülemezdi.

Sihrin yüzdelerle tartıya konması zordur. Bu bir basitleştirme olur. Ve Arda bu basitleştirmenin dışındadır.

El Turco, Bükreş'e gitmek istiyordu. Öncesinde Valencia hesabı görülecekti.

Arda Turan, Avrupa Ligi yarı final ilk maçında, muhtemelen, o ana kadar olan en iyi maçını oynadı.

Rakip Valencia. Sahne Vicente Calderón. Bulunmaz bir zaman, iki yıl önce aynı yarışma grubunda elendiğimiz büyük bir rakibe karşı yeniden oynamak için. Bayrampaşalı kırmızı beyazlıların oyundaki ataklarında, kesinlikle takımın ustası oldu; özellikle ilk yarıda. Jordi Alba, hâlâ, o nisan akşamında silahını kuşanmış Türk'ü hatırlar. Ne İspanyol milli oyuncu ne de Mathieu onu durdurabildiler.

Gerçek bir resital oldu. Topla dans üzerine dans; sanki semtinin sokağında, arkadaşlarıyla oynuyormuş gibi.

Atlético'nun ilk golü, her zaman elde edilmesi en zor olan; Falcao'dan geldi; ancak direkt olarak Arda'yı işaret etmek gerekir. Jordi Alba kendisine yapışmış; havada asılı top; Arda kafayla söküp alıyor, önüne düşen meşin yuvarlağı ayağının üstüyle ileri doğru sürüyor, kolaylıkla Rami'den sıyrılıyor, son çizgiden arkaya doğru, birinci direkte bekleyen Falcao'nun kafasına gönderiyor, Kolombiyalı kafasını kısarak uzak direğe vuruşunu yapıyor, top ağlarla buluşuyor.

Dakika 18, 1-0 öne geçiyoruz, El Turco'nun yaratıcılığıyla. Kuşkusuz futbolun kaprisleri vardır; Atlético Madrid'in gerçek bir üstünlüğüyle geçen ilk yarının ardından, soyunma odasına gitmeden son pozisyonda Jonas beraberliği getiren golü kaydetti. Top hakem tarafından kurgulanan, uzatma dakikalarının dışında olan bir anda kornere çıkmış olmalı.

Her halükârda, müthiş bir üstünlüğü ortaya koyuyordu, Arda Turan'ın Diego ve Adrián'a eşlik eden mükemmel oyunu ve Falcao'nun sürekli hale gelen tehlikeli pozisyonları bizim ikinci yarı adına iyimser olmamızı sağlıyordu.

Kısa zamanda umutlarımızın teyit edildiğini gördük. 48. dakika içerisinde, Miranda, Diego'nun ceza sahası içerisine yaptığı ortada, tam olarak penaltı noktasında kafayı vurdu ve skoru 2-1'e taşıdı.

Adalet yerini bulmaya başlıyordu. Hâlâ uzun bir zaman olabilirdi ve beş dakika sonra Adrián, çimde vida gibi dönerek, Víctor Ruiz'in etrafından şaşırtıcı bir kolaylıkla ceza sahasının içine girdi. Ritmini değiştirdi, çapraz biçimde ikinci direğe şutunu çekti ve 3-1.

Bunları yazan kişi, Romanya'nın başkentine gitmek için en iyi yöntemleri araştırmaya başlamıştı bile. Ucuz uçak bileti tarifeleri ve ara ülkelerden geçiş rotasının tuhaf bileşimleri arasında maçı izlemeyi sürdürüyordu.

Arda, Diego, Falcao ve Adrián bir resital örneği sunuyorlardı. Kaçırılan bir tek şey bile yoktu; ne bir pas, ne kazanılan bir top, ne de bir çalım... Neyse ki dikkat kesilmiştim; çünkü en iyisi 77. dakikaya geldiğimizde oldu; Falcao topu göğsüyle düzeltti ve Alves'in kalesini karşısına aldı. Koştu, ceza sahasına girişi bulmak için koştu; ancak birden acı bir fren yaptı; böylece kendisiyle koşan Valencia'lı savunmacılardan sıyrıldı; önce Mathieu, sonra Víctor Ruiz, hızı karşısında domino taşları gibi düştüler.

Bir Falcao, meziyeti ve kapasitesiyle ortaya çıktı, cepheden sol ayağıyla harika tamamladı kendi yarattığı pozisyonu. Simeone kolları açık çılgınca koşuyor, Falcao arkadaşlarının arasında, yerden kalkıyor ve Bayrampaşalı hayalindeki sevinç yumağıyla bütünleşiyordu; evet şimdi, evet... Turan ailesinin oğlu Avrupa'da bir finalde yer alacaktı.

90+4'te, Ricardo Costa takımını ikinci gole ulaştırdı. Bir kez daha süre bitmesine karşın korner kararı verildi; tamamıyla haksızlıktı ve çok üstün olduğumuz bir eşleşmede bize acı bir tat bırakıyordu bu kararlar. Bundan kimsenin şüphesi yoktu.

Arda, zaten vurguladığımız gibi, olağanüstü bir maç oynadı, özellikle ilk yarıda ve Simeone bunu açıkça ifade etmek istedi. Bu, Arjantinlinin Türk futbolcuya yönelik güveniyle ilgili kaygılara dair küçük bir mesajdı: "Arda'nın yaptıkları fantastikti. Oyunu kavradı, gol noktasına gitti; gol pasını verdi. O, istediği zaman bunu yapabilen bir oyuncu. Oyunu inanılmaz şekilde çözüyor. Bugün büyük bir maç çıkardı."

Kesinlikle o haftalar içerisinde sezonun en iyi performanslarından bir tanesini sergiliyordu. Üç gün sonra, Espanyol'a karşı tam olarak bunu teyit eden mükemmel bir maç oynadı. İki gol atmayı başardığı bir karşılaşmaydı. Bunlardan ilki, çocukları hakiki "Ardaturanizmo" inanışına sevk edecek nitelikteydi. Juanfran sağ kanattan içeri daldı; ortasını yaptı, ceza sahasının ortasında ikinci direğe hareketlenen El Turco yarım röveşatayla golü attı. Sadece bir saniyede oldu, yeterli bir süreydi, havada bu kadar güzel, hızlı biçimde topu filelerle buluşturmak için. La Liga'daki ikinci golüne ulaşıyordu ve bu öyle bir goldü ki, onun kontrolsüz bir biçimde, gol sevinci yaşamak için Simeone'ye doğru koşmasına neden oluyordu; parmağıyla Cholo'yu işaret ediyordu. Bu jest ikili arasında Türk futbolcunun daha fazla gol atmaya ihtiyacı olduğu yönünde bazı konuşmaların olduğunu kanıtlıyordu.

Arda, Cholo'ya doğru koşuyordu, olmayan bir ceketi çıkarıyormuş gibi yaparak.

Bu kutlamanın kendi hikâyesi vardır; çünkü o günler boyunca, gol atmak için kaleye daha fazla şut çekmesi gerektiği ısrarları karşısında, Arda cevabı vermişti. Bunu kabul ediyordu; ancak gol atarsa hocası bunu kutlamak için ceketini çıkarmalıydı. Kendisi formasını çıkartamıyordu, ceza almamak için.

Peşi sıra gelen jestlerle gösterdiği ısrar bundan dolayıydı. Fakat o anda Cholo oyuncusunu anlamadı, üzerinde ceketle kaldı.

Kutlamanın ardından sözünü tutmadığını ona hatırlatmış olmalı. Belki Arda, ona bunu yapması için başka bir şans daha verdi.

İki dakika sonra ikinci gol geldi, iki çalım ve sıkı bir şut sonrası. Arda'dan istenen goller işte buradaydı. Korner bayrağına doğru koştu, dizlerinin üzerine çöktü, tam bir mutluluktu. Kulübeye baktığında Simeone'yi gördü, gülümsüyordu ceketsiz olarak. Evet, şimdi. Futbol genellikle ikinci şansı verir.

Maç sonunda çok sevinçliydi: "Bugünkü galibiyet çok önemli. Artık sonunda göreceğiz Şampiyonlar Ligi'ne mi yoksa Avrupa Ligi'ne mi gidiyoruz; ancak biz hedeflerimiz için mücadele ediyoruz. Bu formayı giydiğimde, her zaman, çok mutlu oluyorum. İnsanlar bana hep yardımcı oluyor. Bugünkü maç görülmeye değerdi. Gol atmak önemli; ancak en önemli olan kazanmaktır," yorumunu yapıyordu mücadeleden sonra.

Fakat, Espanyol karşısındaki performansının güneşli düşüncelerine dalmaya yetecek kadar zaman yoktu. Valencia'ya karşı yapılacak yarı final rövanş maçı kapıya dayanmıştı.

Bükreş'te final rüyası, başka bir şeyi düşünmemeyi sağlayacak kadar yakındı.

Bundan böyle Arda başka hiçbir şey yapmadı. "Yemekten önce, yatmadan önce Avrupa Ligi'ni düşünüyorum. Ne yemek ne de uyumak. Bu düşünce kafamda hep benimle. İnşallah hedefimize ulaşacağız. Bu son maçlarda çok dikkatli olmalıyız; çünkü biz hedefe çok yakınız ve biz bu fırsatı kaybetmek istemiyoruz. Kimseyi hayal kırıklığına uğratma hakkımız yok. İnşallah bu fırsattan yararlanmayı başaracağız," sözleriyle anlatıyordu düşüncelerini Diario *AS*'a, maçtan iki gün önce.

Diğer yandan, final maçını kaçırmamak adına özel bir ihtimam gösteriyordu. Bir sarı kart onu finalin dışında bırakabilirdi: "İstediğim tek şey Atlético'nun Bükreş'e gitmesi. Eğer kupaya uzanırsak, bunu ne Arda, ne Falcao, ne Diego, ne Adrián, ne de bir başkası kazanmış olacak. Kazanan Atlético olacak. Sadece turu geçmeyi temenni ediyorum. Atlético, bu şampiyonayı kazanma şansına sahip."

Courtois, Juanfran, Miranda, Godín, Filipe Luis, Mario, Tiago, Arda Turan, Diego, Adrián ve Falcao. Bunlar o Akdeniz gecesinde takımın 11'inde olanlardı. Taze, ışıklı Valencia'lılar, bizim üç yılda dördüncü finale (Önceden gelen üç final. Bunların ikisi kazanıldı: 2010 Avrupa Ligi ve Avrupa Süper Kupası ile bir tane kayıp, 2010 Kral Kupası.) ulaşmamızı sağladılar.

Valencia maça çok sıkı başladı; onlara turu geçmek için 2-0 galibiyet gerekliydi; ancak Courtois ve savunma oyuncuları maçı 0-0 berabere olarak devre arasına taşımayı başardılar.

Tur oradaydı, evet şimdi daha yakındı; hatta neredeyse gerçeğe dönüşmüştü dakikalar 57'yi gösterdiğinde; Valencia'nın en iyi oyuncusu, Canales'in dizi döndü, sonrasında sedyeyle oyun dışına alındı.

Üç dakikada Valencia, hâlâ, durumu lehine çevirebilirdi. Adrián, ceza sahasına çaprazdan girdiği anda vurdu ve golünü atarak Mestalla'nın (Valencia'nın stadı) tüm ihtimallerini ortadan kaldırdı.

Atlético artık finaldeydi, Arda da oradaydı, onu final dışına itebilecek, korkulan kartı görmeden oyunu tamamlamayı başardı. Skor 0-1 olup, maç güvenceye alınınca, Simeone onu Salvio'yla değiştirdi. Dakika 74'tü. Artık Bükreş'teydi.

Bükreş'e gidinceye kadar ligde üç maça daha çıktılar; iki beraberlik ve bir galibiyet aldılar. Beraberlikler şanssızlık ürünüydü. Son dakikalarda gelen gollerle oldu (Sevilla'da Real Betis'e karşı) ya da doğrudan bir ıskontoyla (evde Real'e karşı); bunlar bizi, Şampiyonlar Ligi'ne katılmaya hak kazanmak için, ligin son haftasında karambole düşürüyordu. Fakat o noktada sadece final önemliydi, Athletic Bilbao, Bükreş.

Bir maç, bir Avrupa finali varken, başka bir şey düşünülemezdi. Başka bir yol yoktu; bu her şeyin üzerindeydi.

"Gidecek misin?" "Hâlâ bilmiyorum." "Biletin mi yok?" "Kulüpte çalışan birinin arkadaşı olan bir tanıdığım var." "Bana loca satışında çalışan birinin numarasını verdiler." "Bükreş'e direkt uçuş var mı?" "Hiçbir fikrim yok dostum." "Benim bir okul arkadaşım olduğunu söylüyor; bilet 500 avroymuş." "Ben otobüslere bakıyorum."

Yani buna benzer pek çok diyaloğu bulabilirdik. Bu tip konuşmalar son yıllarda biz Atlético'luların alışık olduğu tarzdan değildi.

Değişiyordu zaman Bükreş'ten Monaco'ya, Hamburg'a, Barselona'ya, Liverpool, Valencia ya da Lizbon'a... ve bunlar son sezonlarda hayallerimizdeki kahramanlıkları bize getiren büyülü yazgılara sahip olacaklardı.

Atlético Madrid, yeniden Avrupa'nın bir büyüğü oluyordu, Arda Turan, Forlán, De Gea, Courtois, Kun Agüero (evet, Kun Agüero, mükemmel bir oyuncu, başka türlü anlatılamaz), Diego, Raúl García, Miranda, Tomas Ujfaluši, Filipe Luis, Godín, Antonio López, Quique Flores, Salvio, Adrián, Perea, Simão'nun eliyle ve sonra, hepsinin temelinde olan, DIEGO PABLO SIMEONE'yle.

Bütün bunlar ve ismini koymadığım diğerleri, diğer pek çoğu, bize altı final ve beş tane kupa getirdiler, 2010 mayısından bu yana (Avrupa Ligi'nde iki şampiyonluk, iki Avrupa Süper Kupası ve bir tane... yüzyıllar yüzyılı kutsanacak, Kral Kupası, Bernabéu'da, başkentin diğer ekibine karşı kazanılan).

Altı final ve beş şampiyonluk dört yıl içerisinde. Dünya takımları aynı projeyi ortaya koyabilmek için ellerini havaya kaldırdılar. Değil mi? Çok iyi, devam ediyoruz.

Bükreş'teydik (Budapeşte'de değil; aramızda kafası karışık kimse yoktu).

Atlético ve Arda, rakibin kategorisinin bilincinde olunduğu bir finalle yüz yüzeydi; Athletic Club (Athletic Bilbao), o sezon İspanya ve Avrupa'nın moda takımıydı. İki finale yükselmeyi başarmışlardı; Kral Kupası'nda Barselona ve Avrupa Ligi finalinde Atlético Madrid'e karşı. Marcelo Bielsa'nın dokunuşuyla bir gelişim yaşanıyordu; muhteşem bir oyun, hızlı, kusursuz, rakibi boğan bir kombinasyon, bu şekilde aralarından Manchester

United'ın da bulunduğu takımları geçtiler; ki United'la çeyrek finalde karşı karşıya gelmişlerdi.

Hemen hemen herkesin Athletic'le ilgili aynı inancı paylaştığı söylenebilir, Basklılar favoriydiler.

İyi bakalım.

Bu arada, Arda her zamanki gibi gülümsüyordu. Yüzünden gülümsemesi eksik olmayan bir adamdı. Eğer gergin olsa, bu dikkatten kaçmaz. "Finale kadar gülmek mümkündür," diyordu büyük maçtan saatler önce. Açıklamalarının diğer bölümleri bu tip durumlarda duymaya alıştıklarımızdandı: "Athletic Bilbao'nun oyununa saygı duyuyoruz; fakat bizim kimseden korkumuz yok." Sonunda hiçbir şey senaryonun dışına çıkmaz.

Evet, Bükreş'e olan seyahat senaryo dışında oldu; oldukça tesadüfiydi.

Madrid'de hâlâ uçak seferleri 40 dakikadan fazla rötarlı yapılıyordu. Zamanı değerlendirmek için arabasını durduran bir taksici, kapıları açıyor ve herkese, son ses, Atlético Madrid marşının keyfini yaşatıyordu. Böylece final oyunu başladı. Üç bin kilometre sonra oyuncuların uçağı Baneasa Havalimanı'na (alışılmıştan daha az, küçük) indi ve orada alışılmışın dışında şeyler olmaya başladı. Çok sıra dışı, uçağın merdivenlerine gelmeden pasaportu gösterme zorunluluğu gibi; valizler paketlenmiş biçimde, uçakla birlikte, kendi paletinde beklerken. Orada, o anda, Arda'yı bir unutma korkusu sardı; çünkü pasaportunu hiçbir yerde bulamıyordu. En sonunda, büyük Ata, onun tercümanı, danışmanı, arkadaşı elinde pasaportla belirdi. Geleceğin şampiyonunun yeri, Hotel Intercontinental'e kadar, rahat bir nefes almak zordu.

Bu öyküler, sonunda, her şey istenildiği gibi tamamlandığında keyifle hatırlanır. Zaten böyle olacağını biliriz.

On sekiz maç Atlético'yu kupaya getiriyordu. Falcao ve Adrián'ın gol vuruşları, Courtois'in kurtarışları, Diego'nun pasları (şampiyonanın en fazla gol pası veren oyuncusu), Miranda ya da Godín'in kademeleri ve neden olmasın büyüsü, gülümsemesi ve oyunuyla Arda Turan.

18 maçın 16'sı kazanıldıktan sonra (yalnızca Rennes'de bir beraberlik verdik ve Udine'de bir mağlubiyet) arka arkaya Stromsgodset, Vitória de Guimarães, Celtic, Rennes, Udinese, Lazio, Beşiktaş, Hannover 96 ve Valencia elendi, oradaydık: Bükreş'te. Bir kez daha tarih yazmaya hazırdık.

Şimdi. Şimdi her şey bize çıkıyor. Şu anda finallere döndük. Şu anda ön sayfalar bize selam veriyor. Şimdi toplar bizi incitmiyor. Şimdi korku yok. Şimdi her zamanki gibi rahatsız ediciyiz. Şu anda zaferler altüst oluyor. Şu anda Neptün'e (Yunan mitolojisindeki tanrılardan Neptün'ün heykelinin bulunduğu alan, Madrid'deki Neptün Meydanı, geleneksel olarak, Atlético'nun zafer kutlamalarına sahne olur) selam veriyoruz. Şu anda kadehler kırmızı beyazlı formayı yansıtır. Şu anda yolu biliyoruz. Şimdi. Atlético Madrid 3-Athletic Club 0.

Final defalarca anlatıldı; maçın aynı panoramasının tekrarına ihtiyaç duyulmayacak biçimde.

Sadece görünmez çalımlarla İstanbul-Madrid-Bükreş üçgenine bir ip gerildiği söylenebilir.

Yüksel Turan'ın oğlu, kendisine eşlik eden yeteneğiyle tartışmasız gecenin kahramanıydı.

Radamel Falcao García gollerin hakiki yazarı (1-0, Amorebieta'dan sıyrıldıktan sonra, cepheye yakın bir açı buldu, topu sol ayağına alıp uzak direğe yolladı: 2-0. İyi hücum presle kapılan top atağı olgunlaştırdı, Arda Turan'ın soldan içeri girerek, tam olarak adrese teslim ettiği pas sonrası Falcao, Aurtenetxe'yi adeta yere çalarak, ekseni etrafından döndü ve bir kez daha sol ayağıyla topu filelerle buluşturdu); Diego'yla birlikte (diğer muhteşem estetik gol ondan geldi) Atlético'ya iki yıl içerisinde kıtanın üçüncü şampiyonluğunu getirdiler.

Şampiyonluk sonrasındaki kutlamalarda Arda duygu doluydu. Soyunma odasında Türk bayrağına sarılarak ağlıyordu, babasıyla telefonda konuşurken. Derin bir duygusallığın içerisindeydi.

Saatler sonra oteldeydiler, şarkılar söylenmeye başlandı; arkadaşları neşeyle etrafını sardı ve hep bir ağızdan bağırmaya başladılar: "Arda Turaaaan, Arda Turaaaaan..."

"Arda süper bir yetenektir. Bu gibi şeylerden hoşlandığı gözüküyor. Belki daha fazla duygusallaştı. Sahada onu ağlarken gördüm," diyordu gazetecilere Adrián.

Arda, çok hassas bir insandır. O gece her şeyi hatırladı: Bayrampaşa'dan, Galatasaray'ın alt yaş takımlarına ulaştığı zamanı, oradan Manisa'da geçirdiği ayları, 19 Yaş Altı Avrupa Şampiyonası'na, ilk Şampiyonlar Ligi maçına, ilk lig maçına, o bayılma anına, 2008 Avrupa Futbol Şampiyonası'ndaki fantastik performansına kadar... Ne kadar büyülü, ne kadar güleç, ne kadar sakin bir top sürme biçimi, ayağına yapışırcasına, bu her şeye bedeldi.

Arda, Avrupa şampiyonu oldu ve tüm Türkiye onun mükemmel temsil yeteneğiyle gurur duydu.

Chelsea karşısındaki gösteri

2012-2013 sezonunun başlangıcında, Atlético Madrid taraftarı ve oyuncular, hâlâ, Bükreş'teki büyük başarının tadını çıkarıyorlardı.

Bir fetih, kuşku yok ki Şampiyonlar Ligi'nde oynamayı sağlamıyordu, Avrupa Ligi'ndeki zafer bu yarışmaya giriş izni vermiyordu (Sanki 2015-2016 sezonundan itibaren Avrupa Ligi şampiyonunun Şampiyonlar Ligi'ne gitmesi söz konusu olacak gibi.) ve takım ilk dört arasına kalmayı başaramamıştı. (Son dakikalarda Betis ve Villarreal'e karşı arka arkaya gelen iki beraberlik bu konuda belirleyici oldu.)

Buna karşın, Manzanares'ten berrak sular akıyordu 2012 yazında. Bükreş gösterisiyle tamamlanan büyük final sezonun başrolünde yer alıyordu. Diego Pablo Simeone'nin başını çektiği teknik ekibin, geride kalan sezonun tüm önemli oyuncularıyla birlikte devam ediyor olması (kiralık olarak oynayan Diego hariç) iyi bir sezon gerçekleştirileceğine dair umutları besliyordu.

Arda mutluydu, sadece Madrid'le değil, Atlético'yla birlikte olmaktan da... Ancak şimdi, eski esin kaynağı, arkadaşı Emre Belözoğlu'nun Fenerbahçe'den gelişiyle daha iyi hissediyordu kendini: "Benim için çok önemli. Ona her zaman hayran oldum. Onunla aynı soyunma odasını paylaşmak olağanüstü güzel. Çok tecrübeli bir isim ve ilk dakikadan itibaren takım tarafından kabullenildi. Pek çok ülkede, pek çok takımda bulundu. Fakat o buraya büyük bir mütevazılıkla geldi. Hatta hepimizin birliğini sağlayan bir kişiye dönüştü. Bu tecrübeli futbolcu İtalyanca, İngilizce, İspanyolca konuşuyor ve dolayısıyla herkesle iletişim kuruyor. Sanki bizim koruyucumuz gibi; özellikle de altyapıdan yetişen gençler adına."

Başlamak üzere olan sezon Arda'ya nasıl gözüküyordu? "Temel olarak Şampiyonlar Ligi'ne gitmek için oynayacağız ve ligde büyük bir çalışma örneği vermeliyiz. Bu herkesin birincil hedefidir. Elbette ki biz Kral Kupası'nı da almak istiyoruz ve Avrupa Ligi şampiyonluğumuzu yenilemeyi arzu ediyoruz. Fakat bizim temel anlayışımız her maçı sanki bir finale çıkıyormuş gibi oynamaktır. Bu şekilde işler yolunda gidecektir," diyerek ilan ediyordu düşüncelerini o tarihte Diario *AS*'a verdiği bir röportajda ve Atlético'da gördüklerinden dolayı çok mutlu olduğunu da ekliyordu: "Taraftar bana olan sevgisini her geçen gün biraz daha gösteriyor. Bu inanılmaz. Tam olarak bir yıl içerisinde bana hayal edebileceğimin ötesinde sevgi gösterdiler. Onlar için çok yoğun çalışıyorum, en iyisini sunabilmek adına... Birkaç yıl içerisinde Colchonera (Atlético) taraftarının yüreğinde hatıramın yer etmesini umut ediyorum. Benim arzum budur."

Kuşku yok ki, 2012'nin o yaz aylarında, Galatasaray'ın onu tekrar takıma döndürmek için var olan ilgisinden sürekli olarak bahsediliyordu.

Arda, arzusunu açıkça dile getiriyordu: "Şu anda ben Atlético Madrid'de mutluyum. Galatasaray'ın beni istediğinin söylenmesi normal; fakat şu anda ayrılmayacağım. Fernando Torres'in durumuyla benimkisi aynı. (Torres, Atlético'nun altyapısından yetişmiş, A takımda oynadıktan sonra Liverpool'a transfer olmuş, daha sonra ise Chelsea'ye gitmişti. Her zaman Atlético'ya geri dönüş olasılığından bahsedilen bir oyuncudur.) Gitti ve bir gün dönecek. Atlético Madrid'le üç yıllık daha sözleşmem var ve bunu tamamlamayı düşünüyorum, şimdi gitmeyeceğim. Atlético Madrid benim yuvamdır."

Böylece, Arda mutlu biçimde ve motive olarak Atlético'daki ikinci sezonuna başlıyordu.

Çok çabuk ve tutkulu bir meydan okuma sahnesiyle başlayan bir sezon: Chelsea'ye karşı Avrupa Süper Kupası.

Bir kupa, iki yıl önce kazanma başarısı gösterdiğimiz ve yeniden kazanmayı arzuladığımız...

Atlético Madrid, uluslar arası kupalarla beslenen bir boyuta sahiptir, yeterince uzun bir süredir. Kupa Galipleri Kupası 1962 ve Kıtalararası Şampiyonluk 1975 karşılaşabileceklerimizden sadece bazıları.

Avrupa Ligi şampiyonlukları 2010 ve 2012; Avrupa Süper Kupası 2010, hızla vitrinimizi güncelleyen uluslararası başarılardır. Yeni bir Avrupa Süper Kupası kazanmak bu koleksiyona biraz daha değer değer katabilirdi.

Ve Arda için karşılaştığı özel bir motivasyonla kaldıracağı ikinci bir uluslararası kupa olabilirdi: "Bu çok önemli bir kupa. Chelsea büyük bir ekip; ancak biz 11'e 11 oynuyoruz. Kimseden korkumuz yok. Savaşacağız ve kazanmaya çalışacağız. Zaferi elde etmek için sahada her şeyi vereceğiz. Taraftar ve Atlético'nun ruhu savaşmaktır. Biz her şekilde, Süper Kupa'yı getirmek için mücadele etmeye gidiyoruz."

Atlético Madrid taraftarları için çok özel bir karşılaşma olabilirdi; çünkü yeniden karmaşık duygular içerisinde kalabilirlerdi, Liverpool'a karşı yapılan düelloda olduğu gibi El Niño'dan ötürü (Fernando Torres'e Atlético'luların verdiği isim) Calderón'un en çok sevdiğidir Fernando Torres.

31 Ağustos 2012, akşam saat 20.45. Adım atıyorlardı cilveli (ancak küçük ve olimpik) stat Luis II de Monaco'ya 11 adam; Atlético Madrid'in parlak tarihinde en güzel sayfaya yazılacak 11 adam: Courtois, Juanfran, Miranda, Godín, Filipe Luis, Mario, Koke, Gabi, Arda Turan, Adrián ve Falcao.

Londra'nınkileri saymak bir eksiklik yaratmayacaktı; çünkü onlar zaten yoktular (!); ama yine de hatırlatmak için buraya koyuyoruz: Cech, Ivanovic, Cahill, David Luiz, Ashle Cole, Obi Mikel, Ramires, Lampard, Mata, Hazard ve Fernando Torres.

Gördüğümüz gibi, her iki ekip sahip olduklarının tamamıyla, premier 11'leriyle (Atlético'da Tiago sakattı; Chelsea'de Terry), kupayı kaldırabilecekleri fikrini güçlendirenlerle çıktılar.

Gerçek bir gösteri oldu, görmezden gelinemez bir Avrupa şampiyonluğu yorumu, Atlético Madrid'e ait olan.

Bir Falcao'yla, kesinlikle kocaman bir yıldız, sadece 38 dakikada üç gol geldi, 6. dakikadan 44. dakikaya kadar. Arda, her an bütün atak aksiyonlarını kontrol etti ve bir deniz feneri oldu, Atlético Madrid'in oyununu aydınlatan.

Kolombiyalının ilk iki golünden sonra, gecenin büyük eserini resmetti; mavililer lehine verilen bir kornerden sonra top yolculuğunu, kaleyi cepheden ve sahanın merkezini gören bir noktada, mükemmel bir kontrol tekniği sağlayan Arda Turan'ın ayaklarında tamamlamayı reddetmiyordu.

El Turco koşuyor ve zaman için topu sürüyor, sorduğu soruların hepsinin yanıtını alıyor.

Arda attığı her uzun adımda yeni çözümler sunuyor; bu arada topu farklı biçimde sağ ayağının yüzeyiyle okşuyor. Sakin biçimde koşuyor; sanki onu kimse kovalamıyor, ne yapmak istediğinden emin.

Arda koşuyor bir "Ardaturanizmo" tarzıyla, yolundaki her şeyi aydınlatıyor. Sonunda Chelsea ceza sahasının yayına ulaşır, frene basar, o sakinliğin daha üst katmanlarında, bir boğa güreşçisinin sahip olduğu çeviklikle yana döner, bize 1970 Dünya Kupası finalindeki Carlos Alberto'yu hatırlatır. Sol ayağıyla, gelmekte olan oyunu tamamlamak için bir kez daha yola çıkan Radamel Falcao'ya topu aktarır. Ritmini değiştiren Falcao, Ramires'i kıvrandırarak geçip, gecenin üçüncü golünü atar.

Kolombiyalının *hat-trick*'i, 3-0, devre arası ve kupanın hükmü veriliyor.

İkinci yarıda bir gol daha, Miranda'dan geliyor ve Cahill, Londralılar adına bir gol kaydediyor ve ilan edilen skor: 4-1; Atlético'yu Avrupa'nın yeni süper şampiyonu yapıyor.

Bir yeni unvan kulüp ve Arda için, bütün gurur verici olanların elde edilmesi. Sezona aşılamaz bir başarıyla başlıyorlardı. Hâlâ bilmiyorlardı sonunda daha iyi ne olabileceğini. Öyle ki Arda, Neptün Meydanı'ndaki kutlamaları kaçırıyordu; çünkü Emre'yle birlikte direkt olarak İstanbul'a uçmuşlardı, milli takımda oynamak için. Neptün'ü daha sonra da ziyaret edebilirdi.

Büyük, mutlu finale kadar zaferden zafere

Atlético sezona şimşek gibi başladı: İlk dokuz haftada sekiz galibiyet, bir beraberlik; ayrıca Monaco'daki gösteri.

Arda da çok verimli bir seviyede başladı ve uzun maratonda ilk golü atan Atlético'lu oldu, Valencia şehrinde attığı bu golle. Ceza sahasının dışından atılan bu esaslı gol 1-1'lik beraberliği sağlıyor ve her zaman tatsız bir durum olan, olası bir mağlubiyetle sezona başlamaktan takımını kurtarıyordu.

İki hafta sonra, Rayo Vallecano karşısındaki dördüncü hafta maçında (üçüncü hafta maçı Chelsea'yle yapılan Süper Kupa finali nedeniyle ertelenmişti) tekrar gol atıyordu, Juanfran'ın pasını kolayca filelerle buluşturarak. Üç haftada iki gol; bir önceki sezon on altıncı hafta maçına kadar golle tanışamamıştı (Espanyol maçına kadar). Arda dev adımlarla gelişiyordu ve bu sayısız vesilelerle görüldü. Kaleye şut atma yüzdesi artmıştı; çalımları, isabetli pasları ve gördüğümüz gibi, goller...

Ne oluyordu?

Türk futbolcunun bu gözle görülür iyileşmesini açıklayan pek çok faktör vardır.

İlki ve en belirgini, takıma daha çok alışması, sahip olduğu ikinci sezonda şehre olan büyük adaptasyonu, lige, takım arkadaşlarına, fiziksel gereksinimlere olduğu gibi... Oradan itibaren Arda zaten tamamıyla entegre olmuştu. Fakat, Diego'nun gidişinden sonra Arda'ya yaratıcılık konusunda en büyük sorumluluğu yüklemek gerekiyordu. Biz, muazzam bir kaliteye sahip Diego gibi bir oyuncunun göz ardı edildiğini söylemiyoruz; tam tersine, hepimiz devam etmesini çok istiyorduk (başta Simeone);

ancak kesin olan şudur ki, bu durum Arda'ya büyük bir alan bıraktı, onu daha önemli yaptı. Birden Arda takımın biricik merkez orta saha oyuncusu oldu. Bütün ofansif aksiyonların büyük yönetmeni. O bunu omuzluyordu. Ve bu onur kimseyle paylaşılamazdı. Bu da onu geliştirdi.

Tabii ki onun referanslarından bir tanesi olarak, ilk günden itibaren yücelmesini, tribünlerde ona yönelik hayranlığa dönüşmesini sağladı. O noktada açıktı ki El Turco gerekliydi.

İlk mağlubiyet onuncu haftaya kadar gelmedi, Atlético, Mestalla'da Valencia'ya yenik (2-0) düşünceye kadar. Küçük bir gerileme, takımın moralini zayıflatmayan; hatta bu arada Avrupa Ligi grubunun ilk üç maçında üç galibiyete ulaşılıyordu. (0-3 Hapoel Tel-Aviv karşısında, 1-0 Viktoria Plzeň'e karşı ve 2-1 Académica de Coimbra). Mestalla'daki yenilgiden sonraki iki haftada Arda'nın golleri yeniden görülmeye başlanmıştı: Getafe karşısında ikinci golü kaydetti; harika bir kalça feykiyle Moyá'yı geçti ve Granada'da maçın tek golünü attı Koke'nin uzun ortasını tamamlayarak ve böylece zor olan, sıkıcı bir maçı açtı.

Atlético hızlı kruvazörüyle ilerliyordu ve Arda ilk raunt bitmeden 4 gole imza atıyordu.

Çocuklar mutlu gülüyorlardı.

Gollü Sevilla galibiyetinin (4-0) ardından, Real Madrid'e karşı derbi geliyordu. Atlético, Bernabéu'ya gidiyordu, sıralamada önde olarak; Arda, böylesine yoğun ve önemli bir karşılaşma öncesinde nasıl bir duyguya sahipti?

"Biliyoruz ki çok uzun zamandır Atlético Madrid, Real Madrid'i yenemiyor; ancak bu geçmişte kaldı, tarihin bir parçası. Şimdi biz diğer bir üç puan adına oynuyoruz ve bunu kazanmak için çok motive olmuş durumdayız. Bizim için taktiksel, fiziksel ve mental hazırlık sezonun diğer herhangi bir karşılaşmasında olduğu gibi olmalı. Zeki insanlar, her şekilde, doğru olan şeyleri görürler. Onlar son şampiyon ve İspanya'nın en iyilerinden bir tanesi olarak favoriler. Onlara çok saygı duyuyoruz. Fakat onlardan korkmuyoruz. Real Madrid'i yenmek için sonuna kadar savaşacağız," şeklinde konuşuyordu o günlerde.

Derbiyi kazanmak Atlético'nun ligdeki emellerini gerçekleştirmesi demektir; Barselona'yla karşılaşmadan bir lig liderliği, sayısız kez ulaşılamayacak bir durumdur.

Türk orta saha oyuncusu durumu böyle görüyordu: "Barselona tartışılmazdır. Dünyanın en iyi takımıdır. Messi, Xavi, Iniesta ve diğer pek çoğuna sahipler. Ben, onların maçlarını izlerken, öğrenmek ve kendi sitilimi geliştirmek için çabalıyorum. Fakat şurası kesin ki biz pek çok insanı şaşırttık sezon içerisinde yaptıklarımızla ve çok acı bir durum olduğuna inanıyorum, geçen sezonki maratonda Şampiyonlar Ligi'ne kalamamamızın; çünkü Avrupa'da da aynı şeyi yapıyor ve herkesi şaşırtıyorduk."

Takım son derece iyi bir zamanda gidiyor olmasına karşın, hiçbir şey beklenildiği gibi çıkmıyor ve Atlético yeniden bozguna uğruyordu bir derbide. Arda, Beyazlar'ın attığı ilk golde tam olarak pay sahibi olmuştu. Kendi ceza sahasının önünde gereksiz biçimde eliyle oynadı. O noktadan atışı yapan Cristiano Ronaldo'nun vuruşu gol oldu. Dakika 16'ydı ve maçta takım adına işler neredeyse son dönemlerde hep olduğu gibi gidiyordu. Sonunda en olumsuzu başımıza geliyordu. Biz zaten kırmızı beyazlı orta saha oyuncularının sadece görüntüde var olduğu çok kötü bir maç olduğunu biliyorduk (Arda dahil) ve Real Madrid'in ikinci golü de geliyordu, 66. dakikada Mesut Özil'in eseri olarak. Gelmekte olan diğer derbilerde Tanrı korusun...

Bir sonraki durakta yeni bir mağlubiyetten sonra, Nou Camp'taki 4-1'lik Barselona yenilgisi, net olarak gözüküyordu ki, Atlético'nun, bu büyük sezonunda, karşılaşacağı ödülü, üçüncü sıraya sahip olma başarısı göstererek doğrudan Şampiyonlar Ligi'ne katılmaktır; ancak Real Madrid ve Barselona'ya karşı ligi kazanma mücadelesi vermiyordu.

Ön eleme oynamadan Avrupa'nın en üst düzey yarışmasına katılmak, bu dersin birincil hedefiydi ve tüm göstergeler, büyük bir problem olmadan, bu hedefe gidileceğine işaret ediyordu. Eğer bir kupa kaldırmak isteniyorsa bunu içinde bulunulan diğer yarışmalarda aramak gerekiyordu.

Ve bakışlar yeniden Kral Kupası'na doğru çevrildi. Orada çok zor bir yol gözükmüyordu, teorik olarak, Barselona ya da Real Madrid'e karşı oynanacak finale kadar.

Birbiri ardına dökülüyorlardı Real Jaén, Getafe, Real Betis (çeyrek final) ve Sevilla (yarı final). Bu eşleşmeler kolaylıkla aşılıyor ve bunların hepsinin içinde, sonuncusu hariç, ilk maçta pratik olarak tur geçiliyordu: 0-3 Jaén'de, Calderón'da Getafe'yi 3-0, Betis'i yine Calderón'da 2-0 ve 2-1'lik skorla Sevilla'yı Calderón'da yeniyordu; rövanş maçına kadar yalnızca bir sonuç yolu açıyordu.

Öyle ki, kupa yarı finalinin ilk maçıyla rövanşı arasında, Avrupa Ligi'nden elenmenin tatsızlığını yaşadık, çok alt seviyede olan bir ekibe, Rubin Kazan'a...

Arda Turan için Liverpool tarafından verilen 23 milyon avroluk sözde teklifin gerçek olduğuyla ilgili dedikodularla seyreltilmiş günler yaşanıyordu. Bu ve buna benzer konular arasında Ruslar Calderón'a geldi ve kazandılar (0-2); gülünç bir ikinci golün ardından. Çok ağır bir eliminasyon faturası kestiler.

Bunun "gülünç" olduğunu söylüyorum; çünkü sadece böyle tur atlanabilir, ikinci gol öncesindeki Ruslara özgü uyanıklıkla.

Olanlar budur; ancak daha kolay olarak gerçekleşen, Asenjo'nun "iyi oynadığı" zamanlarda meydana gelenlerdir; bu bir gerçektir. Biz kalecilerin hatalarını hatırlayacak olursak, bize son yıllarda pahalıya patlayan golleri, bunların en büyük bölümünün bizim sevgili Asenjo'da olduğunu görürüz.

Bir kez daha böyle oldu; Rusların birinci golünde, Rondon'un çektiği şutta eğer topu iyi bloke edebilseydi, mükemmel bir kurtarış gerçekleştirecekti; ne var ki böyle olmadı ve Gökdeniz Karadeniz dönen topa dokununca ilk gol geldi.

Şimdi de sıra gecenin sıra dışı, inanılması zor olan trajikomik anına gelmişti. Bazen biz kendi ayağına kurşun sıkma kolaylığını gösteren Atlético'lulara sahibizdir: 0-1 kötü bir sonuçtur; ancak daha sonra rövanşta bu çevrilebilir. Bu seçeneğe karşın Cholo ve Asenjo, karşılaşmanın bir son hafta maçı olacağına karar verdiler. Kaleci beraberlik golü atmak için, korner atışı sırasında, rakip ceza sahasına kadar çıktı. Atlético Madrid'i kurtaracaktı.

Ne kaybedilen tur ne de üst düzey kaleci (oldukça alt seviyededir) adına bu pozisyon için benzer bir karar önerilebilir; mantık yasalarına karşı gelmektir ancak, kendi direkleri altında katkı sağlayamazken, atağa katkı yapabileceğini görmek. Saniyeler sonra iri bir gölge ve Castilla'lı, köşeli ve çok parlak değil, Rus ceza sahasına sızıyordu.

Orada Palentino'lu (kaleci Asenjo), Rusların topu nasıl ıskalayacağını görmek için bekliyordu. Kendi pozisyonunun nasıl olduğunu görmek için olabildiğince yetersizdi. Dehşete kapılmak için meydana gelecek olanın eşiğindeydi, bir çılgın gibi koşmak için (bu, evde televizyondan izlerken, yavaşlatılmış gösterimden bize gözükenin bir aktarımıdır). Top kornerden Atlético yarı alanına döndüğünde, Orbaiz'in arkasında, hiçbir müdahalede bulunamadan koştu ve koştu, Atlético Madrid'in kalesine doğru ve nihayet Navarra'lı gecenin ikinci golüne ulaştığında, ona üzülmek kalıyordu ve neredeyse bu elemenin hükmü veriliyordu.

Sergio Asenjo, baylar. Onu seviyoruz. Ancak Villarreal'de olduğunda onu daha çok seviyoruz.

Kazan'daki rövanşta biz 1-0 kazanmayı başarıyorduk; ancak bu yeterli olmuyordu. Bu, herhangi bir biçimde, kimseyi fazlaca üzmedi. Biz bu yarışmayı son üç versiyonunda iki kez kazanmıştık ve o yıl bakışlar bir başka yere konumlanmıştı.

İkinci maç Atlético'nun Rusya'ya tam takım olarak gitmediği bir provaydı; ki pek çok as oyuncu Madrid'de kalmıştı. Bunların arasında Arda, Juanfran, Godín, Filipe Luis, Gabi, Koke ve Tiago vardı.

Hiç kuşku yok ki, bu gerilemeden altı gün sonra, Atlético Madrid, tarihten yeniden bir alıntı yapıyor, Sánchez Pizjuán'daki (Sevilla'nın stadı) 2-2'lik beraberliğin ardından ve Kral Kupası'nda finale yükseliyordu.

Düşman başkası olamazdı, Real Madrid. Arzu vardı. Çok...

Arda aylardır bu maçı düşlüyordu. Böylesine bir maçta oynamayı düşünüyordu, Manzanares'e gelmeye karar verdiğinde. Zaten bir önceki yıl büyülü olmuştu, Avrupa Ligi'nde kazanılan zaferle.

Chelsea'nin gole boğulduğu Süper Kupa finali de unutulmazlar arasına girdi; ancak şimdi kazanmak hepsini aşmak demekti. Atlético Madrid on dört yıldır Real Madrid'e üstün gelemiyordu. Üstelik bu bir finaldi ve onun evinde ve ligdeki iki karşılaşmayı kaybettikten sonra... evet büyük bir meydan okumanın peşinde olabilirdik.

Tarihteki son derbiler bir şeylere sahipse bunlar kırmızı beyazlıların hoş olmayan verileri ve Madridistas'ın (Real Madrid taraftarı için kullanılan ifade) zaferleriydi.

Haklı ya da haksız, uzun ya da kısa, önemli veya önemli olmayan, ilk golü atan ya da atamayan, orada veya burada, devam eden ya da emekli olan... Mümkün olan bütün olası yollarla bizi yeniyorlardı 1999'dan bu yana. Fakat şimdi geçmiş tekrarlanamazdı. Arda geçmiştekinin tekrarlanmasına razı olmuyordu. Bitti.

"Sonuna kadar savaşmalıyız ve sahada her şeyi vermeliyiz. Kazanmak için 90 ya da 120 dakikalık bir maç olacak," diyordu Arda, maçtan günler önce bir röportajında ve ekliyordu: "Mutluyum, sakinim ve hazırlanıyorum. Ayrıca taraftarımız tribünden itici gücümüz olacak. Bence kazanacağız." Böylece inancını gösteriyordu orta saha oyuncusu; ayrıca bir iddiaya girişmişti: "Finali kazanırsak, saçlarımı keseceğim." Oysa El Turco, maçın son derece zor olduğunun tam olarak bilincindeydi: "Hedefimize ulaşmak için çok efor sarf etmek zorundayız. Zor bir maç olacak. Mental ve fiziksel olarak takımı hazır görüyorum."

UNUTULMAZ OLANIN PANORAMASI

"Bu kez, acı bitecek!" diye söylüyordu büyük Calamaro, o harika şarkıda: "Benim hastalığım."

Biz Atlético'luların düşündüğü tek şeydi 27 Şubat'tan bu yana (büyük finale kaldığımızın kesinleştiği tarih) 17 Mayıs'a kadar (kutlamalar için son tarih). Seksen gün aynı ilahiyi tekrarladık içimizde: "Bu kez, acı bitecek!" Oysa meselenin çok zor olduğunun ayrımına varılıyordu. Muhtemelen başımıza gelecek olan kahredici durum, onları evlerinde bizim yüzümüze bakarak kupa kaldırırken görmekti.

Fakat içimizde bir şeyler bizi inanmaya sevk ediyordu. Bu çok Atlético'lu bir damardı: "Sen varsan ben de varım." Bize ayrılan biletler tükendi ve 40.000 inanan, o mayıs akşamında Lima Meydanı'na doğru gittik; bizim Santiago Bernabéu Stadı'na girerken kalkış noktamız olan Mordor'a.

İşte oradaydık. Tam bir arzu ve umutla, kişisel bahsimizi yaparak iniyorduk, Castilla Meydanı'ndan. Yemin ederim, Miranda'nın bir golüyle kazanacağımızı bana söyleyen biri vardı. Bu arkadaş, zaten önceden inanmış olan, sonrasında benim önemli zamanlar öncesindeki kişisel kâhinime dönüştü.

Toplamda, Frente Atlético'nun tahminler, iddialar, arzu ve meşaleleri arasında o akşam geçti ve maç zamanı geldi. Arda tıraş edilecek miydi? İnşallah buna da yer olacaktır... Courtois, Juanfran, Miranda, Godín, Filipe Luis, Gabi, Koke, Arda, Diego Costa ve Falcao; bu, Diego Pablo Simeone'nin umutlarımızı savunan başlangıç on biriydi.

Karşıdakiler: Diego López, Essien, Albiol, Sergio Ramos, Fabio Coentrão, Xavi Alonso, Khedira, Modric, Mesut Özil, Cristiano Ronaldo ve Benzema. Gerçek bir ekip, büyük isimlerle dolu bu Real Madrid'le güzel tahminlerin yapılması bekleniyordu. Büyük favori olarak gösteriliyordu.

Orada Arda vardı, tamamen kıvırcık saçları ve sakalıyla, verdiği sözle atmosferin içerisinde dalgalanan; eğer işler iyi gidecekse olanca saçını feda etmeye hazır durarak.

Orada Arda vardı, bir takımın tatlı oyununu tazelemek için; Cristiano Ronaldo tarafından yapılan bir kafa vuruşuyla 1-0 geriye düşüp, bozulduğunda.

Arda oradaydı, amatör ruhuyla ilerleyerek, tüm dünyayı şaşırtmayı başararak; inancı yeniden inşa ediyordu, kaygı varken, doğrularla doluydu. O, şüphede değildi, biz diğerleriyiz, bir çeşit aldanma içine düşen; geriye dönecek gibi göründüğünde, ilerleyen ve frene basacak gibi göründüğünde ise hızlanan... Gerçekten fren yapacağını artık kimse beklemiyor.

Arda, dâhiyane aksının yansıdığı aynanın diğer tarafında oynuyor.

Onun futbolunu bir mantık anıyla okumaya çalışırsak, peşinen kaybedilmiş bir savaşa sahibizdir.

Arda anlaşılamaz; size mutluluk verir. Ve Allah sayesinde, Muhammed sayesinde ya da Buda sayesinde Bayrampaşa'nın küçük dâhisi, o mayıs gecesinde içindeki devasa dâhiyaneliği sergileme düşüncesindeydi. Saptanamayan, ancak gerçek; gözden kaybolan, hücum bölgesinin her yerinde beliren, gitmeden önce geri dönmek için.

Evet, Arda oradaydı.

Ve Courtois ve Miranda ve Gabi ve Falcao ve Costa ve diğerleri, çimdeki oyuncuların geri kalanı ve kulübedekiler ve orada, 1-0'dan sonra gerçekten zor olduğunu görmesine karşın, heyecanını asla kaybetmeyen ayaktaki 40.000 kişi. Fakat o gece beraberlik çok çabuk geldi Diego Costa'yla, Falcao'nun (Kesinlikle, burada merak uyandıran bir öykü var; hakem Clos Gómes hata yapar ve maç raporunda golü bizim sevgili Arda'ya yazar.) harika bir oyunu sonrasında ve devre arasına kazanabileceğimize dair biraz daha ikna olarak gittik.

İkinci devre değişiklik olmadan geçti ve Madrid'in (Real Madrid'e İspanya'da kısaca Madrid deniyor) somutlaşmayan her yeni atağında sırtıma çıkan bir iyi arkadaş, kulağıma, "Evet, olabilir!" diye bağırıyordu; ki bunlar dağıtmak ve boşboğazlık için uygun zaman parçalarıydı.

Gidişat bana daha ikna edici gözükecekti. Bağıra bağıra ne, ne var lan (pardon), bazen olabilecektir.

Tribünde çocuğunu kaybetmiş bir adam; gözleri yaşla doluydu; katıksız bir gerilim içerisinde. Bildiğimiz bütün duaları fazla fazla okuyorduk. Onlar yumruklarını sıkmasını bilmiyorlardı.

Pek az futbol sahasındaki tansiyonla temas ettim. Ama bu her şeyi tamamlayacak bir gol arzusunun yaratacağı ses patlamasını içeren bir tansiyondu. Bir gerilim, sıcak, bekleyen, paylaşılan...

Böyle bir deneyimden geçmeyen birisinin bunu anlaması çok zordur. Özel bir gerilim anını yaşamakla aynı şey değil. Binlerle paylaşılan bir tansiyon. Bir yere, bir saate konsantre olmak ve kaprisli bir kürenin her hareketinde ayağa fırlamak. O bağımlılık yapan ve katlanılamaz olan arasında bir şeydi. Baş döndürücü. O yeterliydi. Arda, bu arada, orada aşağıdaydı, futbol oynuyordu. Topa her dokunuşu İstanbullu bir kuyumcunun inceliğinde... İnanılmaz, hiçbir duyguya benzemiyor. Çok güçlü ayaklara sahip değildi; zamanla sertleşti, ne var ki narin, yumuşak, pamuklu yastık gibi... Onun kıvırcık saçlarından geçen her top daha iyi, daha sağlıklı, daha temiz çıkıyordu. Bu adam çevresindeki her şeyi durdurma gücüne sahip.

Uzatmaya gittik. Saat 23.28, son zorlu yoldaki dakikalar başladı. Daha fazla artı yok (bir başka uzatma yok). Hadi gidiyoruz. Uzatmanın beşinci dakikasında Diego Costa iyi bir pozisyona sahipti, Koke'nin harika pası sonrasında, ancak sol ayağıyla iyi kontrol edemedi.

Top alışılmış biçimde Real Madrid'deydi; fakat Atlético sıkıyordu, Madridlileri alarmda tutan darbeleriyle. Çalıyor ve koşuyordu. Bu bir senaryoydu. Ve sonra ne oldu? Uzatmalarda dakika 98, Essien'in kısmetli kademesinin tetiklemesiyle Atlético Madrid lehine bir korner... Oraya Koke gidiyor, her zaman olduğu gibi. İlk direğe doğru kısa bir orta yapıyor ve Higuaín karşılıyor, dönen top Koke'ye geliyor ve o bekletmeden tekrar ön direğe doğru orta yapıyor, evet şimdi Miranda demarke pozisyonda beliriyor, kafayı vurmak için, boynunu çevirerek vuruyor ve o topu köşeye gönderiyor. Orada, bizim yaşayan arzularımız daha da yoğunlaşıyor. Bir çığlık: "Gooooooooool!" 40.000 kişi olarak bulunduğumuz her koltukta dolaştı; bu çağlayan ses, orada hâlâ Bernabéu'nun alt koridorlarında duyulur.

Bayrampaşa'da zıpladılar, Adnan ve Yüksel'in oğullarının mutluluğuyla, Frente Kebap'ın çocukları Madrid'de zıpladılar, arkadaşlarının mutluluğuyla, güzel Sinem Kobal, kendini mutlu hissetti, aşkıyla.

Bu gol çok insanı mutlu etti. Ancak bu arada bize rahatlık yoktu; Madrid pes etmiyordu. Pozisyonlara sahip olacağı belliydi. Katlanmak gerekiyordu. Dakika 103'ü gösterdiğinde bir kez daha Courtois sahneye çıktı, uzayıp giden ayaklarıyla Higuaín'in çok yakından vurduğu şutu kurtarmayı başardı. 108. dakikada bir kez daha sahneye çıktı Thibaut (Courtois), kollarıyla, Mesut Özil'in neredeyse burnunun dibinden vurduğu şutu, mucizevi bir biçimde çıkardı. Biz, tribünde, yaşlanıyorduk... Dakikalar geçmiyordu. Dakika 109, sarf ettiği aşırı efor nedeniyle kan ter içinde kalan Arda oyundan çıktı, yerine Cebolla Rodríguez girdi.

113. dakikada, Ronaldo, yine bir "Cristianada" oldu (kendine özgü, kriz yaratan davranışlarını anlatmak için kullanıyor). Portekizli bu tarzdaki aptal, saçma davranışları, işler istediği gibi gitmediğinde genellikle yapar. Gabi'yle giriştiği bir mücadelede ayakta kalamaz, yere düştüğü anı, ayağıyla Atlético Madrid'in kaptanının yüzüne, hiç çekinmeden, tekme atmak için değerlendirir. O andan itibaren tansiyon dizginlerinden boşanır: Courtois'in başına Ultra Sur (Real Madrid'in güney tribününde oturan en fanatik grubu) tribünlerinden atılan bir bozuk para isabet eder.

Pepe, Arda, Kaká, Simeone yedek kulübesi alanı içerisinde, fırlayarak, herkesin bir şeyler demek zorunda olduğu bir itiş kakış içerisine girerler.

Cristiano Ronaldo, Atlético tribününün önündeyken dudaklarını ısırarak gider, orada gelmekte olan onuncu kupa başarısının altına imzasını atan ve bunu, peşinen, zıplayarak kutlayanlarla karşılaşıyordu.

Ronaldo'nun atılması bu duyguyu daha yakın kılıyordu; ama hâlâ oynanmamış dakikalar kalmıştı.

124. dakikada Gabi, Di María'ya yaptığı faul sonrası ikinci sarı karttan atılıyordu. Sadece bir dakika kaldı... 30 saniye... 15... SON, SON, SON!!! Bitti, işte bu! Bitti, SONUNDA BİTTİ:
Atlético Madrid 2012-2013 Kral Kupası Şampiyonu.
Çılgın bir dalga Madrid'den Bayrampaşa'ya. Arda'nın Calderón'daki ikinci yılı ve üçüncü şampiyonluğu.
İşler çok iyi gidemezdi. Onun sırası gelmişti. Verdiği sözü tutmalıydı. Arda deliye dönmüştü.
"Benim bütün hayatımdaki en güzel an!" diye bağırıyordu mikrofonlara. "İnanılmaz bir gün. Kesinlikle hayatımdaki en önemli gün. Hepimiz, Cholo'nun sayesinde bu maçı alacağımıza inanıyorduk. İnanılmaz bir iş yaptı. Bugünlerde bizim tamamıyla bu maça inanmamızı sağladı. Şu anda benim söyleyebileceğim şey: teşekkürler Cholo."
Kupayı kaldırdıktan ve soyunma odasına gittikten sonra, Arda sözünü yerine getiriyordu.
"Slowly cabrón!" ("Yavaş ol ulan!") sözleri arasında, sözde berber Mario Suárez'in yönetiminde Arda, kıvırcık saçlarını kaybetti. Kafasında, üstesinden gelinen elemenin ritmiyle uzayan bukleler, zafer maçları, günden güne tazelenen arzular. Bir tutam bukle sonunda 17 Mayıs 2013'te yere düşen, Atlético onuncu Kral Kupası'nı kaldırdığında; son üç yılda beşinci kupaya ulaştığında.
"Maçtan önce söyledim. Hep söylediğim bazı şeyleri yerine getirdim." Kimsenin şüphesi yok, asla, sevgili Arda.

Yeniden meydan okuyor

2011 yazından bu yana, Arda geldiğinden beri, Atlético Madrid büyük bir gelişim yaşadı. Üç kupa kaldırdılar: Avrupa Ligi, Avrupa Süper Kupası, İspanya Kral Kupası ve ligdeki sıralama açısından da ilerlediler: ilk senede beşinci ve 2012-2013 sezonunda üçüncü oldular.

Bir yıl düşünün, içerisinde, bir takımın şampiyonanın büyük bölümünde ikincilik pozisyonunu koruduğu, bu bir gelişimdir, çünkü belirgindir.

Bir gelişim, Cholo Simeone'nin kulübedeki büyük emeğiyle ve takımın yıldızlarını koruyarak ortaya çıkan; en başta Arda Turan, Courtois, Diego Costa, Koke, Miranda ya da Filipe Luis gibi.

Bu gelişimin mükemmel biçimde bilincinde olan futbolcular ve buna karşın antrenör tarafından çokça tekrarlanan "maç maç" ödevinin dışına çıkılmaması. Hepsi tüm içtenlikleriyle takımın büyük işler yapmak için var olduğunu düşünürler. Belli olan yolu söylemeden, onun hırslı tutumunu göstermektedir yapılan; ki kafasında lig şampiyonluğu için savaşmak ve Şampiyonlar Ligi'nde olabildiğince ileri gitmek vardır.

Yazın, Arda, *El Mundo Deportivo*'ya bu eğilimleri ifade eden birkaç açıklama yaptı. Takımı, ligde Barselona ve Real Madrid'le yarışabilecek düzeyde görüp görmediğiyle ilgili soruya verdiği yanıt şuydu: "Evet, neden olmasın? Ben buna inanıyorum. Geçen yıl, Barselona mükemmel bir sezon geçirdi. Eğer bazı beklenmedik durumlarla karşılaşmasaydık, biz de bir fırsata sahip olabilirdik. Gerçekten bu sene aynı şekilde çalışırsak ve aynı koşullar meydana gelirse farklı bir sonuç çıkabileceğine inanıyorum. Bunu yapabiliriz. Buna inanıyorum. Atlético Madrid taraftarının da inandığını düşünüyorum. Chelsea'yi Süper Kupa finalinde yendik, Real Madrid'i, Kral Kupası finalinde... Biz önümüze koyduğumuz hedeflere ulaşabiliriz."

Futbolcunun kendisi sadece takımın gelişmediği, ancak bununla birlikte kendisinin de geliştiğini, iki sene önce geldiği döneme göre şu anda çok daha iyi bir futbolcu olduğunu kabul ediyordu: "Oyun anlayışımı çok geliştirdim. Şimdi sahada daha iyi görüyorum. Benim Atlético'daki rolüm çok önemlidir. Topu kaybetmek yok. Biz topu sürebilen, dikine kaleye gidebilen, hızlı pek çok oyuncuya sahibiz, Costa, Adrián... Topu tutmak, dağıtmak zorundayım, pas vermek, organize etmek vb. Çünkü onlar zaten risk alarak oynuyorlar. Sonra defansif olarak da güçlü bir karaktere sahibiz. İnanılmaz oyuncularımız var. Mükemmel bir uyum içerisindeyiz. Birbirimizi duyuyor ve neyi ne zaman yapmamız gerektiğini biliyoruz. Çok iyi bir iş çıkardığımıza inanıyorum."

Bunlar, Türk orta saha oyuncusunun, Atlético Madrid'deki üçüncü sezonu öncesi düşünce ve beklentileriydi. Atlético Madrid, kendi ölçülerinde iş yapan, tam bir gelişim içerisinde olan ve ona tapan bir taraftara sahip olan kulüp...

Arda bunu şöyle algılıyordu: "Ben çok mutluyum. İspanya ve Atlético Madrid'de. Biz iyi oyunculardan kurulu, iyi bir takımız ve bu çok iyi; ancak gerçekten önemli olan soyunma odasında çok iyi insanlara sahip olmamızdır: takım arkadaşlarım, sağlık ekibi, malzemeciler, çalışanlar... Burada kendimi bir aile ortamında gibi hissediyorum. Gülümsememiz eksik olmuyor. Görülüyor; değil mi?"

Oysa o yaz karmaşıktı. Gazeteleri, Arda'nın olası ayrılığıyla ilgili dedikodular kaplamıştı. Özellikle Galatasaray Başkanı Ünal Aysal'ın, Türk gazetesi *Fanatik*'e yaptığı bazı açıklamalar yankı uyandırıyordu. Aysal, Arda Turan'la konuştuğunu açıklıyor ve futbolcunun arzusunun Türkiye'ye dönmek yönünde olduğunu ifade ediyordu: "Arda'yla konuştum ve bana dönmek istediğini söyledi." Bu kelimeler tam olarak Türk kulübü başkanınındı. Başka hiçbir açıklama yoktu; ama Arda'nın Aysal'ın bu sözlerini destekleyen bir tutumu yoktu ve bu çok büyük bir olay olmadı.

Premier Lig'den gelen bir olası teklifin varlığından da bahsedildi; hatta Atlético'nun reddedeceği 18 milyon avro kadar bir miktarın verildiği konuşuldu. Fakat onun temsilcisi Ahmet Bulut, dedikodu kokteylini biraz daha çalkalıyordu: "Arda Turan'ın Premier Lig'e transferi bu yaz mümkün. İngiltere, ona olan ilginin yoğun olduğu bir yer. Onlar Atlético Madrid'in bu konudaki tavrını biliyorlar," şeklinde anlatıyordu Türk basınına yaptığı bazı açıklamalarda.

"Madrid kulübünün Arda Turan'a gelen bütün teklifleri reddettiğini biliyorlar; ancak eğer onlar (İngiliz kulüpleri) sözleşmedeki özel maddede belirtilen parayı öderlerse, Madrid cephesi hiçbir şey yapamayacaktır. Temaslar oldu." Böylece ateşi daha fazla ve daha fazla körüklüyordu arkadaş Bulut.

Ah şu menajerler...

Fakat Arda bu konuda netti: Atlético Madrid'de devam etmek istiyordu. Sonunda başarılı orta saha oyuncusu takımda devam etti ve tek önemli değişiklik Falcao'nun yerine Villa'nın gelmesiyle ortaya çıktı; her zaman olduğu gibi bizim canımızı sıkmayacak, ayrıldığı için boşluk hissedilmeyecek, gelip gidici olarak adlandırdığımız, bazı eksikliklerin de olmasına rağmen. Bu yolla Asenjo, Villarreal'e gitti, Saúl (kiralık) Rayo Vallecano'ya giderken, Demichelis'in (haftalar önce imza attıktan sonra, o yaz döneminin en tuhaf operasyonu oldu) kaderi Manchester City'yle çakıştı ya da Cata Díaz'dan bahsedebiliriz; ki Boca'daki mahallesine emekli olmaya gitti.

Bunların yerine Aranzubía, Giménez, Baptistao, Alderweireld ve Guilavogui, ayrıca daha önce belirttiğimiz gibi David Villa geldi.

Bu katılanlarla birlikte, maçlarla dolu bir sezonla yüzleşmek zorunluluğu vardı. Farklı dört yarışma grubu (İspanya Süper Kupası, lig, Kral Kupası ve Şampiyonlar Ligi) kocaman bir efor sarf etmeyi gerektiren...

21 Ağustos'ta Atlético, Calderón'da sezonu resmen açtı ve Arda, sırtında "10" numarayla Atlético Madrid'de devam ediyordu. Mükemmel haber notları vardı; takım, Tata Martino'nun yeni Barselona'sıyla Süper Kupa finalinde karşılaşmaya hazırdı.

Arda Turan'ın dünyada en çok hayranlık duyduğu futbolcu Leo Messi'nin takımı... Bu vesileyle tekrar açıkladı: "Messi bu dünyadan değil, o başka bir yerküreden. Benim için dünya futbol tarihinin en iyi futbolcusu." Ne var ki Madrid'in o ağustos gecesinde, sezonun ilk büyük aksiyonu Arda Turan'a yazılıyordu. Sadece 12 dakika olmuştu. Sol kanattan son çizgiye doğru sızdı, sol ayağına aldı (teorik olarak diğerine göre zayıf olan ayağı) ceza sahasına ortaladı, David Villa mükemmel bir voleyle, çapraza düzgün biçimde vurdu, büyük kapıdan çıkarak ilk kez sahne aldı yeni taraftarlarının önünde.

Fakat, ikinci yarıda, sezonun Barselona adına büyük transferi Neymar, Juanfran'ın müdahale edemediği pozisyonda kafayla beraberliği getiren golü attı. 1-1'lik beraberlikle Barselona'ya gittik.

Ve orada Arda'yla ilişkilendirilen tuhaf bir bölüm yer alıyordu; tuhaf çünkü El Turco oyun dışı kalıyordu (kırmızı beyazlı takımın oyuncusu olarak iki yıldır başına hiç böyle bir şey gelmemişti) ve daha fazlası hâlâ yedek kulübesindeyken, oyun alanına ayak basmadan bu kırmızı kartı görüyordu.

Ancak gerçekten farklı bir ifadeyle Fernández Borbalán'a (maçın hakemi) doğru ilerledi. Başparmak ve işaretparmağını kullanarak yaptığı şekil, İspanya'da bir silahı sembolize eden işaret olarak kullanılsa da, sonradan yapılan açıklamalara göre, öyle görünüyor ki, Türkiye'de alışılmış ve başka bir anlama gelecek şekilde kullanılan bir ifadeymiş.

Hakem, futbolcuyu rapor etme iddiasıyla dördüncü hakeme direktiflerini söyledi. Kulübenin dışında 10 numaranın hakemin kararlarını kınayan ifadesi, bir su şişesini yere atarak bu protestonun altını çizmesi hakemin ihraç kararı için yeterli olmuştu.

Ne olduysa oldu, gerçek Atlético'nun Nou Camp'ta 0-0 berabere kalıp, dış sahada atılan bir golün iki değeri kazanması nedeniyle İspanya Süper Kupası'nın dışında kalmasıydı.

Öyle ki, oyunun 180 dakikasında Barselona'nın bizi yenebilecek yeterliliği gösterememesi, takımın direnci hakkında muazzam bir fikir veriyordu.

Finalden sonra, açıkçası, ortaya güçlü bir resim çıktı.

Arda Turan, kendi açısından, devam etmekte olan sezona fişek gibi başlamıştı.

Daha ilk karşılaşmada Vicente Calderón'da, estetize edilmiş sıra dışı bir ürün ortaya koydu Rayo Vallecano'ya karşı (5-0 kazanıldı); bu kendi çizgisinden götürüp, kaleciden de sıyrılarak, boş kaleye attığı golle tamamladığı bir maç oldu.

Gol ve iki gol pası Diego Costa ve Tiago'ya... sırasıyla ikinci ve üçüncü gollerin pası. Açıktı ki, El Turco'ya iyi bakmışlardı yaz tatilinde.

18 Eylül'de (2013) Atlético Madrid'le Şampiyonlar Ligi'ndeki ilk maçını oynadı. Gala gecesinde belirleyici bir gol attı Zenit'e karşı. (O dakikalarda skoru 2-1'e taşıyor ve Atlético'ya kesin bir avantaj veriyordu.) Kötü gidiyorduk. Zenit, Hulk'un uzaktan sol ayağıyla attığı golle beraberliği bulmuştu ve süre yavaş yavaş tükeniyordu. İlk hafta maçında içerideki bir beraberlik, seni kesin olarak kaygılarla kucaklaştırabilecek bir eşiğe götürürdü. Fakat orada Arda vardı, 2-1 yapmak ve şevke gelenleri sakinleştirmek için. Sonra Baptistao'nun öldürücü vuruşuyla 3-1 ve dünya yeniden döndü. Kimse acı çekmiyordu o gece.

Daha fazla mutlu olmak için Atlético Madrid, onun sözleşmesinin yenilendiğini duyurdu, 2017'ye kadar. Aylardır herkesin beklediği şeydi. Bu, kulübün ve oyuncunun, sözde ayrılığıyla ilgili kötülük eden ve art niyetli çok sayıdaki dedikoduya verdiği bir cevaptır.

"Kendimi çok mutlu hissediyorum, Atlético Madrid'le kontratımı uzatmış olmamdan dolayı. Bu iki yıldan sonra, Atlético Madrid formasıyla kendimi bu büyük ailenin bir parçası gibi hissediyorum. Bugün ben kulübümün benim devam etmemi istemesinden dolayı mutluysam, bu mutluluk takım arkadaşlarım ve birlikte elde ettiklerimiz sayesindedir. Sadece takım arkadaşlarıma olan minnettarlığımı ifade etmekle kalmak istemiyorum, fakat yöneticilere, kulüp içerisinde çalışan herkese minnettarlığımı sunuyorum; çünkü hepimiz bu büyük aileyi oluşturuyoruz," diyordu orta saha oyuncusu kulübün internet sitesine yaptığı açıklamada.

O halde, hepimiz hoşnut ve sakin, tatminkâr ve umutluyuz başlangıç sezonundan bu yana bu mükemmel tırmanış yolunda devam etmesiyle.

Bir yol zaferleri inşa eden ve Atlético'yu, daha büyük zaferlere oturtmaya başlamış, her yarışmaya aday olarak; bir yol daha fazlası adına Diego Pablo Simeone'nin bilinen mesajının dışına çıkmak istemeyen: "maç maç."

Takip eden yedi galibiyetten sonra (ligde altıda altı ve Şampiyonlar Ligi'nde bir) Arda ve takım, birbirini takip eden, ilk iki ateşli provayla karşı karşıya kaldılar. İki müthiş zor deplasman: Bernabéu ve Dragao takımın potansiyelini onaylamaya hizmet edebilir; bütün hırçın ve huysuzlara büyük kupaların gerçek toplayıcısı olduğunu gösterebilir ya da tersine Atlético Madrid'i görmekten rahatsız olanlara tüm bu argümanları yöneltebilirdi; Atlético orada, yukarıdadır. Ve onlar gerçek sonuçlara yönelik komploya girişirler, falcıların, asla gelmeyecek olan gelecek hakkındaki felaket tahminleriyle.

Sonunda yeniden bir galibiyet geliyordu Bernabéu'da; ikide iki son iki ziyarette, tam anlamıyla olağanüstü bir maç, 0-1'lik skorla (Diego Costa'nın golüyle) sonuçlanan. Her ikisi de nadiren görülebilen değerleri ortaya çıkardı.

Üç gün sonra, bir diğer büyük zafer. Ve bir kez daha Arda Turan'ın başrolünde olduğu bir karşılaşma.

Atlético Madrid, Dragao Stadı'nı ziyaret ediyor. Onu son iki Şampiyonlar Ligi'nin dışında bırakan bir takımın evi.

Sigarayı bırakmak için çok kötü bir yer. Ancak bu yıl çok farklı. Arda sakallarını bıraktı ve bir oyun stratejisinin içine girdi; Simeone'nin, Fransa 98'de Pasarella'dan öğrendiği.

Atlético Madrid, Portekiz'den zaferle ve turu yarılayarak geldi. Maç, 1-1 berabere gidiyordu, Jackson ve Godín'in gollerinin ardından, sonuçlanmasına sadece beş dakika kalmıştı. Muzaffer galibiyet serisinin orada kesileceği görülüyordu; ne var ki son derece zor olan bir sahada 1-1'lik beraberlik kötü bir sonuç olarak görülmedi. Sonra ne oldu? Porto'nun ceza sahası sınırına yakın bir bölgede faul atışını Gabi kullandı. Helton, beş Portoludan baraj oluşturmuştu. Arda Turan, onların içerisinde saklanırken, Gabi topu onun koşu yoluna doğru bıraktı; Arda ise hızlı bir hareketle topu kontrol etti, döndü ve acımasız bir şut gönderdi. Helton çift elle, topun hükmü karşısında çaresiz kaldı.

Bir başka zafer Şampiyonlar Ligi'nde, bir başka anahtar gol Arda Turan'a ait olan. İkide iki.

El Turco göklerdeydi: "Porto'yla maç yapmak çok zordu. Derbiden geliyorduk ve fiziksel yorgunluktan dolayı son derece zordu. Konsantre olmak da öyle; ancak gerçek şu ki, bizim adımıza çok iyi bir maç ortaya çıktı. Yapmamız gerekenleri yaptık. Gerçek şu ki şu anda büyük bir takıma sahibiz. Mutluyuz. Savaşarak galibiyeti elde ettik. Porto'dan elde ettiğimiz sonuç çok ama çok iyi. Elde ettiğimiz bu galibiyet grup içerisinde bizi birinciliğe yerleştiriyor ve bize sonraki maçlar için büyük bir güven aşılıyor. Ben mutluyum; ne var ki sadece gol atmış olduğum için değil, bütün takımın çok parlak bir performans sergilemesinden dolayı mutluyum. Çok çalışıyoruz. Bütün gün çalışıyoruz, taktik, strateji, her seferinde daha iyi anlaşıyoruz ve bu gol, çalışmakla pek çok şeye ulaşılabileceğini gösteriyor. Gerçek şu ki takım içerisinde hiç kimse geleceği, bir sonraki maçtan çok daha fazla düşünmüyor. Biliyorum herkes sadece bir sonraki maçı konuştuğumuzu düşünüyor; ama gerçek budur. Bizim kafamızda her maç bir final ve bizim bir sonraki finalimiz pazar günü Celta'ya karşı oynayacağımız maçtır. Bundan hoşlanmayan insanlar olabilir; ancak bu Atlético Madrid'in bir tarzıdır. Cholo'ya ait olan bir tarzdır." Gördüğümüz gibi Arda da son derece net onları başarıya götüren yolla ilgili olarak.

Kesin olan şu ki, sezon sevinç yağmurları altında ilerledi. Diego'nun golleri (bunları harikulade şekillerde attı), Villa ya da Raúl García'nın oyuna damga vuran esaslı performansları, Arda, Koke, Gabi, Filipe Luis ya da Tiago'nun gol pasları ve şaşırtıcı bir kolaylıkla ortaya çıkan zaferler.

Arda sıra dışı bir sezon biçimlendiriyor, tek bir geriye gidiş yaşamadan, kaslarıyla ilgili bazı sakatlık problemleri yaşamasının ötesinde (Bu sakatlıklar onu 4 maçın dışında tuttu. Real Betis ve Granada maçları, ekim sonunda, Athletic Bilbao ve Austria Wien, kasım başında) ki bu sakatlıklar değişik vesilelerle milli takımda yaşadıklarıydı.

Grup eleme maçlarında elde ettiği sonuçlar nedeniyle FIFA 2014 Brezilya Dünya Kupası'na gidemeyen bir milli takım, onu kesinlikle etkileyen, sezonun tek büyük firesi oldu.

Hollanda karşısında iç sahada elde edilecek bir galibiyet onların baraj maçı oynaması için oldukça yeterli olurdu; ancak Robben ve Sneijder'in golleri, 0-2'lik sonuçla zaferi turunculara verdi ve Türkiye sonunda eleme gurubunu dördüncü basamakta tamamladı. Birinci Hollanda, ikinci Romanya, üçüncü Macaristan, beşinci Estonya ve altıncı Andorra oldu. Koşullar ne yönde olursa olsun bir başarısızlıktı Türkler adına ve bütün futbol severler için son derece kötü bir haberdi; Bayrampaşa'nın dâhisini Dünya Kupası'nda görme fırsatından mahrum kalıyorduk.

Kasım ayı sportif konuların dışında hoş bir yenilik getirdi. Kasımın (2013) sekizinde Arda ilk sinema filminde sahne aldı: *Hükümet Kadın 2.* Orta saha oyuncusu, bu senaryonun içerisinde, açık alanda futbol oynarken gözüken bir köylüyü canlandırıyordu. Tam maçın ortasında, bir başka köylü Arda'ya yaklaşır ve çalışma alanında futbol oynadıkları için onu azarlar, Arda, kendisini kimsenin yargılayamayacağı yönünde ona cevap verir: "Nereden biliyorsun? Belki futbolcu olacağım, milli takıma gideceğim? İnsanları hor görme!"

Sinema tarihine geçecek bir film olarak görünmese bile, Arda, çok değer verdiği sinema sanatçısı Demet Akbağ'ın ricasıyla yer aldığı filmde, açıkçası, rolünü çok iyi oynadı.

Farklı öyküler, onu dört maçlık serinin dışında tutan küçük kas sakatlıkları... Arda 2013'ü tamamladı; bir kez daha, çok formda olarak.

Sant Andreu'ya karşı 7 Aralık'ta yapılan Kral Kupası'nın ilk maçında, Arda gerçek bir futbol ve gol resitali sergiledi. O akşam iki gol attı. İlkinde, genç çizgi oyuncusu Manquillo'nun verdiği öldürücü pası tamamladı; ikincisinde ise, Adrián, ardından Raúl García'nın verdiği topuk pasında, topa sahip oldu, kendi etrafında döndü iki defans oyuncusu ve kaleciyi yatırarak golü attı.

El Turco'nun turu kesinleştiren bir diğer sanat eseri.

Sonunda, sezon böyle ilerliyor. Zaferler, paslar, büyülü numaralar ve sakalların arasında; bizi futbolun en zengin lezzetiyle akraba kılıyor; çalımlar yeşil karolu halı üzerinde... ve her seferinde daha kuvvetli arzular. Bir diğer akşam, bir diğeri ve diğeri, Atlético kazanır ve Arda tutsak.

Eğer Atlético, metreyle ölçülen oyun sisteminin dışına çıkarsa, Arda'nın gülümsemesi de onun ölçeğinde silinebilir. Ve şu anda Arda kocaman gülümsüyor, sürekli, her an. Onun neşeli hali, sakallarının merkezinde biçimlendirildi ve oradan bütün stadı aydınlatarak genişledi. Ve fark etmez yağmurun yağması, soğuk olması ya da yarının pazartesi olacak olması; çünkü şu anda topa Arda sahiptir; onu saklıyor ve dünya daha az düşmanca bir yerdir, yarın pazartesi olmasına rağmen; beş gün içerisinde yeniden cuma olacaktır. Ancak topu Arda'ya versinler; onu her zaman Arda'ya versinler.

İstanbul'a dönmek ve Arda'yla ilgili konuşmak istiyorum. Tekrar dans etmek beni milyonlarca Türk'le akraba yapacak, gizli bir dans formunda... Gelecekte tekrar o yaza dönmek istiyorum. Çünkü Arda budur, daha iyi ve daha estetik bir gelecek arzusudur.

Bir gelecek, koşmayı bıraktığımız ve kendimizi, ilerlemek için geri gitmeye olanak tanıyan bir düşünceye verdiğimiz; ve bir gelecek, ne gülümsemeyi, ne çaba sarf etmeyi terk etmek olarak yorumlayan, ne de boş bir ciddiyetsizlik olarak algılayan...

Evet, İstanbul'a döneceğime inanıyorum. Ve sakal bırakacağım.

GURUR, MUTLULUK VE KENDİNİ ÖZEL HİSSETMEK

Arda Turan, kendisiyle ilgili olarak yazılan *Arda Turan: Bayrampaşa'nın Dâhisi* isimli biyografi adına, İspanyol Diario *AS* gazetesinin Türkiye temsilcisi Özgür Sancar'a Madrid'de açıklamalar yaptı.

11 Nisan 2014, Cuma
Arda Turan, kendisi için İspanya'da yazılan bir biyografinin heyecanını için için yaşıyordu.
Bu onun İspanya'da başarılı olduğunu gösteriyor ve daha da önemlisi daha fazla başarılı olmak adına onu motive ediyordu.
Biyografinin Türkçe versiyonunun bir an önce çıkması ise en büyük arzusuydu; çünkü bu kitabın tek bir gence bile ilham kaynağı olması, başarıya ulaşması demektir.

"Motivasyonumu artırdı."
Özgür Sancar: *Türkiye'den Avrupa'ya gelen bir futbolcu için ilk kez bir yabancı yazar bir kitap kaleme aldı. Bu sana neler hissettirdi?*
Arda Turan: Umarım kitap gençlere örnek olur. Bu kitap benim İspanya'da başarılı olduğumun göstergesidir. Motivasyonumu daha da artırdı, bundan sonra çok daha büyük bir istekle başarılı olmak için çalışacağım.

"Örnek olabilecek bir eser."
Özgür Sancar: *Türkiye'de nasıl bir etki uyandıracak?*
Arda Turan: Emeği geçenlere öncelikli olarak çok teşekkür ediyorum. Benim için çok önemli. Bu kitabı okuyacak gençler ve

bununla birlikte yaşayacak insanlara kitapta anlatılanların bir ilham kaynağı olabileceğini düşünüyorum. Benim için bu onur verici. Buradaki motivasyonumu artırdı.

"Kitap başarılı olduğumun bir ispatı. Daha çok çalışmamı sağlayacak."

Özgür Sancar: *Sana verilen değer ve sevginin büyüklüğünü de ifade ediyor olsa gerek?*

Arda Turan: Buraya geldiğimde başarılı olmak çok önemliydi. Bu kitap benim başarılı olduğumun bir ispatıdır. Bu nedenle bu kitap bana artı motivasyon kattı. Daha çok çalışıp, daha iyi futbol oynayıp, daha fazla şeyler ortaya koyarak bunları geliştirmek istiyorum.

"Sevgisiz hiçbir işi yapmadım. Mutlu olmak benim için birinci felsefedir."

Özgür Sancar: *Ardaturanizmo diye bir felsefeden bahsediyorlar. Bunu nasıl algılıyorsun?*

Arda Turan: Ben hayatım boyunca her işi sevgiyle yaptım. Sevginin olmadığı hiçbir şeyi yapmadım. Bununla yaşıyorum. Sevgisiz olanlar bir şekilde dökülüp gidiyorlar. Bu kitabın bazı bölümlerinde de var. Kazanmak tabii ki önemli; ama bizim için birinci felsefe mutlu olmak. Mutlu olmak için beraber iyi şeyler paylaşmalıyız. Biz olmak, paylaşmak. Hayat felsefemi de yansıtıyor, kitabın pek çok parçası. Bu nedenle beni mutlu etti. Beni anlatan bir kitap olduğunu düşünüyorum. Dışarıdan toplanan bilgiler beni anlatabiliyorsa, bunlar çok güzel; demek ki içi dışı bir olan bir insanım. Kitap aslında bunu ispatlıyor. Dışarıda nasılsam, içeride de öyleyim. Bu nedenle bu kitap benim için önemli.

"Bir genç bile ilham alsa, kitap amacına ulaşmış demektir."

Özgür Sancar: *Özellikle genç kuşağa mı etki edeceğini düşünüyorsun?*

Arda Turan: Türkçeye çevrildiğinde, ülkemdeki gençler de okuduğu zaman benim için ayrı bir anlam kazanacak. Bir tek çocuğa bile ilham kaynağı olursam, bir genç arkadaşımıza fayda sağlayabilirse bu kitap bence amacına ulaşmış olur.

"Bana kendimi özel hissettiriyor."

Özgür Sancar: *Ailen ve yakın çevren nasıl karşıladı bu kitabı; ne dediler?*

Arda Turan: Herkesin çok hoşuna gitti. Çok gurur duyduk. İnsan gururlanıyor. Ama tabii ki daha iyisini yapmak için artı bir motivasyon oluyor. Demek ki bazı şeyleri yapabiliyoruz. Bu özel bir duygu. İspanya'da bir Türk'ün kitabının yazılması bana kendimi özel hissettirmiyor desem yalan olur. Ailem çok mutlu oldu. Arkadaşlarım çok mutlu oldu. Gurur, mutluluk, özel olma hissi... bunlar çok önemli ama, benim için en önemli olan şey, bu kitabın genç arkadaşlara örnek olabilecek, onları heveslendirebilecek, ilham kaynağı olabilecek bir şey olması, spora yaklaştırabilecek olmasıdır. Beni seven küçük kardeşlerim bu kitapları okusunlar. Sadece benim kitabımı değil, kitap okusunlar. Belki bu kitap da onlara ilham kaynağı olur.

"Ben bireysel başarının değil, takım başarısının peşindeyim."

Özgür Sancar: *Atlético'daki başarıların ayrıntılarıyla bu kitapta anlatılıyor. Nedir bu başarının sırrı?*

Arda Turan: Ben her zaman takım için çalışıyorum. Biz çok iyi bir takımız. Hiçbir zaman bireysel düşünmüyoruz. Arda da gülümsemesiyle, çalışmasıyla, saha içi ve dışındaki enerjisiyle takımına bir şeyler katabiliyorsa ne mutlu bana.

"Nereye gidersem gideyim Galatasaray patentini gururla taşıyacağım."

Özgür Sancar: *Kitap, Galatasaray'ın Avrupa'da var olan itibarını pekiştiren ya da daha fazla tanıtımının yapılmasını sağlayacak bir işlev görecek mi?*

Arda Turan: Ben Galatasaray patentli bir oyuncuyum, oradan yetiştim. Hayatımda nereye gidersem gideyim gururla taşıyacağım, onurla taşıyacağım bir unvan benim için Galatasaraylılık. Kitabın içerisinde de olması çok normal. Galatasaray'ı tanıtması da çok önemli. Ben ülkemi, yetiştiğim kulübü burada en iyi şekilde temsil etmeye çalışıyorum. Atlético Madrid Kulübü yöneticilerine ve herkese bana bu imkânları sağladıkları için, beni burada kendimi özel ve rahat hissettirdikleri için çok teşekkür ederim. Sana, yazar Juan ve yayımcı Al Poste'ye çok teşekkür ederim. Umarım kitap amacına ulaşır. Benim hayatım boyunca unutamayacağım çok önemli bir anının sahibi olmamı sağladı bu kitap. Umarım kitap amacına ulaşır, sevgiyle, kardeşlikle...

TOP KRİSTAL BİR KÜRE OLSAYDI, ARDA ONU KIRMADAN OYNARDI

"Bazen bana soruyorlar, Arda Turan hakkındaki bu kitabı yazma ihtiyacı nasıl ortaya çıktı diye. Bu noktada sadece şunu söyleyebilirim; bir şekilde, sürekli onunla ilgili bir şey yazmam gerektiğini biliyordum. Her çalım bir kitabı çağırır. Her işaret bir satırdır, dörtlüğün içerisinde.

Arda kanadı kapatmaya ve kıvrılarak ilerlemeye başladığında ve topu sakladığında 60.000 seyircinin karşısında, onun büyüsü sonsuza kadar bir kitabın sayfalarında yazılı kalmayı istiyordu. Her çalım, her pas, her gülümseyiş, her golde bu duyguları toplamak ve kelimelere dökmek yapmayı istediğim şeydi. Bu nedenle yazdım; çünkü Arda raflardaki yerini hak ediyor."

Bu sözlerle anlattı, İspanyol yazar Juan E. Rodríguez Garrido, Özgür Sancar'la yaptığı söyleşide Arda için neden kitap yazmak istediğini (30 Mart 2014, Pazar). Ardından ekliyordu: "Arda farklı bir oyuncudur. Bana onun hakkında ne düşündüğümü sorarsanız, futbolu yaşayarak oynadığını söylerdim. Arda mutlu bir kişidir, güleç, iletişim kurulabilir ve onun oyunu mutluluğu yansıtır. Cömertlikten gelir, diğerleri için oynar."

"Her çalımı, golü; her gülüşü beni bu kitaba götürdü."
Özgür Sancar: *Arda'yla ilgili kitap yazma fikri nasıl ortaya çıktı?*
Juan: Arda'nın maçlarda her çalımı, bana bu kitabı yazmam için sesleniyordu. Her ipucu, her jest benim için bir satır oldu. 60.000 taraftar önünde yaptığı her büyülü hareket bu kitabı ça-

ğıran bir ses oldu. Atlético'daki ilk sezonundan bu yana Arda'yla ilgili bir kitap yazmam gerektiğine inandım. Onun attığı her gol, her pas, her çalım, her gülümseme ve bütün içten sözleri onun kitabının raflarda hak ettiği değerli yeri almasını sağlıyordu.

"Takımı için, insanları mutlu etmek, gülümsetmek için oynuyor."

Özgür Sancar: *Sanırım son derece duygusal bir metin oldu. Ne düşünüyorsunuz Arda'yla ilgili olarak?*

Juan: Bütün duygusal metinleri hak eden bir insan. Arda mutluluğu, içten gülümsemeyi, mutlu eden bir futbolu, kabul edilebilirliği simgeliyor. Cömert bir oyuncu, takımı için, arkadaşları için oynayan bir oyuncu. Bencillikten son derece uzak, asla kendi tatmini için oynamıyor. Video oyunlarındaki "süper futbol yıldızları" gibi suni değil. Çok içten, o gol atmaktan çok attırmayı seven gerçek bir futbolcu. İstanbul'un mütevazı semti Bayrampaşa'nın sokaklarında futbolla tanıştı ve o anda futbol topuna konsantre oldu. Bu aslında onun karakterini ve futbol stilini belirledi. Onun Bayrampaşalı kimliği, semti, ailesi, arkadaşları, bugün kurduğu candan ilişkilerin, iyi kalpliliğinin temelini oluşturuyor. Diğer insanlarla kolay ve mükemmel ilişkiler kurmasının şifresi bu. Bayrampaşa'nın arabaların dip dibe park ettiği dar sokakları Arda'nın bugün geldiği muazzam aşamaya hiç şüphe bırakmayacak şekilde temel teşkil etmiştir. Bu öz Arda'yı kuvvetli ve başarılı yaptı, o özünü hiç unutmadı. Orada kendini rahat hissediyordu. Rakiplerinin etrafından savunduğu kanadı kat eder ve Bayrampaşa'ya döner, duraklar ve arabaların arasına. Her zaman temiz ve zarif çıkartır oradan topu, atölyelerin kapısına yeni bir orta yapmak için. Arda. Mutluluk. Bayrampaşa. Üç yüzü olan bir madalyon gibi.

"Bir dünya yıldızı bence o, hatta bundan daha fazlası."

Özgür Sancar: *Size göre ve tabii ki İspanyol futbol severlere göre, Arda, futbolda bir dünya yıldızı mıdır?*

Juan: Gülüyor ve düşünüyorum; kesinlikle öyle. Nedir dünya yıldızı olmak? Twitter'da 8 milyon takipçiye sahip olmak mı? Bir pop yıldızıyla çıkmak mı? Son günlerde bu bağlamda hata yapıyoruz. Arda, futbolda dünyanın en iyi 10 isminden bir tanesidir. En önemli referanslarından bir tanesi, Atlético Madrid gibi dünyanın en iyi takımlarından birinin en önemli parçası olmasıdır. Onun için bir dünya yıldızı tanımlaması yetersiz kalır. Ancak bana göre Arda bunların hiçbirini umursamaz. Çünkü o mutlu olmak için futbol oynuyor. Başkalarını mutlu etmek, gülümsemelerini sağlamak için oynuyor. Bir dünya yıldızı mı? Bence o bundan daha fazlası. O Arda Turan.

"Ardaturanizmo, mutluluğu içeren bir felsefe oldu."
Özgür Sancar: *Arda, Atlético için ne ifade ediyor?*
Juan: Simeone'nin Atlético'su, kulüp tarihinin en iyi takımı. Hızlı, güçlü, hep kazanmak isteyen. Arda, en ihtiyaç duyulan anda topu kusursuzca saklayıp rakipleri ateşe atan; takımına karanlık ve soğuk okyanus sularında deniz feneri gibi ışık veren, yol gösteren bir karakter. Gece yarısı karşılaştığınız bir ışık. Bu Atlético ona ihtiyaç duyuyor. Tribünlerin ona ihtiyacı var. Biz bütün gole kapalı kaleler önünde her zaman anahtar gibi kapıyı açan bir Türk olduğunu bilmekten mutluluk duyuyoruz. Bütün bunlardan dolayı bu kitabı yazmaya karar verdim. Kitabı yazarken Arda'yı çok daha iyi tanıdım. Pek çok kişiyle konuştum, tanıştım. Oyuncuya hayranlık duymamızı sağlayan çok ilginç şeyler çıktı, herkesin ilgisini çekebilecek şeyler. Onun kariyerini şekillendiren çok önemli maçları dikkatle inceleyip, kitaba taşıdık. Galatasaray, Manisaspor, Atlético Madrid ve Türk Milli Takımı'ndaki süreçlerine kapsamlı bir projeksiyon tutmaya çalıştık, İspanyol basınında makaleleri tarayarak. En çok ilgimi çeken tema Ardaturanizmo olarak tanımlanan bir felsefe oluşmasıydı. Bu son derece seküler olan felsefenin biricik amacı mutlu etmektir. Bu, İspanya'da bile zor görülen bir dalgadır. Tabii pek çok İspanyol gazeteci Arda'ya bu felsefi anlamı yüklediler. Arda'nın bize ifade ettiği şeyler, hepimizi çok mutlu ediyor.

"Atlético için karanlık ve soğuk okyanusta bir deniz feneri."

Özgür Sancar: *Son olarak?*

Juan: Arda, Arda olduğu için, oynadığı doğal futboluyla bizi mutlu ediyor. Bizi mutlu ediyor, sabahları kahve kokusunu duyumsar gibi, sıcak bir yaz gününde soğuk suda duş yapmak gibi. Mutluyuz; çünkü eğer futbol topu bir kristal küre olsaydı, Arda onu kırmadan futbol oynayabilirdi. Mutluyuz; çünkü Arda bize başka türlü de futbol oynanabileceğini gösterdi; başka türlü de yaşanabileceğini gösterdi. Ve bu bize umut veriyor.

EL PAÍS
Bizi Arda Turan'a Hayran Eden Bir Avuç Neden

Ardaturanizmo her şeyden önce bir estetiktir; birilerinin gülümseyen futbol imgesidir.

Türk futbolcunun başarı anahtarını, kırmızı beyazlı renklere olan bağlılığını inceledik.

Bu spot cümlelerle başlar Juan E. Rodríguez'in ülkenin en saygın gazetesi *El País*'e *Arda Turan: Bayrampaşa'nın Dâhisi* kitabıyla ilgili verdiği röportaj (1 Nisan 2014).

Görünüşe göre iki kutuplu bir dünyada yaşıyoruz. Sen Real Madridli ya da Barselonalı, Messi'li veya Ronaldo'lu, PP ya da PSOE (İspanya'daki siyasi partiler), modern ya da *ana akımcı*... ve neredeyse sonsuza kadar uzanır...

Fakat bizi aldatmaz, her zaman var olan renkler, seçenekler ve yollar. Ve onlardan bir tanesi, hakkını arar savaşçı cesaretiyle, Atlético Madrid'de, orta saha oyuncusu olan Arda Turan (İstanbul, 30 Ocak 1987). Medyatik odaklardan uzak olan yıldızlardan bir tanesidir, saha içerisinde ve dışında takdir edilir.

"Türk Beckham" adını takarlar ona, ülkesinde, gerçek bir ünlü olduğu yerde. Elbette ki bu unvanı İspanya'da da kazanır. Nedenlerini yakından irdeledik, takımının Barselona'ya karşı Şampiyonlar Ligi yarı final ilk maçına çıktığı gün.

Bu fenomene ışık tutuyor Juan E. Rodríguez Garrido, yazımını tamamladığı *Arda Turan: Bayrampaşa'nın Dâhisi* kitabıyla. İlk soru bir zorunluluk: "Ne anlama geliyor bu izmo; tutkuyu ayaklandıran, Twitter'da milyonlarca hashtag'ın birikmesine neden olan Ardaturanizmo isimlendirmesi?"

"Pek çok yönden savunulabilir ve hiçbiri kesin olmayabilir. Ardaturanizmo her şeyden önce bir estetiktir. Futbolu gülerek oynamanın fikridir. En fazlasını vermek ve mutlu olmaktır. Bir şekilde etkileyici olan şeyler, hayatın güzellikleri, cömertliğin düşüncesi futbol oynarken, herkes koşarken yürüyerek gitmek, hızlandıklarında frene basmak ya da hızlanmak onlar dururken," şeklinde açıklıyor Rodríguez. "Arda Turan bizi büyüledi: çünkü sempatikliği her yere yayılıyor. Büyüleyici ve güçlü biri. Onun hayatıyla ilgili ne kadar detay varsa, hatta fazlası, bize bu bahsi getirdi, şey... daha çoğunu," sözlerini ilave ediyor yazar ve meydana getirilen Ardaturanizmo'nun anahtarlarını bulmak için bize mükemmel bir başlangıç sunuyor.

Kökeni ve Hepsinden Öte Mütevazı Tutumu

"Benim futbolum sokak futboludur esasen," diyordu Arda Turan *Líbero* dergisindeki bir röportajında. Özellikle bir sokak, mütevazı Bayrampaşa semtinin, İstanbul Boğazı'nın Avrupa yakasında yer alan. Bir şeyler onun karakterini belirledi, gerçekten iyi bir insan oldu. Esaslı, içi dışı bir.

"Asla özünden kopmadı, bu meşhur futbol düellosunda," şeklinde açıkladı Rodríguez. Sonra anlamamız için bize örnek verdi: Arda iki köpeğe sahipti, isimleri Bayram ve Paşa olan. Ayrıca ekledi: "Mahalle sakinlerinin kesilmiş elektrik ve su faturalarını ödediğinin söylenmesi onu rahatsız eder; çünkü o övünmeyi sevmez. Parası olduğunda ilk olarak babasının hayalini gerçekleştirdi. Ona hep arzu ettiği benzin istasyonunu aldı. Ve İspanyolca konuştu; ancak hep Ata'yla, onun arkadaşı, tercümanı ve sağ kolu. Ona neden İspanyolca konuşmadığı sorulduğunda, basitçe cevapladı: O zaman Ata ne iş yapacak?"

Onun Cömert Futbolu

"Gol atmayı severim; ama takım arkadaşlarıma gol attırmayı daha çok severim. Gol atmaktan çok gol attırmayı düşünürüm," şeklinde anlatıyordu tutumunu Diario *AS*'a verdiği röportajda.

Turan, Türkiye'nin en meşhur futbolcularından bir tanesidir. Geçen sene (2013) ülkesinde yılın en iyi futbolcusu seçildi. Henüz 17 yaşındayken Galatasaray'da kutsanan bir oyuncuydu ve pek az bir tartışma ve üzüntüyle oldu onun İstanbul'daki taraftarlardan ayrılması; üç sezon oldu Atlético Madrid'de; 2017'ye kadar kalmasının öngörüldüğü yerde.

Ancak gelecekten ayrı olarak, kendi özelinde ince ve sempatik bir karaktere sahiptir, bu kesinlikle sportif olanın ötesindedir. Ve sonsuz gülümsemesi. "Bir sona kadar gülünebilir," biçiminde özetliyordu düşüncesini *El País*'teki bir röportajında.

Ayrık Yıldız

Arda Turan ve 2009'dan bu yana sevgilisi olan, model ve oyuncu Sinem Kobal gerçek birer ünlüdürler Türkiye'de. Onun imajı orada sihirle birleşir.

Bu çift, kalıcı biçimde kapak fotoğrafı yapılmak için magazin basını tarafından kovalanır.

"Onunla sözleşme imzaladığımızda, elit bir futbol ortamının tadına varma arayışı içerisindeydi; ama aynı zamanda normal bir yaşamı arzuluyordu, İstanbul'da imkânsız olan," ifadeleriyle açıklıyorlardı Atlético Madridli yetkililer Arda'yı transfer ettikleri dönemle ilgili düşüncelerini.

Bu, İspanya'da bulabileceği bir incelikti. "Yaşam burada sakin ve insanlar futbol izlemenin tadını çıkarıyorlar," ifadelerini kullanıyordu Türk oyuncu son doğum gününden sonra *Goal*'e verdiği röportajda.

Onun Tarzı

Eğer onun sahadaki kodu estetikse, saha dışındaki kodu da, o sakalıyla, fazlasıyla ikonik olmaktır. Turan'ın stili İspanya'ya geldiğinden bu yana olgunlaştı. Onu çocuksu yapan lüleli saçlardan, son zamanlarda alıştığımız Spartalı imajına geçti.

Geçen sene dönüm noktası oldu; Santiago Bernabéu'da Real Madrid'e karşı kupa finalini kazandıktan sonra kafasını kazıttı.

"Bunu yapacağıma söz vermiştim ve sözümü yerine getirdim," diyordu gazetecilere.

İddialı Bir İmaj

Saha içerisinde onu seviyorlar ve markalar onu arzu ediyor. Arda Turan, Nike'ın Türkiye'deki imajı ve dünya çapındaki son kampanyaya katılımını tamamlıyor, Iniesta, Götze ya da Silva'yla birlikte, Brezilya'daki Dünya Kupası'nda kullanılacak kramponların promosyonu için.

Fakat onun reklam dünyasıyla işbirliği bunun çok daha ötesindedir. Ünlü giyim markası Defacto'nun 2012'de çekilen reklamında Paris Hilton'la birlikte yer aldı ve şimdi öyle gözüküyor ki müziğin büyük divalarından Beyoncé'ye bir spotta eşlik edecek.

Ve eğer reklam dünyasında ona tapıyorlarsa, sinema da ona ısrar edecek. Futbolcu geçen sene yedinci sanatta iki dakikadan fazla bir süre sahne aldı, *Hükümet Kadın 2* filminde, ayağında topla.

Tekerleklerin Kaprisi

Arabalar ve futbolcular birlikte bir konudur; ancak nadiren başarısızdır. Arda da öyle; dört tekerlekle ilgili tutkuludur; nüanslara rağmen.

20 yaşında bile değildi bir Aston Martin DB9 kullandığında; onunla, yaralanmadığı bir kaza atlatmıştı. "Artık bir Aston Martin'e sahip değilim. Bu tür kaygılar taşımıyorum; ailemi ve geleceğimi düşünüyorum," diyordu *El País*'te birkaç yıl önce.

Onun baştan çıkarıcı gülümsemesi bizi aldatmamıştı. Şu anda Ferrari 458 ve Range Rover kullanıyor. Daha fazla değil.

SON SÖZ

Gözünü Budaktan Sakınmayan Spartalı Savaşçı

M. ÖZGÜR SANCAR

Arda, hiç şüphe yok ki, son 10 yılda Türkiye'nin dünya futboluna armağan ettiği büyük bir yıldızdır. Özelde ise, Galatasaray'ın kurucusu Ali Sami Yen'in ifadesinde cisimleşen, "Bizim temel hedefimiz Türk olmayan takımları yenmektir," düşüncesinin, yani başarıyı dünya ve Avrupa düzeyinde alınacak derecelerle tanımlayan felsefenin bir ürünüdür. "Benim biricik hedefim burada ülkemi ve Galatasaray'ı en iyi şekilde temsil etmektir," derken Arda bu bahsettiğimiz temel fikre ne kadar sadık olduğunu, bu düşüncenin tam olarak bilincine vardığını ispatlamaktadır, her defasında.

Arda, kulübünün büyük projelerinden bir tanesidir ve Galatasaray'ın bu büyük projesinin, sportif açıdan başarıya ulaşmadığını düşünmek mümkün müdür? Değildir elbette ki... Bu, tarafgir bakış açısından, sübjektif yorumlamalardan bağımsız şekilde, yaşadığımız anın içerisinde, koca bir realite olarak kendini göstermektedir. Arda iyi bir futbolcuydu, takımında Avrupa'da oynayabilecek bir oyuncu olarak ön plana çıktı; altyapıdan A takıma uzanan serüveninde sürekli bu gerçekleşmesi mümkün olan geleceğe işaret edildi. Avrupa'da oynayabilecek yeteneklere sahipti, keşfedildi ve rüştünü ispatladı. Galatasaray, ona Avrupa kapısını ardına kadar açmıştı. Reddetmedi; kapıdan içeri girdi ve 2011 yılında transfer olduğu Atlético Madrid'de, 3 sezona tam 4 büyük kupa sığdırdı.

"Rüyalarımın peşinden koşuyorum. Atlético Madrid'e yardımcı olmaya, burada kupalar kazanmaya geldim," demişti; ilk sezonundan başlayarak dediğini yaptı. Atlético Madrid, 2011-2012 sezonunun Avrupa Ligi Şampiyonu oldu. Bükreş'teki final hayallerinin peşinden koşan El Turco'nun üzerinde bütün yeteneklerini sergilediği bir sahneye dönüşmüştü; oyunun sonunda kopan alkış tufanı, onu bir kez, bir kez daha düşler sahnesine çıkmaya davet ediyor, yaşadığı gurur ve mutluluğun gözyaşlarında anlam bulmasını sağlıyordu. Seremoni öncesi ve sonrasında sırtında Türk bayrağıyla attığı her bir adımın biricik anlamı, artık onun sadece kulübünü değil, tüm ülkeyi temsil ettiği yönündeydi. Arda Turan tüm Galatasaraylıları, Beşiktaşlıları, Fenerbahçe ve diğer bütün takımları, halkının tamamını temsil ediyordu. 2000 yılının 17 Mayıs'ında, henüz daha çok küçükken, Kopenhag'da olanları, gözlerini kocaman açarak, televizyondan izlediğinde, aslında imgeleminde yer etmişti düşler sahnesinde bu büyük ülkeyi temsil etme düşüncesi.

Bükreş'teki muhteşem zaferin birkaç ay sonrasında, 2012 Ağustos'unda, sıra bir başka meydan okumaya, futbolun sadece büyük bütçelerle, yıldız olarak tanımlanan oyuncuların göz kamaştıran imajlarıyla oynanmayacağı gerçeğini göstermeye sıra gelmişti. Monaco'da, tanıdık bir yerde, Süper Kupa finalinde bu kez rakip Chelsea'ydi. Arda'nın üzerinde taşıdığı, koyu mavi şeritlerle süslü kırmızı beyaz çubuklu forma sahanın her santimetre karesinde baskın olandı. Chelsea'yi, 2012 yılı Şampiyonlar Ligi Şampiyonu'nu yenerek büyük kupaya ulaştıkları gece, artık çok daha kesin bir dille, "Hayallerinin peşinden koşmayacaksın, onları gerçekleştireceksin!" demenin zamanı gelmişti.

Arda Turan, hayallerini tek tek gerçekleştiriyordu; ama onun düşleri ufuk çizgisine gitmeyi arzulamak gibi olmalıydı ya da küçük bir çocuğun, bir akşamüstü papatyalarla bezeli tepede, batmakta olan güneşin, kendisine çok yakın olduğunu, güneşe dokunabileceğini düşünmesi kadar katıksız ve derin olmalıydı.

Avrupa Ligi ve Avrupa Süper Kupası şampiyonluğu hiç kuşku yok ki büyük zafer adımlarıydı; ama yeterli değildi. Arda'nın hedefleri bununla sınırlı olmamalıydı: "Bundan sonraki aşamada hedeflerimden bir tanesi Şampiyonlar Ligi'nde final oynamak."

Dünyanın en büyük futbol organizasyonu Şampiyonlar Ligi ve bu büyük yarışmanın finali... sıra gelecekti; ancak öncesinde yapılması gereken başka işler vardı.

Onların en başında ise şehrin diğer takımı, ezeli rakip Real Madrid'e, tam 14 yıldır verilemeyen cevabı vermek geliyordu. Eminim tüm Atlético'luların, Kral Kupası'nın ilk maçından itibaren en derinlerinde sakladıkları duygu buydu. Doğru bir mecra, Kral Kupası: "Barselona ve Real Madrid'le lig şampiyonluğu için yarışmak zor; biz kimseden korkmuyoruz ama, lig şampiyonluğundan bahsetmek de istemiyoruz. Maç maç düşünüyoruz. Ligde temel hedefimiz bizi Şampiyonlar Ligi'ne taşıyabilecek sonucu almaktır," diyordu Arda. Ligde ilk dördün içerisinde olmak temel hedefti; fakat Atlético o sezonu kupasız geçmek istemiyordu. Bunu kabul edemeyecek bir teknik direktörleri, artık buna tahammül gösteremeyecek bir taraftar grubuna sahiptiler.

Cholo Simeone, elindeki takımla eleme usulüne dayanan yarışmalarda hedefe nasıl gideceğini çok iyi biliyordu. 2013'ün 17 Mayıs'ında ezeli rakibin evinde, bir futbol mabedi Santiago Bernabéu'da bunu bildiğini bir kez daha ispatladı. Atlético, Real Madrid'i 1999'dan sonra ilk kez mağlup ediyor, Bernabéu'da kraliyet armalı rakibinin evinde, Kral Kupası'nı, İspanya kralından alıyordu. Vicente Calderón'un kralı; o 17 Mayıs'tan bir sonraki sezonun final maçına kadar, aslında, tüm İspanya'nın kralı olmuştu. Ve Arda, tam da bize özgü bir jestle, maçı kazanmaları durumunda kesmeyi vaat ettiği kıvırcık saçlarıyla o gece soyunma odasında vedalaşıyordu. Verdiği söz erkek sözüydü. Geri adım atılamazdı. Zaten hayatının her evresinde verdiği sözlere sadık kalmayı kendine esas edinmişti. Verdiği söz sözdü; çünkü büyük bir arzuyu, Real Madrid'i yenerek bir büyük zafere daha imza atma arzusunun yoğunluğunu yansıtıyordu. Kitabın içerisinde değişik vesilelerle vurgulanıyor, takım arkadaşı Mario, elindeki tıraş makinesiyle Arda'nın saçlarını acemice kazımaya kalkışmış olmalı ki, Arda, canının yandığını ifade eden bir söz, İspanya'da gündelik yaşamda çok kullanılan bir argo kelime ("Slowly cabrón!" "Yavaş ol ulan!") kullanıyor ve bu, gecenin mutluluğunu pekiştiren, son derece sempatik bir anı olarak hâlâ İspanyol basınının notları arasındaki güncelliğini koruyor.

Bahsettiğimiz detaylar Arda Turan'ın bir mutluluk felsefesi olarak, İspanyol gazeteci, yazar ve futbolseverleri tarafından teorize edilmesine; "Ardaturanizmo" düşüncesinin ortaya çıkmasına temel teşkil ediyordu.

İki Önemli Figür

Arda'nın futbol kariyerinde belirleyici olan pek çok isim vardır; saymakla bitmez belki, ama bunlardan ikisinden özellikle bahsetmek gerekir. Fatih Terim ve Cholo Simeone. Arda'nın keşfedilmesinde, milli takım da dahil olmak üzere basamakları tırmanmasında, onun kaleyi daha çok denemesini, çok cesur biçimde gole gitmesini, bunu yaparken mücadele ve savunma özelliklerini de geliştirmesini sağlayan Fatih Terim'dir. Ve Cholo Simeone, belki de yıllar önce yapılan bu telkinlerden habersiz biçimde aynı gereksinimleri talep etti Arda'dan. Çıktığı ilk antrenmandan başlayarak, oyun ritmi ve fiziksel değerler açısından daha üst seviyede olması gerektiğini düşündü ve İspanya Ligi'nin, Türkiye Ligi'nden farklı olan tempo ve oyun anlayışına bu şekilde erişebileceğini düşünerek, yıllar önce Terim'in verdiği telkinlerin aynısını Arda'ya verdi.

Arda, Atlético'ya adım attığı ilk sezonun ortasında, Cholo'yla tanıştı. Bu tanışıklık, iki buçuk yıldır, her geçen gün daha da sağlamlaşarak, ömür boyu sürecek bir dostluğa dönüşüyor.

Diego Pablo Simeone, futbolculuğunda olduğu gibi, antrenörlüğünde de hırslıdır. Tüm benliğiyle hedeflere kanalize olur. Belki artık futbol oynamıyor; ama kulübede sanki sahada oynayan kendisiymiş gibi takımını yönetiyor. O başarıya giden yolda bir fenomen ve bugün hayallerini yakalayan, hayallerinin peşinden koşan Arda'nın çok daha iyi bir futbolcu olarak Avrupa'nın gündemine gelmesinde, Şampiyonlar Ligi finaline kadar gitmesinde belirleyici olandır.

18 Yılın Özlemini Dindiren Adamlar

Arda'lı Atlético Madrid, 2013-2014 sezonunda bir özlemi daha dindirdi; tam 1996'dan bu yana –ki o dönemde Simeone takımın futbolcularından bir tanesiydi– hasret kalınan lig şampiyonluğunu Calderón'a yeniden hediye etti.

Son haftalar itibariyle kâbusların da görüldüğü bir lig finali oldu. Şampiyonlar Ligi ve La Liga'yı bir arada götüren Atlético, sondan üçüncü hafta Valencia'da Levante'ye 2-0 yeniliyor; hem de Barselona'nın Getafe'ye, Real Madrid'in Valencia'ya puan kaybettiği haftada, sonraki hafta ise evinde, Málaga'ya karşı, son anlarına 1-0 geride girdiği maçta zorlanarak beraberliği kurtarıyordu.

Final ise yine büyük bir rakibin evinde gerçekleşiyordu. Nou Camp'a bir beraberlik alması durumunda şampiyon olacak takım olarak giden Atlético Madrid, 32. dakikada Alexis'in hafızalardan uzun süre silinmeyecek golüyle 1-0 geriye düşüyor; bu gol Atlético'yu kıyısına geldiği şampiyonluktan edecek diye düşünülürken, ikinci yarının başında, dakikalar 51'i gösterdiğinde, Uruguaylı Godín, Gabi'nin kornerden yaptığı ortada, belki de hayatının en yüksek sıçrayışını gerçekleştiriyor, hatırı sayılır ölçüde havada asılı kalırken, vurduğu mermi gibi kafa şutu, Barselona, Calderón, İstanbul ve İspanya'nın her köşesindeki Atlético'luları havaya zıplatıyordu.

Arda ise bu heyecanı 22. dakikadan sonra kulübede yaşamak zorunda kalmıştı. Cesc Fàbregas'ın darbesi sonrası, maruz kaldığı ani hareket değişikliği nedeniyle kaslarında dayanılmaz ağrılar hissediyor ve pozisyonun devamında yeşil zemin üzerine yığılıyordu; acı ve isyanı çimlere attığı tokatlar ve gözyaşlarına yansımıştı. Gözünden süzülenler bu talihe isyan ederken, çizgide onu kucaklayan, büyük destekçisi Cholo Simeone'ydi. O da Arda'yı teselli etmeye çalışıyor, ama adalesindeki sorun nedeniyle daha maçın 13. dakikasında oyundan çıkmak zorunda kalan Diego Costa'nın yokluğunun da yarattığı öfkeyle ağzından dökülen isyan sözcüklerine engel olamıyordu.

Sonunda 90+3'te Mateu Lahoz'un düdüğü tüm acıları dindiriyordu: "Çok güzel bir iş başardık. Takım arkadaşlarımı tebrik ediyorum. Tarihteki en zorlu şampiyonluklardan birini gerçekleştirdik. Çünkü Messi'li Barselona'yı ve Ronaldo'lu Real Madrid'i geçtik. 3 sene önce buraya geldiğimde söylemiştim. Daha çok mücadele ederek, daha çok koştuk, bugün takım olduğumuzu gösterdik ve şampiyonluğu kazandık," diyordu Arda, tüm acılara bedel olan, 18 yıl sonra gelen şampiyonluk adına.

Ağrılarına karşın oyunda kaldığı 22 dakika boyunca 2,7 kilometre koşan, sezonun genelinde ise 30 maçta 1926 dakika oynayan, 3 gol atıp, 4 gol pası veren Arda, bundan daha da önemli olarak takımını sayısız pozisyona hazırlayan, arkadaşlarını ve tribünleri ateşleyen futbolcu olarak bu haklı şampiyonlukta yüzde yüz belirleyici olmuştu. Arda, 2013-2014 sezonunda, Kral Kupası'na yarı finalde veda eden takımı adına, oynadığı 5 kupa maçında iki gol üretmişti.

Fakat gerçeğin küçük bir bölümünü gösteren istatistikleri bir kenara bırakırsak –ki Şampiyonlar Ligi'nde finale kadar, oynadığı 9 maçta 4 hayati gol atıp, pek çok pozisyonun hazırlayıcısı oldu– Arda Turan, tam anlamıyla, 4 yılda dördü Avrupa'da olmak üzere 6 büyük kupa kazanan Atlético Madrid takımının, 2011-2012 sezonundan bu yana değişmeyen temel parçası olmayı başarmıştı.

Atlético Madrid ve Arda, Şampiyonlar Ligi Finalinde
"Hayalim Şampiyonlar Ligi'nde final oynamak," dedi Arda, buna çok da yaklaştı. Tarih 30 Nisan 2014. Şampiyonlar Ligi yarı final rövanş maçı. Stamford Bridge, Londra. Bir süre önce onun ilk göz ağrısı, Galatasaray, burayı ziyaret etmişti.

Madrid'de neredeyse 9 oyuncuyla ördüğü duvar sonrası 0-0'lık bir "başarı" elde eden Mourinho'nun Chelsea'si, evinde baskın taraf olma iddiasındaydı. İlk dakikalarda bunu yapmaya çalıştılar; 36. dakikada El Niño (Fernando Torres, Atlético altyapısından yetişti) çizgiden altı pasa doğru yapılan ortada bekletmeden vurup gol atsa da –ki temelde Atlético'lu olduğu için gole sevinmedi ya da öyle göründü– kırmızı beyazlılar buna cevap vermekte gecikmedi. İlk yarının bitimine bir dakika kala Adrián, ikinci yarıda ise Eto'o'nun, ceza sahası içerisinde Diego Costa'ya akıllara durgunluk verecek ölçüde yaptığı müdahale sonrası kazanılan penaltının, yine Costa tarafından gole çevrilmesiyle Atlético zaten finale uzanmıştı; fakat Cholo'nun öğrencileri durmak istemiyordu; özellikle de Arda...

El Turco kendisine uzun süredir ilgi ve hayranlık duyan İngiliz kulüplerinin bu konuda ne kadar haklı olduklarını bir kez daha kanıtlamıştı. Dakika 72, orta yuvarlaktan, Chelsea ceza sahasının derinliklerine doğru çok hızlı bir top süzülüyor; bunu ancak Juanfran ya da Filipe Luis yakalar, sağ tarafa doğru gittiği için olsa gerek, Juanfran, Hızır gibi yetişiyor, çizgide ayağının içiyle bekletmeden ortasını yapıyor; orada takımının soğuk ve ıssız sulardaki deniz feneri olmayı başarmış birisi var: Arda.

Bekletmeden kafayı vuruyor, gol olmaması çok zor; ama top üst direkte patlıyor ve oyun alanına düşüyor, Arda da Hızır gibi, o anda tıpkı Juanfran'a benziyor, İngilizlerin yapmayı en çok sevdiği dönen topu tamamlama işi, bu kez onların bakışları altında kendisi yapıyor... Gecenin en iyi hareketi...

Arda, ertesi gün UEFA'nın resmi sitesinde kapak haberi oldu; ellerini açarak gol sevincini yaşadığı anı tasvir eden fotoğrafın kullanıldığı haberde, hak ettiği övgü dolu sözlerle dile getirilmişti başarısı.

"Ülkemi temsil ediyorum. Bir Türk olarak burada, finalde olmak çok güzel. Burada dua eden herkese teşekkür ediyorum. Onlar için mücadele ediyorum. Maçtan sonra annem aradı; babam ağlıyordu. Şaşırtıcı bir durum, babam çok nadir ağlar. Annem bana 'Gurur duydum; ama başkasının çocuğu da olsa gurur duyardım,' dedi. Bunlar çok güzel."

Colchonero (Atlético), La Liga'da la Décima (onuncu şampiyonluk) dedikten sonra, Şampiyonlar Ligi'nde la Décima obsesyonuyla kıvranan, ezeli rakibi Real Madrid'e karşı, aynı şehrin iki takımının final oynamasıyla, bu büyük yarışmanın tarihinde bir ilkin gerçekleşeceği gecede, şanlı geçmişinde bir ilke daha imza atarak büyük kupayı müzesine götürmeyi arzuluyordu. Hepsi buna inanmıştı: "Şampiyonlar Ligi'nde finale gitmek büyük bir şey; ama önemli olan kazanmak. Çünkü o zaman önemli oluyor. Hayatta birinciysen birinci, ikinciysen hiçbir şeysin," diyerek finale bakışını net biçimde ortaya koyuyordu başarılı oyuncu.

Arda, Türkiye'de futbola başlayıp, Şampiyonlar Ligi'nde final oynayan ilk Türk futbolcu olacaktı. Daha önce Yıldıray Baştürk, Hamit Altıntop, Nuri Şahin ve İlkay Gündoğan oynadılar; ama onlar futbola Almanya'da başlamışlardı. Bu anlamıyla da ülke futbol tarihi açısından önemliydi Arda Turan'ın Lizbon'daki finalde oynaması.

Portekiz'in başkenti Lizbon'da, Estádio da Luz'un olanca aydınlığında gerçekleştirilen final maçına iyi başlayan taraf Atlético Madrid'di. Rakibin iki katı koşuyorlar, sahanın her yerinde bulunuyorlar, Real Madrid'e nefes aldırmıyorlardı. Arda, bedeni tribünde, takımına ayrılan yerde; ruhu ise sahada arkadaşlarıyla birlikte savaşırken, olabilecekleri aklından film şeridi gibi geçiriyordu. Sürekli olarak kameraların yakın plan hamlelerine takılan yüzünde, dünyadaki her şeyi bir kenara bırakıp, sadece o anı yaşadığına dair ifade hiç değişmiyordu. Dikkat kesilmişti. Buna rağmen tehlikeli olan bir şeyler vardı. Rakip Real Madrid'di... Maçtan önce sakatlığının ciddiyeti nedeniyle oynamak için mucize arayan ve bunu bulan; ancak mucizenin kerametinin onu sadece 9 dakika sahada tutmaya yetmesi nedeniyle, oyundan çıkmak zorunda kalan Diego Costa, ağır adımlarla kenara gelirken tüm Atlético'luların yaşadığını Arda da yaşıyor, yüzündeki endişe içeren çizgiler belirginleşiyordu.

Ne var ki dakikalar 36'yı gösterdiğinde Estádio da Luz, Calderón ve Cibeles ve daha pek yerde bekleyen Atlético'luların içindeki siyah ateşe mayıs serinliğiyle karşılık verecek gol geliyordu. Barselona'da şampiyonluğu getiren kafayı kim atmışsa, Lizbon'da da binlerce kırmızı beyazlıyı kâbustan alan kafa vuruşunu aynı kişi yapmıştı: Diego Godín. Ve Şampiyonlar Ligi'nin en çok maç oynayan kalecilerinden olan Iker Casillas, tuhaf bir ürkeklikle çıktığı hava topunda yetersiz kalınca, tribünlerden sesi en çok duyulan taraftarın, Atlético'luların, iki kat gürleyerek çıkan haykırışlarına yol açan gole katkı sağlamıştı (0-1).

Atlético, her zaman olduğu gibi çok iyi direndi. Çok koştu, daha iyi mücadele eden taraftı. Courtois, çoğu zaman olduğu gibi sahadaki iki kaleciden iyi olanıydı. Ne var ki bu alkış alan direniş maçın son iki uzatma dakikasına kadar devam edebildi. Diego Costa'nın yokluğunu fırsat bilip, son derece rahat hareket eden Madrid'in Endülüslü stoperi Sergio Ramos, 90+3'te sert gelen ortaya yay gibi yükselerek, maçı uzatmalara taşıyordu. O dakikadan sonra Cholo'nun yapabileceği şey, saldıran Real Madrid'i penaltılara kadar oyalamaktı. O da bunu denedi, olmadı. Aslında skorun önemi yoktu. Skor 4-1'di; ama sonuç bambaşka. Taraftarı Atlético Madrid'i Devler Ligi'nin de şampiyonu olmuş gibi alkışlıyordu. Sizce de avuç dolusu alkışı hak etmediler mi? Kendisinden üç buçuk dört kat yüksek bütçelere sahip takımlar karşısında emeğin, takım ruhunun, birlikte oynamanın, inanmanın ne demek olduğunu tüm dünyaya göstermediler mi? Futbolun sadece yüksek bütçelerle oynanmayacağını, inanarak, çok çalışarak, oyunun her bir saniyesinde savaşarak başarılı olunacağını ispat etmediler mi?

Ettiler, hem de fazlasıyla.

"Bir gün Şampiyonlar Ligi Kupası'nı kaldıracağım."
Maçtan sonra. Mixzone alanında yüzlerce basın mensubu. Arda'yla konuşmak istiyorlar. Arda üzgün, yürüyor; içinden tek bir kelime bile söylemek gelmiyor. Orada sadece birkaç Türk gazeteci bulunuyor. İçlerinden bir tanesi Tunç Kayacı. Arda, birden ilgiyle ona doğru yaklaşıyor, kendisiyle konuşmak isteyen yabancı basın mensuplarına, "İstemiyorum, burada Türkiye'den gelen dostlarım var; onlara selam vereceğim," diyor.

Elbette ki finalde oynamak onun için çok önemliydi. Ama oynayamamıştı. Müthiş ağrılar hissetmişti. Hatta maçtan önceki hafta, ağrıdan bazı geceler uyumakta bile zorluk çektiği söylenmişti.

Barselona maçında oyundan çıktığında aslında, çok kötümser bir hava yoktu; fakat darbeye bağlı olarak yaşadığı sorun hafif antrenmanlar yapmasını dahi engellemişti. Türk dostlarıyla bir süre dertleşti. Diego Costa'nın yaptığı gibi ani bir kararla Sırbistan'a gidip, oradaki özel fizyoterapiste görünemezdi; çünkü gidebilecek durumu yoktu: "Öyle bir şansım olsa giderdim. Ama ağrı yüzünden antrenmanlarımı bile yapamadım. Şu anda büyük bir şok yaşıyorum. Hayal kırıklığına uğradım. Bu finalde benim oynayıp oynamamam önemli değildi. Buraya kadar gelmişken kupayı kazanmamız önemliydi. Arkadaşlarım iki dakika daha dayanabilselerdi, dünyalar benim olacaktı. Hayallerim gerçekleşecekti. Forma giymeme kararı ise bana aitti. Hatta hocam beni oynatmak istedi. Ama bütün samimiyetimle söylüyorum, çok ağrım vardı. Her şeyi denedim ama olmadı. Oynamış olsaydım Diego Costa'nın (9. dakikada çıkmak zorunda kaldı) durumuna düşerdim. Artık yapacak bir şey yok. Ama bir gün Şampiyonlar Ligi Kupası'nı kaldıracağım," şeklindeki sözlerle anlatıyordu yaşadıklarını *Fanatik* gazetesi yazarı Tunç Kayacı'ya.

Şampiyonlar Ligi şampiyonluğu bir başka sezona kaldı; ama sonunda ne olursa olsun temsilcimiz Arda Turan, büyük bir performans ortaya koymuş, 2013-2014 sezonunda da yine çok iyi bir temsil örneği vermişti. Hamit Altıntop, Nuri Şahin, Mesut Özil 2011-2012 sezonunda Real Madrid'de şampiyonluk yaşayarak La Liga'da bu başarıyı yakalayan Türk futbolcular oldular; haklarını teslim etmek gerekir; çünkü zaten böyle bir dünya takımına transfer olarak ne kadar başarılı olduklarını kanıtladılar; ama bir karşılaştırma yapmak gerekirse 30'un (2013-2014 sezonuna kadar 32 şampiyonluk) üzerinde şampiyonluğu olan Real Madrid'de bunu yaşamak son derece normaldir.

Atlético Madrid'le şampiyon olmak ise çok büyük bir olaydır. Dünyanın en zengin, en başarılı takımlarından olan Barselona ve Real Madrid'i geride bıraktılar ve 18 yıl sonra şampiyon oldular.

Arda Turan, belki 2010 ile 2014 yılları arasını kapsayan dönemde, yani Atlético'nun en başarılı dönemlerinden bir tanesinde, kırmızı beyazlı formayı giyme şansı elde etti; ama bu denli başarılı bir takımın, değişmeyen-temel parçası olmak, Arda'nın bugün geldiği üst düzey noktayı sadece takımın başarısına entegre etme çabalarını daha en başından geçersiz kılıyor.

Futbolu Mutlu Olmak İçin Sevenlerin Felsefesi: Ardaturanizmo

Duruşu, mütevazı ve candan kişiliği; ailesi, sevdikleri, yardıma ihtiyaç duyanlar, arkadaşları ve taraftarı için yaptıkları, onu renklerin ötesinde herkesin saygı duyduğu bir insan haline dönüştürdü.

Geldiği yeri, mahallesini, Bayrampaşa çocuğu olduğunu hiç unutmadı; bununla gurur duydu. Arkadaşlarını terk etmedi, onlara sahip çıktı. Milyonların tanıdığı konuştuğu adam haline geldi; reklam filmlerinde oynadı, oynuyor, sinema filminde rol aldı, sahadakine yakın performanslar gösterdi yer aldığı film çekimlerinde. Maddi olarak istediklerine ulaştı, bunları paylaştı, ülkesinin en iyi oyuncusu oldu, milli takımının yıldızı, Avrupa'nın en iyi kulüplerinden bir tanesinde, dünyanın sayılı oyuncularına karşı oynadı/oynuyor; pek çok politikacıdan, bilimadamından daha çok tanınır hale geldi. Tüm bunları ve daha fazlasını yaptı. Bir tek şey yapmadı; pek çok kimsenin yapamayacağı bir şeyi... Özünü unutmadı; mütevazı kişiliğini terk etmedi. Kendimi de içine koyarak soruyorum: Kaç kişi vardır, bu seviyede futbol oynayıp, böylesine büyük bir imaj değere sahip olup aynı kalabilecek?

Ben bu soruya, "Çok fazla!" cevabını veremiyorum. İşte Arda Turan o nadir olanlardan bir tanesidir. Tam da bu nedenle onun adına bir başka ülkede, bir felsefe inşa ettiler; adını da "Ardaturanizmo" koydular: "Para, maddi imkânlar önemlidir belki ama benim için en önemli şeyler değildir bunlar; en önemli olan mutlu olmaktır; mutlu etmektir," diyordu el Turco, 32. *Gün* programına yaptığı açıklamada.

Kitapta özel bir bölümle anlatılan "Ardaturanizmo", temelde seküler, insanın özüne ışık tutan, çok fazla kavramsallaştırmayı gerektirmeyen, kendiliğinden, yani doğaçlama bir fikrin ürünüdür.

En önemli transferlerden biri olarak Vicente Calderón'a gelen El Turco'nun, buna rağmen, çok alışık olunmayan biçimde iletişim kurmaya açık, yukarıdan bakmayan, sıcakkanlı tutumu; yüzünden eksilmeyen, içten gülümsemesi, yapmacık olmayan jestleri ve toplamda asıl olan mutlu olma-mutlu etmektir diyen sözleri, futbolu mutlu ettiği için seven İspanyolları kalbinden yakalamıştı.

Biz, aslında, buradayım diyerek kendini belli eden bu nüansı ıskaladık, kulüplerin birbiriyle boy ölçüşmek için başlattıkları polemikli günleri "bereketli zamanlar" olarak algılamamızdan dolayı ya da saha içi notlarından çok saha dışı etkinlikleriyle oyuncuları gündemde tutmanın çok daha kârlı bir iş olduğuna karar verenlerin çoğunluğu nedeniyle.

Fakat İspanya'da gördüler. Sahada en zor anlarda bile gülümsediğini, tribünlerin bu maçtan çıkamayız dediği anda, ıssız, kapkara sularda kıyıyı işaret eden deniz feneri gibi takımını taşıdığını gördüler.

Arkadaşına olanca içtenliğiyle sarıldığını da gördüler. "Ben gol atmaktan çok gol attırmayı tercih ederim," dediğini veya "Mutlu olmaktır, esas olan," manifestosunu dile getirdiğini duydular ve bunların hepsine "Ardaturanizmo" ismini verdiler.

Arda Turan'ın, sahadakiyle tribünde izleyen, tribünde yazan, anlatan arasındaki mesafeyi kaldıran, dost ve mutlu olmaya çağıran gülümseyişi onlar için atılan yüzlerce çalımdan, onlarca golden ya da gol pasından çok daha değerli bir kazanımdır.

Bu yüzden El Turco'yu seviyor ve onun adına takipçisi oldukları "Ardaturanizmo" düşüncesini inşa ediyorlar. Zaman zaman bunu bir inanç terminolojisiyle ifade etseler de temelde özgül içeriğinden koparmıyorlar. El Turco'yu seviyorlar; çünkü o da onları seviyor. "Ben bu büyük ailenin bir parçasıyım," diyor.

Onu seviyorlar; çünkü futboluyla olduğu kadar imaj değeriyle de kulüplerine katkı sunuyor; çok daha önemlisi bunu yaparken özünü yitirmiyor; Bayrampaşalı olduğunu gururla söylüyor.

Neden, hâlâ futbol oynayan ve uzun sayılabilecek bir süre daha oynama ihtimali olan bir futbolcunun biyografisi yazılıyor? Asıl olan futbolu bıraktıktan sonra bir oyuncunun biyografisinin yazılması değil midir?

Eğer Arda Turan'sanız ve İspanya'da futbol oynamaya başlamışsanız bu klişe sizin için geçerli değildir.

"Arda'nın maçlardaki her çalımı, bana bu kitabı yazmam için sesleniyordu. Her ipucu, her jest benim için bir satır oldu. 60.000 taraftar önünde yaptığı her büyülü hareket bu kitabı çağıran bir ses oldu. Onun attığı her gol, her pas, her çalım, her gülümseme ve bütün içten sözleri onun kitabının raflarda hak ettiği değerli yeri almasını sağlıyordu." Eseri kaleme alan, arkadaşım, sevgili Juan, bu biyografiyi neden yazma ihtiyacı duyduğunu böyle anlattı. "Eğer top kristal bir küre olsaydı, Arda Turan onu kırmadan oynayabilirdi," diye ekliyor Juan.

Bu jenerik cümle, yalnızca Arda'nın futbol yeteneklerini vurgulama kaygısı taşımıyor; aynı zamanda hassas kişiliğinin de ipuçlarını veriyor.

Arda Turan, sıkıntılarla ayrıldı İstanbul'dan; ama gittiği yerde huzur ve mutluluk buldu. Huzur ve mutlulukla kendilerini yeniden üretmeyi esas amaç edinmiş insanlar karşıladı onu orada.

İşte bu yüzden, henüz futbol oynarken biyografisi yazıldı. İspanya'da, İspanyollar tarafından.

Futbol mutlu olmak ve mutlu etmek için vardır. Eğer ona çirkinleşmiş endüstriyel tarafından bakmak istemezseniz, sizi çocukluğunuzun huzurlu bahçelerine götürür, bir anda tüylerinizin diken diken olmasını sağlar. Bu nedenle futbolu seviyorum. Juan ve Ardaturanizmo'nun takipçileri böyle bir futbolu kendilerine sunduğu için Arda'yı seviyorlar; sevmeye devam edecekler.

O gitse bile...

Arda Turan'ı belki biz ülkemizde, kitabın başından itibaren döne döne vurgulanan özellikleriyle algılayıp, ön plana çıkaramadık; ancak neredeyse herkesin hemfikir olduğu bazı ortak kabul noktaları olduğunu biliriz.

O, tam olarak Galatasaray'la özdeşleşmiş bir futbolcudur; ama buna karşın bütün takım taraftarları ona saygı duyar. En azından diğer rakip takım oyuncularına gösterdikleri tepkileri göstermezler.

Birkaç küçük örnek bunu açıklar. Fenerbahçe'nin, 3 Temmuz olarak adlandırılan, yaşadığı şike soruşturması sürecinde, değişik vesilelerle yaptığı açıklamalarda, sarı lacivertli kulübün başına gelenlerden duyduğu üzüntüyü dile getirmiş, Fenerbahçe'nin Avrupa kupalarında tekrar oynamasını temenni ettiğini söylemişti.

2007-2008 sezonunda Türkiye'nin büyük takımlarından ikisi, bir yolculuk öncesinde karşılaşır. Atatürk Havalimanı'nda bir anda sarı kırmızı ve siyah beyaz eşofmanlar birbirine karışır. Galatasaray, Ankara deplasmanına, Beşiktaş ise bir başka kente giderken, eşzamanlı biçimde hareket edeceklerdir. Futbolcular birbirleriyle selamlaşıp, konuşuyorlardır. Veda zamanı geldiğinde ise Arda, Beşiktaş'ın o dönemki kaptanlarına (İbrahim Üzülmez ve İbrahim Toraman) her zamanki neşe ve gülücükleriyle, kardeşlerine sarılır gibi sarılarak başarılar diliyordu. İki Beşiktaşlı futbolcunun da bu çok sıcak jest karşısında yüzlerinde kocaman bir tebessüm beliriyordu.

Bizzat bu satırların yazarının tanıklığında gerçekleşen bu sahne Arda'nın her türlü rekabete inat, arkadaşça duygularından, samimiyetinden feragat etmediğini gösteriyordu; ki Galatasaray o sezon şampiyonluğa gidiyor, rakipleri onu bu yarışta yalnız bırakmamak adına çok ısrarcı oluyorlardı.

Bir yönüyle bakıldığında bu da Arda'ya ait olan büyük bir başarıdır. Efsanelerin sahip olduğu, sahada kazanılmayan bir başarı... Taçsız Kral Metin Oktay'ınki gibi... diğer kulüplerin de saygı ve sevgisine kazanarak elde edilen bir başarı.

"Tek bir çocuğa bile ilham kaynağı olsam yeter..."

Arda, Atlético'ya gittiğinden bu yana büyük bir temsil görevini de omuzlarına aldı. Ülkesini en iyi şekilde temsil etmek istediğini her fırsatta vurguladı ve bunu mükemmel biçimde yaptı.

Arda, oraya Türkiye'nin en iyi oyuncusu olarak gitti ve Simeone'yle kendini daha fazla geliştirdi; daha agresif bir futbol anlayışına sahip oldu, oyunu çok yönlü oynamaya başladı. Takımı adına belirleyici bir oyuncuya dönüştü. Tam da Cholo Simeone'nin istediği gibi, sahada savaşçı, ama mütevazı ve cömert bir Arda...

Arda, arenada gözünü budaktan sakınmayan bir Spartalı savaşçıdır. Kısa saçları ve sakalıyla çağdaş bir Leonidas olduğunu ispatlamaktadır. Gol atmaktan çok attırmayı tercih eder.

Cömertlik ve adanmışlığı; özellikle bu iki karakteristik özelliğiyle Simeone'nin takdirini kazanır.

Ayrı bir özelliği onun imaj değeridir. Sakallarının ritmine paralel imaj değeri de gelişir. Sahada başarılıdır; ama film setinde de, reklam filmi çekimlerinde de çok başarılıdır. Atlético sadece harika bir oyuncuya sahip değil; aynı zamanda, güçlü imajıyla, kulübüne artı değer kazandıran bir kişiye sahiptir.

Bütün bunlar ve daha fazlası, Arda Turan'ın bu mükemmel biyografisinin öğrettikleridir.

İtiraf etmeliyim ki, Juan benimle iletişime geçip, Arda ile ilgili birtakım bilgiler istediğinde, önce şaşırdım. "İspanya'da bir İspanyol Arda hakkında yazacak?" dedim kendi kendime. Sonrasında, tekrarlanan (ben İstanbul, o Madrid'de, bu harika icat WhatsApp sayesinde) konuşmalarımızda, bunun, Juan için uzun zamandır kendini gösteren cazip bir fikir olduğunu anladım.

Arda'yı Türkiye'den İspanya'ya gelmeye iten nedenleri, orada insanlar bilmek istiyorlardı. Bayrampaşa'da doğan Arda'yı daha yakından tanımayı arzu ediyorlardı.

İşte bu kitap, bu ihtiyaçlara yanıt verir ve çok çekici bir anlatım gücüne sahiptir; eğlenceli ve iyi yazılmış bir kitaptır. Bu kitap içerisinde yazıları/fikirleri olan derin ve duyarlı insanların duygularının toplamıdır aslında; onların ortak ürünüdür.

Arkadaşım Juan, Atlético Madrid'e âşıktır. Madrid'de ya da başka bir şehirde; İspanya'da veya bir başka ülkede, mesafe gözetmeksizin, âşığı olduğu kırmızı beyazın peşinden gider.

Kitabın tüm içeriğine yansıyan şiirsel anlatımı, aslında hiç azalmayacak olan Atlético aşkının bir tezahürüdür. Tam da bundandır ki takımın nadide parçalarından bir tanesi olan Arda, bazen bir mitolojik kahraman, bazen tüm taraftarı kendine âşık eden bir ikon olarak anlatılır. Özenle seçtiği kelimeler, geçişler, yaptığı tasvirler, kullandığı tanımlamalar ve metaforları Arda ve onun futboluna duyduğu saygıyı içerir ve Atlético Madrid'e olan doyumsuz aşkı anlatır. Atlético, Juan'ın aşkıdır, Arda ise âşık olunanı zorlu yollardan geçiren, fırtınalardan çıkaran kurtarıcıdır. Kitabın her köşesinde olanca sıcaklığıyla kendini duyumsatan lirik anlatımın biricik nedeni budur. Kırmızı beyaza duyulan aşk...

Bu noktada kitap sizlere Arda'nın, güçlü bağlarının olduğu Bayrampaşa'da topa ilk dokunuşunu, Galatasaray'da oynamaya başladığı dönemi, bir çocuk olarak Hagi'ye duyduğu hayranlığı, Türk Milli Takımı'ndaki ilk deneyimini, takımı ve milli takımdaki ilk başarılarını ve elbette ki Türkiye'den nasıl ayrıldığını, Atlético Madrid'e gelişi ve oradaki deneyimlerini, Arda'nın, Atlético Madrid'e geldiğinden bu yana geçen sürede, nasıl bir sportif heyecan yaşadığını, farklı antrenörlerle olan iletişimine dair pek çok detayı aktarır.

Ayrıca, İspanya'daki ilk antrenörü olan Gregorio Manzano'nun, onunla ilgili anlattığı notları ve öyküleri zevkle okuduğunuzu düşünüyorum. Kariyerindeki sıçrama noktalarını anlatan yaşanmışlık ve öykülerden heyecan duymuş, kişisel ve insani özelliklerine dair fikir edinmiş olmalısınız.

Sonrasında, eminim ki, Juan'ın çok iyi analiz ettiği ve tüm arkadaşlarla, tanıdık isimlerin katılmayı arzu ettiği "Ardaturanizmo" bölümü zirvesi olmuştur bu anlatının.

Benim için büyük bir onur ve sevinç kaynağıdır, hepimizin sevdiği Arda Turan'a adanan bu esere katkı sunmak ve onun son sözünü yazıyor olmak.

Bir Türk olarak, Arda Turan'ın İspanyol sahalarında elde ettiği başarılarla gurur duyuyor ve onun başarılarına kendi başarım gibi seviniyorum. Ben eminim, o, kitabevlerinin en değerli raflarında da yerini alacak, hak ettiği başarıyı kazanacaktır.

Aslında başarı çok net ve sade: "Bu kitap tek bir genç insana bile ilham kaynağı olursa başarıya ulaşmış demektir," diyor El Turco, kendisiyle Madrid'de yaptığım söyleşide. Bu yüzden çok heyecanlı.

Son sözün finali, Arda'nın dünyayı görme biçimini en özlü şekilde anlatan satırlarla olmalı.

"Ben, her zaman iyi oynayacağımın sözünü veremem; ama bu renkler uğruna her şeyi vereceğimi söyleyebilirim." Atlético Madrid'in resmi web sayfasında, kendisine ayrılan bölümde Arda'nın bu sözleri karşılar sizi. Gerçeği yakalayan ne kadar parlak bir bakış açısı değil mi? Üzerinde düşününce yaşamı ne ölçüde derinden yakaladığını anlayabilirsiniz.

İradeniz değildir sizi çevreleyen koşulları değiştiren; fakat o koşullar içerisinde en iyisini yapmaya çalışmaktır özgürlüğü de, mutluluğu da çağıran... maçları kazandıran.

Arda Turan, yolun, her zaman, açık olsun...

Teşekkürler

Bu kitap onların katılımı olmaksızın hiçbir şekilde ilgi çekici olmazdı. Onların bilgileri ve ajandaları, bana yardım etmek için, ayrıntılarla katkıda bulundu ve kim olduklarını bilmelerine rağmen ben kamuoyunun tanıklığında Iñako Díaz-Guerra, Özgür Sancar, Andrés de la Poza, Ata Bozan, Diana Sanchidrián, Fran Guillén, Ennino Sotanaz, Toño Furillo, Javier Díaz Gómara, Alberto Fernández, José Miguelez, Walter Zimmermann, Quique Peinado, Imanol Echegaray ve Gregorio Manzano'ya şükranlarımı sunmak istiyorum.

Ve elbette, çok özel olarak, bana büyük Arda Turan'ın sihrini bir parça kaleme alabileceğime dair güven duyan editörüm Adrián'a...

Teşekkürler dostum.

YAZAR HAKKINDA

1982'de Madrid'de doğdu. Facultad de Educación UCM'de öğretim üyesi. Tarih okudu ve sosyal bilimlerde doktora yaptı. Alberto Fernández'le birlikte 2013 yılında, *Premier Lig'in Efsaneleri: En İyi Futbolcular Sayesinde Dünyanın Âşık Olduğu Ligin 20 Yılı*'nı yayımladı. *İspanya Tarihi'ndeki Kötü Muameleler* adlı kitapta yazıları çıktı.

Bu bir alışkanlıktır, spor web sayfalarında, futbolu ve futbolun tarihini farklı bir vizyonla göstermek; çünkü kendisinin dediği gibi, "Sonuçların ötesinde, futbol çocukluk yıllarına dönmek ve mutlu olmak için bir vesiledir."

Onu Twitter aracılığıyla takip edebilirsiniz: @JuanesPREMIER

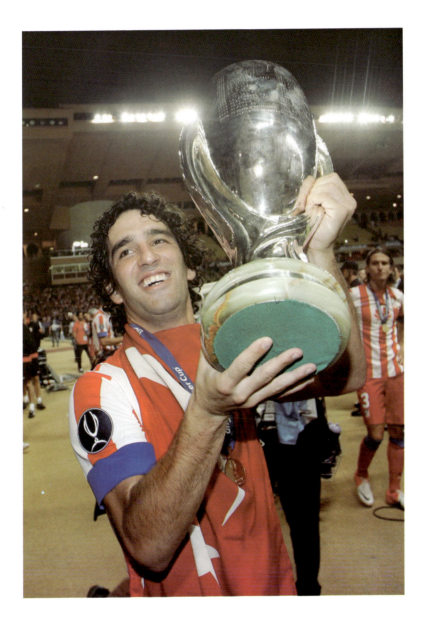

Bayrampaşa'dan Monaco'ya, maç maç,
Avrupa'nın süper şampiyonu oluncaya kadar.
Arda gökyüzüne dokunuyor II. Luis Stadı'nda.

İki mit, Caminero ve Pantic, ona kulüpteki tanıtımı için eşlik ediyorlar. O, yaz mevsiminin büyük transferlerinden bir tanesi oldu.

Arda ilk derbisini oynuyor. Tribünlerde bir metre
bile boşluk göremeyeceğiniz o gece Arda,
Lass Diarra'yla sert bir mücadele içerisinde.

Arda'nın en mutlu gecesi. Santiago Bernabéu'da, Real Madrid'i yenerek Kral Kupası'nın kazanıldığı maçta, mutluluğunun yankısı İstanbul'a kadar yayıldı.

Arda, kupanın kazanılması durumunda dalgalı saçlarını kazıtacağı vaadini vermişti. Elde bir kupa var, omuzlara dökülen saçlar ise artık yok. Ve herkes mutlu. O gece Neptün Meydanı'nda karnaval vardı.

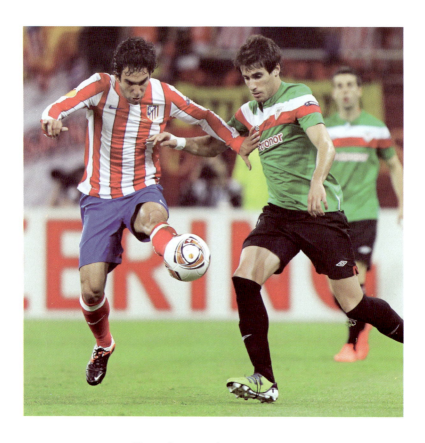

Başarılı orta saha oyuncusu,
2012 Avrupa Ligi Kupası'nın kazanıldığı
son derece tatmin edici bir sezon geçiriyordu.
Takım arkadaşlarıyla birlikte tarihi bir final
oynuyordu. Bu, Atlético'daki ilk kupasıydı.

"Cholo, ceketin ceketin..." Simeone ve Arda belirli iddialara tutuşurlar. Bir röveşata golü sonrası, Arda maçın en iyisi ilan ediliyor.

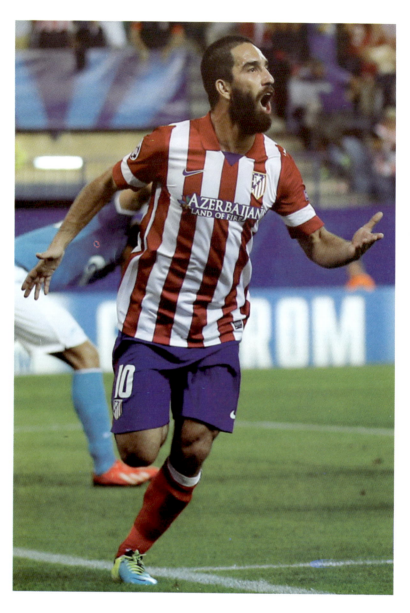

Atlético Madrid'le Şampiyonlar Ligi'ndeki ilk maç ve kırmızı beyaz formayla bu yarışmadaki ilk golü. Rusların takımı Zenit, Calderón'da yenik düşüyor Türk'ün büyüsü sayesinde.

Arda Turan ve Andrés Iniesta. Çim sahalar sizi kendine çeker, mücadele âşık eder, o anı sonsuza dek yaşamak istersiniz.

Avrupa Ligi 2009-2010 sezonu son 16 turu Arda Turan'ın ilk kez Vicente Calderón'u ziyaret etmesini sağlıyor. İlk görüşte aşk buna denir!

İstanbul'da derbi gecesi. Fenerbahçe'ye karşı yapılan maçlar Arda için her zaman özel oldu.

2008 Avrupa Futbol Şampiyonası. Arda, İsviçre'ye attığı o çok önemli golü kutluyor. Tuncay Şanlı ona sarılmak için arkasından koşuyor.

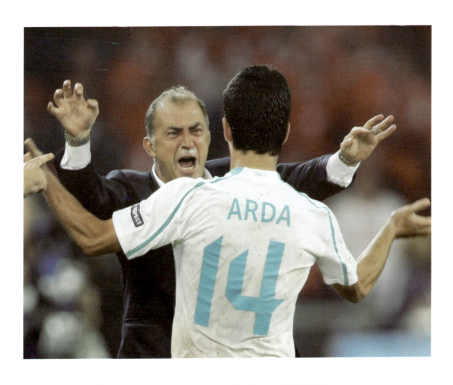

Ve işte o koşunun sonunda hocası Fatih Terim'le kucaklaşıyor. Onlar birbirlerine her zaman çok inandı.

Bu maç, Arda için son yılların en büyük hayal kırıklığı oldu. Hollanda, Türkiye'yi yendi ve biz başarılı orta saha oyuncusunu FIFA 2014 Brezilya Dünya Kupası'nda izlemekten mahrum kaldık.

Karizma. Arda, reklam panolarının üzerinde golünü kutluyor. O anın tadını çıkarıyor. Mutluluğunu taraftarıyla paylaşıyor.

"Türkiye oynarken, dünya durur!"
Arda ülkesine âşık ve ülkesi ona âşık.
İçinde tutamadığı sevinci katıksız
bir duygusallığı içeriyor.